浙江文化研究工程成果文庫

浙江文獻集成

增修雲林寺志
續修雲林寺志

〔清〕厲　鶚
〔清〕沈鑅彪　撰
劉成國　李　梅　點校

浙江大學出版社

圖書在版編目(CIP)數據

增修雲林寺志 續修雲林寺志 / (清)厲鶚，(清)沈鑅彪撰；劉成國，李梅點校. —杭州：浙江大學出版社，2018.8
ISBN 978-7-308-15229-7

Ⅰ.①增… Ⅱ.①厲…②沈…③劉…④李… Ⅲ.①佛教—寺庙—史料—杭州市 Ⅳ.①B947.255.1

中國版本圖書館 CIP 數據核字(2015)第 240734 號

增修雲林寺志 續修雲林寺志

(清)厲 鶚 (清)沈鑅彪 撰
劉成國 李 梅 點校

責任編輯	楊利軍
文字編輯	吕倩嵐
責任校對	邵吉辰
封面設計	項夢怡
出版發行	浙江大學出版社 (杭州市天目山路 148 號 郵政編碼 310007) (網址：http://www.zjupress.com)
排　　版	浙江時代出版服務有限公司
印　　刷	浙江新華數碼印務有限公司
開　　本	710mm×1000mm 1/16
印　　張	22.5
字　　數	302 千
版 印 次	2018 年 8 月第 1 版 2018 年 8 月第 1 次印刷
書　　號	ISBN 978-7-308-15229-7
定　　價	58.00 元

目録

增修雲林寺志

〔清〕厲鶚 撰
劉成國 李梅 點校

點校説明

《增修雲林寺志》，又稱《雲林寺志》，清厲鶚撰。鶚字太鴻，號樊榭，浙江錢塘縣人，清代著名學者、文學家。此前，靈隱寺已有孫治所撰《武林靈隱寺志》，只是『雖三屬草，脱漏尚多』。康熙南巡，數次臨幸靈隱寺中，賜名『雲林寺』。寺名既更，又逢巨濤和尚開法是山，重修殿宇，故延請厲鶚增修新志。於是厲鶚撰次前志所未備者，勒成八卷，門類則一仍孫志之舊。

此書《四庫全書》列於史部地理類存目，有清乾隆九年刻本，藏首都圖書館，《四庫全書存目叢書》據以影印。又有清光緒十四年錢塘丁氏嘉惠堂重刻《武林掌故叢編》本，《中國佛寺史志彙刊》、《中國佛寺志叢刊》、《叢書集成續編》、《續修四庫全書》等據以影印。此次整理，以清乾隆九年刻本爲底本，以《武林掌故叢編》本爲校本。凡衍者、脱者、訛者及異文，均出校記，不改底本原文。

增修雲林寺志序

靈隱爲吾浙首刹。前此之有志也，始自昌黎白珩子佩氏，近則仁和孫治宇台氏、吳門徐增子能氏相繼重修。聖祖仁皇帝省方南幸，駐蹕山中，御書『雲林』二字爲額，則在徐氏癸卯輟簡之後，天文焕爛，佛日重光，曷可無紀？前志雖三屬草，脱漏尚多，曷可無述？兹幸巨濤和尚爲主席，苦行宏願，信於檀施，舉七十餘年之土湮木腐者，一旦聿新。既落成，從事於志，請於予。予，郡人也，素耽林壑，留意西山之勝也久，何敢辭！又得同學張君曦亮爲佽助，謹撰次前志所未備者，勒成八卷，門類則仍舊焉。書成，題曰《增修雲林寺志》。其有缺略，以俟後之君子。

乾隆九年春二月既望，樊榭居士厲鶚書於雲林之面壁軒。

增修雲林寺志卷一

錢塘縣舉人候選知縣臣厲鶚、仁和縣生員臣張熷恭紀、本山住持臣僧義果

宸恩

康熙二十八年，聖祖仁皇帝南巡，駕幸靈隱寺，御製《飛來峰》詩一首：『巖岫崚嶒洞壑奇，懸藤古木半迷離。冷泉亭子清溪上，誰識源頭混混時？』

御製《靈隱寺》詩一首：『靈山含[二]秀色，鷲嶺起嵯峨。梵宇盤空出，香雲繞地多。開襟對層碧，下馬撫烟蘿。羽衛閒來往，非同問法過。』又親灑宸翰，書『雲林』二字，賜名『雲林寺』。三十八年，聖駕再幸雲林，賜金佛一尊，香金五百兩，及御書『禪門法紀』額。又御題一聯云：『禪心澄水月，法鼓聚魚龍。』御製《雲林寺》詩一首：『無爲幾事少，問俗駐林邱。衛騎森嚴減，爐烟靉靆浮。鳥啼香界古，花綴梵筵幽。野徑春風引，輕鋪細草柔。』御製《靈鷲》詩一首：『何處飛來一塊石，嵌空巖竇作玲瓏。下臨巨澗淙淙冷，上蔭長松謖謖風。』四十二年，聖駕再幸，賜御書《金剛經》一卷，《心經》一卷。御製《再過鷲峰》詩一首：『愛此清幽一徑深，馬隨泉響入雲林。蒼苔古洞何年鑿？脉脉韶光自賞心。』四十四年，聖駕再幸雲林，賜住持臣僧慧輅御書金扇一柄，石硯一方。四十六年，再幸，又賜人參二斤，香金四十兩。

雍正十一年六月初二日，世宗憲皇帝恩頒帑金五百兩，齋僧二千衆，監其事者爲嚴州府知府臣蔣林。

本寺無田，惟有山地三十六頃有奇，歲課無辦。雍正六年，前住持臣僧智廣，將寺内殿基園場地一頃十四畝，土山四十一畝，歲該條漕銀六兩八錢零，并寺户攤加鄉丁銀一十二兩零，漕米五石五斗零，漕截銀一兩四錢零，呈懇督臣李批准，今上皇帝乾隆元年督臣嵇題准豁免。乾隆二年，前住持臣僧明覺，復將寺外官路并飛來峰亭基，共徵地四十四畝零，土山六十二畝零，石山八十六畝零，歲該條漕銀三兩七錢，漕米二石四斗零，漕截銀六錢，續懇督臣嵇題免。二次奉免之外，尚存徵地三十八畝零，土山七頃二十四畝零，中山二十四頃零，石山一十四畝零，水蕩二畝零，歲該條漕截并徵銀三十六兩八錢，漕米一十七石零。今住持臣僧義果、監院臣僧德球、德語，于乾隆四年，呈懇前撫臣盧具題，欽奉恩旨，准於乾隆四年爲始，通數全免，勒碑以垂永久。

校勘記

〔二〕「含」字《武林掌故叢編》本作「舍」，於詩意不通，當因「含」、「舍」形近而訛。四庫本《西湖志纂》、《六藝之一録》等引此詩均作「含」。

增修雲林寺志卷二

錢塘厲鶚太鴻增輯、仁和張熷曦亮同輯、住持義果巨濤參訂

山水

武林山：《漢書·地理志》會稽郡錢塘注：『武林山，武林水所出。』《祥符圖經》云：『在縣西十五里，高九十二丈，周廻一十二里，又曰靈隱、曰靈苑、曰仙居也。』又按《十三州記》云：『武林山，高九十二丈，周廻三十里，在錢塘縣西南十二里，靈隱寺正坐其山。寺之東西澗二水：東龍源横過寺前，即龍溪也，冷泉亭在其上；西曰錢源，其流洪大，下山二里八十步，過横坑橋，入於錢湖，葢錢源之聚滀也。』

稽留峰：《太平寰宇記》云：『許由、葛洪皆隱此山忘返，故號「稽留」。』

理公巖：《咸淳臨安志》云：『在靈鷲院之右。陸羽《寺記》云：「昔慧理宴息於下。」後有僧於巖上周回，鐫小羅漢、佛、菩薩像，慈雲法師所謂訪慧理之禪巖、吊客兒之山館是也。近主僧行果始作閣道，屬之巖中，以祠理公。』

白猿峰：遵式《白猿峰》詩序云：『西僧慧理蓄白猿於靈隱寺。』詩云：『引水穿廊走，呼猿繞澗跳。』

龍泓洞：《咸淳臨安志》云：『在理公巖之北。晏元獻公云：「吴赤烏二年，葛仙翁於此得道。」後

有人就洞兩岍，鑿住世羅漢十六尊。

玉女巖：《咸淳臨安志》云：『《太平寰宇記》：「靈隱山南一石，狀似人形，兩髻分明，俗謂之女兒山。」顧野王《地志》云：「靈隱山南有玉女巖。」』

葛塢：晏元獻公《輿地志》云：『在靈隱山，吴方士葛孝先所居也。』陸羽《寺記》云：『晋葛洪亦居此。』

卧犀泉：按鄭戬《靈隱天竺詩集序》云：『若夫玉巖青璧，犀泉龍湯，峰攢千叠，松排萬蓋，山之境也。』據此，則青璧澗、卧犀泉，皆在靈隱、天竺之間。

白沙泉：《咸淳臨安志》云：『在靈隱寺西普園院方丈之西，有泉自白沙中出。』

茯苓泉：《咸淳臨安志》云：『在靈隱西無垢院半山，古松婆娑，下有甘泉。《博物志》云：「松脂入地千年，化爲茯苓，因名。」』

石人嶺：《咸淳臨安志》云：『一名馮公嶺，在靈隱寺西，極高峻，有石人卧路傍，故名。』

蓮花泉：在飛來峰頂，石岩無土，清可啜茶。見陳善《杭州府志》。

梵宇

大殿　天王殿　地藏殿　伽藍殿　金光明殿　祖師殿

法堂　東禪堂　西禪堂　嫩桂堂　南鑑堂　齋堂　雲水堂　擇木堂　大悲堂　官客堂　直指堂

法壽堂　羅漢堂

指南閣　聯燈閣　華嚴閣　青蓮閣

青猊軒　面壁軒　駐蹕軒

響〔二〕水樓　看月樓　鐘樓

公務寮　浴寮　茶寮　打掃寮　值作寮　知器寮　尊宿寮　山寮

冷泉亭

以上俱乾隆七年新安汪光禄諱應庚，暨子寧波府知府諱起，同本山住持僧義果重修。

輪藏殿　梵香閣　春淙亭　延壽堂　庫房　總管堂

以上俱重建。

古　蹟

袁君亭：陸羽《寺記》：『刺史袁仁敬造。』

翠微亭：《咸淳臨安志》云：『紹興十三年，韓蘄王世忠建，後廢。乾道五年，周安撫淙重建。』

石橋亭：《咸淳臨安志》云：『在武林山中路，近翻經臺。』

月桂亭：《咸淳臨安志》云：『在月桂峰下。』

靈山海會之閣：《咸淳臨安志》云：『在靈鷲寺。淳祐十二年，理宗御書扁。』

普圓院：《咸淳臨安志》云：『天福二年，吴越王建。舊名資嚴，大中祥符元年改今額。古跡有石筍、白沙泉、鄴公菴。』

法安院：《咸淳臨安志》云：『在靈隱寺西。天福三年，吴越王建，舊額廣嚴。唐長慶中，有詩僧結菴於院之西，自號「韜光」，常與樂天唱和。大中祥符元年，改今額。』

巢雲亭：在寺内，見《咸淳臨安志》。

徐奭墓：在靈隱山石筍院。徽宗朝，賜號『冲晦先生』。

慕容妃墓：在九里松唐家衕東。

周殿撰杞墓：在九里松水岡塢。《咸淳臨安志》云：『杞，建炎三年知常州，值苗、劉之亂，倡義勤王，以功除右文殿修撰。』

曲水亭：舊在香林洞側，一曰流杯亭，有水臺盤，爲梅詢《靈隱十詠》之一。

將軍教場墓：在行春橋水竹塢内，俗呼唐三寶墓。紹興末，因廣教場，此冢獨高大，衆欲去之，方舉鍤間，有黑蜂數百飛出，不可向。是夜，戎帥夢一人，高冠朱衣，曰：『吾錢王之子，葬此已久，祈勿毁。』方怪之，詰朝，得本軍申，遂留此墓。

靈隱天竺寺門：在飛來峰牌門東，俗呼二寺門，又名方外門。慶曆八年，太常博士元居中書扁，知杭州府蔣堂立，至今不易。

密因閣：在廻龍橋。萬曆辛亥，方伯浮渡吴公捐俸建橋亭，題曰『覺路津梁』，上供準提佛，題曰『密因閣』。又爲複閣曲軒，以對溪流，扁『枕石漱流』。

方等懺堂：在寺内。萬曆壬子，介如石公講《楞嚴義海》于寺，尋葺此堂，集三學精通禪者，修方等懺法。

石佛菴：在靈隱山直指堂後，梁簡文帝所造迦葉、維衛石佛二尊。萬曆間，僧如膃持準提咒，夢披荒莽中見石佛像，身如芒刺，募貲建菴，菴後建準提閣。前後皆竹，湯焕書『竹林精舍』。

錢和墓：在天竺、靈隱西，兩山之間。吴越王之後，仕至直秘閣、知荆南府。

忠勇廟：在九里松，祀宋統制張玘。

超然臺：在石筍普圓院内方丈左右，金漆板扉，皆趙清獻諸賢、蘇、秦、陳、黄留題，及文與可竹數枝，如張揔得父子、吴傳朋等題字甚多，歲久暗淡，猶隱隱可見。

宋理宗貴妃閻氏欑宫：在顯慈集慶寺，寺地舊屬靈隱。
隆親永福院：宋温國陳夫人香火，今廢。永福寺，隆國黄夫人功德，咸淳九年建。俱在靈隱寺西。
宜對亭：在九里松，葉紹翁書，見《名勝志》。
月波亭：《靈隱遺事》云：『大松數圍，正與月波亭對。』
錢塘縣舊治：《水經注》云：『浙江東逕靈隱山，山下有錢塘故縣。』
杏園：《堯山堂外紀》云：『錢塘莫維賢居靈、竺間，繞舍栽杏，號曰「杏園」。』
白閣：錢塘舊志云：『明邵重生古菴建白閣於靈鷲山呼猿洞，祀許由及唐、宋名賢，爲樓三楹，中祀其父經邦。足不入城市，遇節序祭祀歸家，信宿已即還山，如是者二十年。』

附　録

湯莊：在靈隱寺西。舊爲明副使包涵所别墅，原名青蓮山房。倚蓮華峰，跨曲澗，臺榭之美，冠絶一時。外以石屑砌墻，柴根編户，内則曲房密室，行其中者，宛轉不能即出。今猶稱包氏北莊，爲前少宰湯公右曾别業，自題有『連峰紫翠看皆好，喬木風烟畫不如』之句。
白雲山房：在飛來峰之西，白雲峰下，爲副使翁公嵩年建，中有愛吾廬、得樹軒、環山樓。流泉繞屋，嵐翠在庭，多植梅桂松竹，剥啄罕到，習静最宜。

校勘記

〔一〕『嚮』字《武林掌故叢編》本作『向（鄉）』。

增修雲林寺志卷三

禪祖

如璧禪師饒節，字德操，臨川人，以文章著名。曾子宣丞相禮爲上客，陳了翁諸人皆與之游。往來襄、鄧間，始有婚宦意，遇白崖長老，與之語，欣然有得。嘗令僕守舍，歸見其占對異常，怪而問之，僕曰：『守舍無所用心，聞鄰長老有道價，往請一轉語，忽爾覺悟，身心泰然，無他也。』德操慨然曰：『汝能是，我乃不能，何哉？』徑往白崖問道，八日而悟，盡發囊槖與其僕，祝髮爲浮屠。德操名如璧，僕名如琳，徧參諸方，陳了翁、關子東兄弟，皆以詩稱美之。至江浙，樂靈隱山川，因挂錫焉。琳抱病，德操躬進藥餌，既卒，盡送終之義。後主襄陽天寧，夏均父爲請疏，其畧云：『無復挾書，更逐康成之後；何憂成佛，不居靈運之先。』又云：『豈惟江左公卿，盡傾支遁；獨有襄陽耆舊，未識道安。』時稱其精當。德操自號『倚松道人』，所爲詩文皆高邁，號《倚松集》。

僧智融，俗姓邢，名沚[二]。世居京師，以醫入仕。南渡，居臨安萬松嶺，號『草菴邢郎中』。官至成和郎，出入禁庭，賞賚殊渥。年五十，棄官，謝妻子，祝髮入靈隱寺，諸公貴人挽之，不可。又游諸方，徑山、康[三]廬，經行殆遍。聞靈山之勝，遂投迹爲終焉計。獨行獨坐，或至移晷，人不知其能畫也。山深多蛇，忽作二奇鬼于壁，一吹火向空，一蹋蛇而掣其尾，蛇患遂除。遇其適意，嚼蔗折草，蘸墨以作，坡岍巖石，尤爲古勁。間作物象，不過數筆，寥寂蕭散，生意飛動。作詩不多，語意清絶。每自言：『若得爲僧三十秋，瞑目無言萬事休。』紹熙四年五月日卒，壽八十，僧臘如師言。

佛行道昌禪師，俗姓吴氏，湖州府歸安縣寶溪横洋人。六歲投鹿苑，禮澄公爲師。十三祝髮受具，堅持浄節，綽有成人風。至十五，擔包行脚，不憚寒暑，尋訪耆宿，究取上乘。時妙湛師住湖州道場山，道價擅一時，四衆皈仰，師首和[三]謁。一日，問妙湛曰：『不起一念時，還有過也無？』湛曰：『須彌山你作麼生會？』師於言下領畧，自後機鋒捷出，有無礙辯。罷參歸霅川，士人莫倚施米麥豆六百斛，懇令住持何山。左丞葉公寓卞山，與師契厚，每魚鼓相從，伊蒲共饌，爲方外忘形之交。繼[四]住平江瑞光，移穹窿，又遷四明，住育王山，皆創成法席，一新寺宇。先是，妙湛住浄慈，有大通所傳雲門大師摩衲，已八代相授，至是，妙湛對雪峰大衆，以此衣授師，衆謂不失其宗，人皆榮之。葉公帥建康，時蔣山新經戎燼，屋僅數椽，公奏請師住此山。不數年，樓閣化城，若自天而下，寶公規制盡復舊觀。翠華駐臨安，靈隱方丈暫虚，師被旨住持。時丞相湯公喜師履踐禪悦[五]，德臘俱高，欲以激昂有衆，奏授『佛行大師』。時年七旬餘，即告老，選靈泉幽隱，爲出塵之所。退居其間，自號『月堂』，杜門謝客，以娱晚景。值浄慈闕住持，十方衲子懇府帥王公，親入山敦請，師不得已，承命。忽以辛卯歲正月上澣，擊鼓辭衆，遠近咸集，無不泣留。侍者宗本求語，師曰：『吾平生拈古、頌古，其語已多，尚何言哉！』端然而化。師年八十有二，僧臘六十九。夏，葬全身於寺之東隅，松隱曹勳爲之塔銘。

寒巖升禪師，建寧府建安人，俗姓吴，母游氏。初生，有肉如環，在其左乳，人皆異之。年十四，依本府龍居寺出家，肉環隨隱。天資聰慧，十九爲僧，即有遊方之志，以父早世，未忍捨母。母歿，遂之長樂。會圓悟高弟佛智禪師端裕演法於西禪，入其室，言下頓悟，自是機鋒迅發，人莫能當。佛智移杭之靈隱，師爲首座。佛智歸，師亦還鄉，後住支提、承天、石霜、泐潭諸大刹。示寂於鼓山，世壽七十九，僧臘六十。山陰陸待制務觀與師游，愛敬之如師友。周丞相子充爲之銘。

臨安府靈隱荆叟如珏禪師，婺州人，天童頴禪師法嗣。住後上堂云：『新歲擊新鼓，普施新法雨。萬物盡從新，一一就規矩。普賢大士忻歡，乘時打開門户。放出白象王，遍地無尋處。』拈拄杖曰：『惟有者箇，不屬故新。等閒開口，吞却法身。』擲下曰：『是甚麽「千年桃核裏，原是舊時仁？」』僧問：『如何是佛？』師云：『爛東瓜。』

偃溪廣聞禪師，侯官林家子，母程氏，世業儒。從季父智隆於宛陵光孝，十八得度受具。初見鐵牛印少室，睦無際派，追隨甚久。參浙翁於天童，針芥雖投，自知未穩[六]。及再參于雙徑，翁笑迎曰：『汝來耶！』一夕坐簷間，聞更三轉，入堂曳履而蹶，如夢忽醒。翌朝造室，翁奉趙州洗鉢盂話，師將啟吻，翁遽止之，平生疑情，當[七]下冰釋。紹定戊子，四明制閫胡公以小淨慈致之，歷住香山、萬壽、雪竇、育王、淨慈、靈隱、徑塢八[八]山，開爐上堂，舉：『趙州和尚示衆云：「老僧三[九]十年前，在南方火爐頭，有箇無賓主話，直至如今，無人舉著。」』師云：『森羅萬象，明闇色空，日夜舉揚趙州古佛，不是不知，只爲貪程太速。』又上堂云：『一升三合，拄杖頭邊；萬水千山，草鞵跟底。未言先領，誰家竈裏無烟；撩起便行，是處井中有水。莫道空來又空去，許多途路不相孤。』又上堂云：『趙州喫茶去，金牛喫飯來，龍門多上客。有人續得末後一句，許你入阿字法門。』景定四年六月十四日示寂，壽七十五，夏[一〇]五十八。以上增補前代諸禪師。以下續前志五岳濟玹禪師後。

豁堂正岩禪師，金陵郭氏子。明初，始祖以軍功授杭州衛指揮，遂家焉。師生三歲，頴異不凡，有異僧見之，曰：『是兒濁水牟尼珠也。』七齡，絶葷腥，母匿飼之，輒嘔。十歲喪父，依靈隱復初静主，即喜閲宗門語録。時葛屺瞻、沈無回兩先輩講學湖上，師執贄受業，迎機通辨，沈謂葛曰：『是子非浮屠，將奪我席。即彼法中，亦透網金鱗也。』十三薙染，十五謁無盡大師於天台，復歸靈隱，從古心律師受沙彌十戒。次圓具憨山、達觀二大師，洎耶溪蓮居，並暨法幢，學流雲會，師徧詣質疑，所至避席。三峰漢和尚開法浄慈，師往見，峰訶云：『此識解依通，即流轉生死根本。』師惘然自失，苦心參究，目不交睫者七晝夜，倦劇擬卧，忽聞板聲，通身汗下，囫地湛明，即作頌以呈，亟蒙印可。靈隱耆宿請住本山，名剎中頹，苔寮蘚壁，師顔其居曰『破堂』，宴坐自如。雲門具和尚駐錫廣陵，延師首衆，兩載佐鎚，脱頴不一，至片語觧紛，微言了義，具公自以爲弗及也。戊子冬，仍歸靈隱。以寺五剎之首，而圮廢不振，今日興起者，非具和尚不可。緇俗僉諧，迎主法席，師亦屢住大剎，最後駐錫浄慈，焕然鼎新。丙午夏，忽罹無妄，逮訊金陵，事白釋歸，退隱普寧村院。庚戌夏，徒衆堅請還南屏，歸，不肯入方丈，曰：『吾從此逝矣。』以七月二十日沐浴跏趺，書偈而化。師博涉儒籍，理徹詞秀，所作詩文雜著頌偈，共若干卷行世。弟子奉全身建塔於慧日峰左。

乾庵賢禪師，具德和尚法嗣，住靈隱三年。

三目源禪師，紹興某氏子，具公法嗣，住靈隱二年。

碩揆原志禪師，鹽城孫氏子，具公法嗣，住靈隱十三年。著有《借巢詩集》及語録行世，詳見塔銘。

證南參禪師，杭州人，三目和尚法嗣，住雲林三年。

匡瀑戒青禪師，系出桐鄉徐氏。八歲而孤，即作出世想。至十五，貇母，辭兩兄，從師覺如于靈隱寺披剃，得《高峰録》讀之，恍然有所得。年二十，忽省壽相匪堅，咏偈遁去，參具老人於邗溝天寧，看《傳燈録》『城東老母，才見佛來，便以手掩面，及至，十指無非是佛』處，豁然有省，作偈曰：『眼花不少老婆婆，平地無風自起波。十指莫嫌都是佛，祇緣避溺反投河。』復參豁公于皋亭，讀《大慧録》中『狗子佛性』語，不覺無字從口中出，乃大悟如衣中珠，亟入方丈，陳所得。豁公與師相視而笑，乃陞座告衆，付以衣拂。後主湖州弁山法華寺二十餘年。其終也，告衆曰：『來時無心，去時無口。』不作偈，洎然而化。

諦暉慧輅禪師，吴興金田沈氏子也。師生於前明天啟丁卯，六歲而孤，家毁於役。及母李終，師乃捨俗出家，徧參諸方遊學。至靈隱，禮具德和尚，拜直指堂下，仰見『直指』二字，憬然曰：『彼以直指，我以直會。』忽聞户外鳥鳴聲，頓覺大千一時俱直。時具公座下五千人，惟師少年，機鋒奮迅，遂嗣法焉。師秀眉大耳，儀觀偉然，歷住諸刹，學侣雲集，後住靈隱最久。聖祖仁皇帝南廵幸寺，賜名『雲林』，師〔二〕曾被顧問，賜有『禪門法紀』額，及金扇、石硯、人參、香金等物。雍正三年三月二十日示寂，春秋九十有九，僧臘七十有四。以佛法斂塔於飛來峰頂，雲間張比部彙爲之銘。

超然開言法師，桐鄉費氏子。幼不喜茹葷，常學跏趺坐。七歲，父母捨入靈隱山中祇園菴，禮仲也師爲弟子。爲人淳朴，受具於本寺碩揆和尚，朝夕提策，令勿放逸。師曰：『某甲鈍根，不善參悟，惟知念佛耳。』和尚曰：『念佛亦可了生死。』師依教奉行，精嚴戒律，二六時中，惟一句彌陀，勿問他事。海昌陳文簡相國曾讀書菴中，與師契厚，後陳公撫粤西，適菴中大士殿傾頹，師不憚跋涉，往謁陳公，公欣然捐資重建。師歸山後，道力愈堅。乾隆丁巳六月二日，忽召徒衆，謂曰：『我行矣，汝等念佛送我。』即説偈曰：『吾年七十七，世緣俱已畢。坐斷兩頭關，得箇真消息。且道如何是真消息聻？』合掌端坐而逝。

敏巖智廣禪師，秀水馬氏子。神儀挺特，幼厭俗塵，薙染于里中旃檀菴，受具於資福靈機和尚，遂投昭慶宜潔和尚座下，學毘尼律二載。後參請雲林諦公，深得法要。住吴江之長慶、杭州之龍井，于雍正三年，繼席雲林。凡六年，修葺傾頹，力懇當事奏免山税，爲叢林所倚重。無疾端坐而化。有《訥菴語録》行世。

聞竹上志禪師，秀水人。齠年即辭家，從鎮江超岏寺宜潔和尚受具足戒。與敏巖友善，同得衣鉢于雲林諦和尚。主禾中天寧二載，嗣受雲林事。雍正十年秋饑，寺僧絶糧，爲海衆持鉢過瘁，得疾順世，世壽六十五，僧臘四十九夏。有《忍菴剩語》。

晚山上峻禪師，杭人，王氏子。少穎秀，爲博士弟子，過三十餘不第，遂棄妻子，入雲林禮諦公，下髮，習三摩提，朝夕參究，得其奥旨，稱入室焉。雍正十三年秋，住雲林。方丈五閲月，以歲儉，鉢單蕭索，讓於同門巨濤，退掃先師塔院，日以精進爲務。示寂時，世壽六十五，僧臘三十二。

元微明覺禪師，山陰人，俗姓屠。幼學佛於杭之擊竹菴，即有志願了衲衣下事。從雲林諦公得戒，在寺服勤左右，無倦色，時時習禪定，有所證入。諦公年近期頤，寺衆苦饑，多散去，惟師三條篾束肚，不以爲苦。諦公稔其堅忍，知爲法器，因授記莂。初主皋亭顯寧寺，雍正十三年，雲林虚席，紳士請進院住持，三載告寂。曾乞免飛來峰並寺基征稅，至今賴之。

且惟德傳禪師，嘉興崔氏子，元微禪師法嗣，在寺守龕十月。

山止高禪師，嘉興陸氏子。生三齡，即解趺坐念佛。韶光尺玉禪師過其門，師見之，合掌微笑，師甚異之，因丐其父爲徒。下髮後，常參究性宗。性好文字，遇名流遊韶光者，必乞其吟咏，彙刻爲一編，曰《韶光紀遊集》。雍正丁未立秋日，沐浴更衣，端坐念佛號而逝，世壽八十，僧臘六十一。

止安長老，宜興人，久居雲林公務寮。爲人拙實，操作勤苦，每見常住乏資糧，住持終年走四方托盋，不足供大衆，棟宇傾朽，無緣重新，每當食興嗟。忽于乾隆五年，擇閏六月三日，發願焚身，聚薪坐其上，與衆訣曰：『某甲去後，願韋天感應，使雲構增輝，香廚充滿。』遂擲炬自燔，高聲念佛，而色怡然無恐，觀者如堵，莫不讚嘆希有。昔元漳州開元寺釋定世，因峒賊之攻，祝城不陷，生焚以答，僧恒白爲詩以美之。若止公者，自恥素餐，特發弘誓，與夫食人之食而無尺寸之補者，相去何如哉！

巨濤義果禪師，丹徒章氏子也。年十一，父母命出家于焦山，日夕頂禮觀音像。及長薙染，操行清苦，自名『薅草行人』，陳太守滄洲甚器重之。出參諸方，受具於京師西山潭柘寺德彰和尚。至杭，侍雲林諦公，執役九年，無怠容，師命參三不是話。禪堂中時問：『不是心、不是佛、不是物，是甚麼？』語未竟，師打一竹篦，因有省，即呈偈云：『一擊敲開海底天，塵塵刹刹盡歸源。當陽拈出無私句，鐵馬嘶風躍九淵。』師頷之。旋受付囑敏岩廣主席，任監院事。雍正壬子，繼席雲林。未幾，入長安，於法門多所保護。乾隆戊午，復進院，道風丕振，感汪光禄萬松大捨浄財，廢墜一新。論者以爲靈隱至明季夷爲烟礫，國朝具和尚鼎建，將及百年，漸就摧圮，中興之功，非師其誰與歸！

法　語

清聳禪師

靈隱清聳禪師上堂示衆云：『十方諸佛，常住汝前，還見麼？若言見，將心見，將眼見？所以道，一切法不生，一切法不滅。若能如是解，諸佛常現前。』

佛智端裕禪師

佛智端裕禪師被旨補靈隱，上堂云：『盡大地是沙門眼，偏十方是自己光。爲甚麼東弗于逮打鼓，西瞿耶尼不聞？南贍部洲點燈，北鬱單越暗坐。直饒向箇裏道得十全，猶如光影裏活計。』撼拂子云：『百雜碎了也，作麼生是出身一路？』擲下拂子云：『參。』僧問：『如何是賓中賓？』師云：『你是田庫奴。』曰：『如何是賓中主？』師曰：『相逢是莽鹵。』曰：『如何是主中賓？』師云：『劍氣爍愁雲。』曰：『如何是主中主？』師曰：『敲骨打髓。』

瞎堂遠禪師

瞎堂遠禪師敕住靈隱。乾道八年八月六日，獨召入内觀堂，延坐賜茶。上曰：『前日睡中，忽聞鐘聲，遂覺。未知夢與覺，是如何？』師對曰：『陛下夢中底，覺來底？若問覺來底，而今正是寐語；若問夢中，夢、覺無殊，教誰分別？夢即是幻，知幻即離，離幻即覺，覺心不動。所以道，若能轉物，即同如來。』上曰：『夢幻既非，且鐘聲從甚處起？』師云：『從陛下問處起。』上復問：『前日在此閣静坐，忽然思得不與萬法爲侶，朕從者裏有箇見處。』師云：『陛下作麽生會？』上曰：『明鏡絶纖塵。』師奏曰：『一口吸盡西江水，又如何？』上曰：『亦未嘗欠缺。』

石皷希夷禪師

靈隱石鼓希夷禪師，上堂，舉：『南泉云：「文殊、普賢，昨夜三更相打，每人與二十棒，趂出院了也。」趙州曰：「和尚棒，教誰喫？」泉曰：「王老師過在甚麽處？」州作禮而出。』頌曰：『春風吹落碧桃花，一片流經十萬家。誰知畫樓沽酒處，相邀來喫趙州茶。』

石田法薰禪師

石田法薰禪師住靈隱，弟子師俊繪師像求讚，有曰：『末後一句，分付廚山。』衆頗訝之。明日，忽示疾，退歸寶壽，趣辦終焉計，窆全身於院之後山。

癡絶道冲禪師

癡絶道冲禪師參松源於靈隱，源門庭峻絶，笠楼八月，不獲入室。或以失士告，源曰：『我以八字打開挂搭，渠自是渠當面蹉過耳。』師聞其語，口耳俱喪徹。見曹源於妙果龜峰時，嘻笑怒罵，皆爲人善巧方便，自是不疑天下老和尚舌頭。

東谷光禪師

東谷光禪師上堂云：『藏身處，没踪跡，無影樹頭靈鳥宅。没踪跡處莫藏身，不萌枝上春光坼。有來由，誰辨的天曉？　西風拂拂吹松釵，一徑争抛擲。』

妙峰之善禪師

妙峰之善禪師，晚住靈隱，上堂云：『應物現形，如水中月。信手拈來，一時漏泄。』拂子擊禪床左邊，曰：『者裏是鑊湯爐炭。』擊右邊，曰：『者裏是劍樹刀山，前面是觀音、勢至，後面是文殊、普賢。中間一著，還知落處麽？』又擊，曰：『毘婆尸佛早留心，直至如今不得妙。』

悦堂祖誾禪師

悦堂祖誾禪師住靈隱，一僧新到，師問：『何處來？』曰：『閩中。』師曰：『彼處佛法，何如住持？』曰：『饑即喫飯，困即打睡。』師曰：『錯。』曰：『未審和尚此間如何住持？』師拂袖歸方丈。

元叟行端禪師

元叟行端禪師元宵上堂云：『千粒萬粒，從一粒生。只者一粒，從甚麽處生？千燈萬燈，從一燈起。只者一燈，從甚麽處起？識得一粒，千粒萬粒，粒粒無礙。三脚驢子弄蹄行，踏破無邊香水海。』拈拄杖，卓一卓，曰：『頂門也少者一粒不得。』

東嶼德海禪師

靈隱東嶼德海禪師頌『俱胝豎指』曰：『深深無底，高高絶攀。思之轉遠，尋之復難。』

竹泉法林禪師

竹泉法林禪師，至元四年主靈隱，上堂云：『法是常法，道是常道。拶破面門，點即不到。雪峰一千七百人善知識，朝夕只輥三箇木毬。趙州七百甲子老禪和，見人只道喫茶去。中峰居常見兄弟相訪，只是叙通寒温，燒香叉手。若是金毛獅子子，三千里外定淆訛。』

性源慧明禪師

性源慧明禪師住靈隱，上堂，舉：『香嚴和尚曰：「去年貧，未是貧；今年貧，始是貧。去年貧，猶有卓錐之地；今年貧，錐也無。」』衆中忽有箇漢出來，問長老：『錯了也。今朝四月八，是佛生日，如何舉此公案？』山僧只對道：『住持事繁。』浴佛上堂，舉：『藥山儼禪師因遵布衲浴佛次，山問：「祇浴得者箇，還浴得那箇麽？」遵曰：「把將那箇來。」山休去。』師曰：『者一個，那一個，一一從頭都浴過。藥山布衲漫商量，仔細看來成話墮。成話墮，將淆訛。』拍禪床曰：『武林春已老，臺榭緑陰多。』

用貞輔良禪師

用貞輔良禪師晚住靈隱，示衆云：『達磨〔二二〕一宗，陵夷殆盡。法等用力，如救頭然，可也。百千法門，無量妙義，於一毫端，可以周知。如知之，變大地爲黄金，受之當無所讓。否則，貽素餐之愧矣。歲月流電，向上之事，汝等急自進修。』

以上補前代諸禪祖法語。以下補本朝諸禪師法語。

豁堂正岩禪師

豁堂禪師住靈隱，啟七期示衆，師良久云：『夫心本無依，境原非住。心境雙忘，脱體自在。譬如空輪絶朕，隨器量以方圓；海量無涯，儘江湖而斟酌。斯則無煩起作，任意施爲；弗假穿通，了無礙隔。自古及今，超凡越聖。法爾圓明，不勞修學。所以從上人活計，步步絶行蹤，塵塵迷處所。向萬人叢裏奪標，目無一人；在千〔二三〕仞峰頭走馬，度如歷塊。幸有如是神通，何不直前揮霍？諸仁者，但向衲僧衣線下薦取，不欠絲毫。若於故紙堆中尋覓，還成糟粕。雖然如是，猶是時中受用，未是劫外風猷。直須獨奮全提，二俱坐斷，把住向上牢關，截却從前蹊徑，稍有參學氣息。如或未然，且向七尺單前究取。』

聞竹上志禪師

雍正九年二月初六日，師住雲林，進院山門，云：『各各從此中出入，誰能踏着者裏，可謂主中之主。如何是主中主？』揮拂子云：『指揮自在。韋馱云：「靈山付囑，諒不敢忘，輔正摧邪，全憑主張。」伽藍云：「賓主相投，事事合節，大衆慧命，須藉著力。」祖堂云：「西天四七，東土二三，慧命相傳。」』竪拂子云：『惟憑者著。監齋云：「一日三餐，事事具足，清衆蒙恩，諒須扶荷。」大殿云：「覿面相逢，無處廻避，作麼生相見？」展具云：「理長則就便。」』禮三拜，據室云：『據祖父之室，行祖父之令，直饒臨濟德山到來，必須一一驗過。』

敏巖智廣禪師

雍正三年乙巳三月二十六日，闔郡紳衿、本山檀護耆宿、新舊兩序，請師繼席。陞座，拈香畢，乃云：『昔日大覺世尊，爲此一大事因緣，出現於世，向靈山會上，拈花示衆，擊節宗猷，可謂肝腸火熱曲爲。今時新雲林，亦爲此一大事因緣，出現於世，向此靈山會裏，撾鼓陞堂，拈花竪拂，發揚妙義，可謂子續父機，義難推委。我思世尊所爲大事，與新雲林所爲大事，同别且置，還有過於此段大事者麼？有，則請試比[一四]於大衆前也。』遂[一五]呈起拂子云：『可有高高若此，厚厚若此，大大如此，濶濶如此，知得根源，識得落處？佛恩皇恩，以及師長檀護之恩，一時報盡。且道報恩一句，又作麼生？』以拂作插香勢，云：『所供是實。』

巨濤義果禪師

乾隆三年戊午仲冬下浣七日，重住雲林，織造部堂蘇赫訥大護法，設進院齋，請陞座，師拈香云：『此一瓣香，聖明逾日，睿算同天，恩被萬方，量周四海，祝延今上皇帝，聖壽無疆。』次拈香云：『奉爲當道宰官諸大護法，同乘福慧，共植菩提，永作皇家柱石，恒爲佛法金湯。』復拈香云：『此一瓣香，奉爲織造部堂蕪大護法，德威福偹，補衮調羹，樂善培元，台星朗照。伏願綸音不次，壽等椿松。』次拈香云：『此一瓣香，奉爲本寺各房耆宿，同扶慧命，白業精修，嘉會重逢，真如共契。』復出香云：『此一瓣香，炎寒遍歷，不憚辛勤，末後知槩，承恩有地，奉爲欽賜禪門法紀上諦下輝先老和尚，用酬法乳。』斂衣就座。僧問：『若識佛性義，當觀時節因緣。即今因緣已具，時節已至，如何是時至理彰句？』師云：『山山煥彩。』進云：『如何是爲法爲人句？』師云：『物物增新。』進云：『畢竟以何爲驗？』師便喝。進云：『恁麽則先師公案重拈出，枯木花開大地春。』師云：『果，上座慚愧。』問：『最勝覺場，人天普集，向上宗乘，如何舉唱？』師云：『實無少法當人情。』進云：『恁麽則好音在耳人皆聽，草偃風行得自由。』師云：『大衆證明。』進云：『或有箇入林不動草，入水不動波底作者，來時如何相見？』師云：『不將語默對。』進云：『却將甚麽對？』師云：『仁義道中，放過一着。』進云：『纔覺東風添意氣，梅花先已占春魁。』師云：『儘教注脚。』問：『慈雲迷六合，杲日麗天衢，如何是陞座句？』師云：『飛來峰點頭不謬。』進云：『眉間横寶劍，肘後佩靈符，如何是爲人句？』師云：『冷泉水入耳無差。』進云：『千言恢祖胄，一喝定綱宗，如何是正令全提句？』師云：『風光普遍。』進云：『恁麽則天上有星皆拱北，人間無水不朝東。』師云：『切莫錯會。』問：『今日十方聚會，請轉法輪。未審這箇法輪，作麽生轉？』師云：『春風正當令。』進云：『指迷善巧，處處圓通則且止，如何是諸佛出身處？』師云：『枯木開花。』進云：『知命一機，生生不息作麽生？和尚示他，個個沾恩去。』師云：『步步着實地。』僧打○相云：『謝師答話。』師云：『切莫動着。』乃云：『金剛心真，華藏界闢，於中有一句子，光呑萬象，氣絶諸塵。識得者可以拈一莖草，作丈六金身，可以坐微塵裏轉大法輪，誠爲無量妙義中真實義，百千法門裏殊勝因。本無來去，不涉見聞，秖在當人委悉，直下翻騰，如或未然。』驀豎拂云：『却在山僧拂子頭上，放光動地去也。現前諸兄，一箇箇眉横鼻直，逈脱根塵。更須一條白練，與千聖同途，共挽頹綱，勉成大丈夫事，方堪慶快生平。若以威音王那畔檢點將來，纖毫不動，遍界春回，何妨大家出手，驅出巖前石虎，收回陝府鐵牛，纔顯得澄潭月皎，枯木龍吟，瑞彩盤空，鷲峰起舞。且道如是作畧，種種嘉祥，畢竟以何爲驗霽？』復擊拂子云：『堯天舜日瞻無盡，正法昌隆賀太平。』下座。

乾隆六年四月十九日轉輪殿上梁

師云：『天上重施雨露恩，巍峩寶藏轉金輪。竚看慧日舒光處，照耀靈山面目新。大衆，還見面目新麽？如見，但有利益，莫憚勤勞，爲梁爲棟，架起雲霄，功歸檀度，瑞産嘉苗。』卓拄杖一下，云：『更向這裏培因結果，管教恒處菩提座不動，須彌福壽高。』

乾隆六年十月十六日法堂重上梁

師云：『昔日祖翁建法幢於靈山，顯寧義法叔和尚請法，陞此一梁，以聚十方龍象，弘揚妙義，闡發綱宗，只得天雨四花，同聲讚嘆。其如年深歲久，日致摧殘，義果景仰餘光，因緣補葺，普請大衆，齊出隻手，共助無爲。且現前一句，作麽生道？』竪拄杖云：『刹竿扶起天人喜，唱道重新第一枝。』

梵香觀音閣上梁

師拈拄杖云：『一番提起一番新，草緑花香遍界春。寶閣重開呈舊面，莊嚴端藉箇中人。即今人天普集，瑞彩雲臻，梁棟横空，千祥拱照。畢竟時至理彰一句，作麽生道？』卓拄杖云：『恰喜善財齊著力，不須彈指証圓通。』

庫房上梁

師卓拄杖云：『此一住處，久藴於懷，直至今日，方能復還舊觀，重開生面。從此寶藏興焉，貨財殖焉，取之無盡，用之不竭。且道畢竟是何三昧？』復卓杖云：『好日好時齊着力，大家同唱太平歌。』

釋迦佛開光

師拈筆云：『佛身充滿于法界，普現一切群生前。恁麽會得，何榮何辱？誰苦誰甜？王宫與鷲嶺，無正亦無偏。入山又出山，體性總安然。塵説刹説，不墮言詮。』以筆點眼云：『即今舊彩重新剔，炯炯光華照大千。』

彌勒開光

師拈拄杖云：『寬着肚皮，緊收布袋，天上人間，獨稱尊貴。山門頭逢人便笑，内殿裏見佛不拜。匡時濟物，儘有慈悲，跣足科頭，了無罣碍。』以杖作點眼勢，云：『賴有這點光明，亘古亘今不壞。既不壞，因甚要山僧點出？』顧左右云：『摩醯照出塵沙界，萬象從兹脱體新。』

藏佛同地藏菩薩開光

師云：『一明一切明，一見一切見，大覺與能仁，光明皆顯現。三教同源，不隔一線，普度羣生，豈忘悲願？拔濟三途，頓超十善，欽仰無窮，愛戴無倦。俱稱萬德尊榮，因甚麽又要重點光明㲯？不是奇特人，難明向上事。即今事已現前，如何是奇特一句？咄！光彩還他舊光彩，發人真信一番新。』

羅漢開光

師拈杖云：『法化報三身，却從這裏薦得。戒定慧之學，豈更節外生枝？遨遊四海，習定天台。圓陀陀，光灼灼，照徹十虛。各顯神通，同歸浄域。澄澄爾，湛湛爾，萬象平吞。煆聖鎔凡，通身抖擻不盡；西天東土，異類心跡全降。若然衛法，頓令法幢振起；若然助福，管教福慧駢臻。如許妙用縱横，畢竟以何施設？』卓拄杖一下，云：『人間天上稱如意，莫不承其正眼開。』

山門金剛開光

師云：『金剛正體，普鎮大千，保護靈山，威而不猛。若要放出光明，重增精采，須是山僧併力始得，何也聻。』以杖指左云：『這一位同聲相應。』指右云：『這一位同義相親。』復卓拄杖云：『從此又添新氣象，山門振起舊家風。』

韋馱菩薩開光

師云：『三洲普護，願力洪深；六度齊修，威權獨顯。靈山全賴以增輝，古刹重新而現瑞。以致摧邪輔正，衛法安僧，檀信皈崇，人天共慶。得此種種嘉祥，莫不向一毫頭上，放出光明了也。大衆，且道即今光明，在甚麼處發現聻？』遂以筆點云：『摩醯灼破乾坤濶，海衆雲臻盡荷恩。』

觀音大士開光

圓通無礙，遍界巍巍，隨緣赴感，誓願非違，故得龍女獻珠，善財參禮，心境雙融，事無不喜。妄執蠲除，悟迷空矣。遂舉筆云：『請看點出光明藏，一片慈心普濟人。』

送止菴行人入塔

係宜興縣人，庚申閏六月三日，端坐自焚其身，年四十三歲。

師云：『至真無相貌，奥旨絶言詮。覷破箇中意，何曾有正偏？止菴上座，獨步超先，一生惟勤行業，不知着意求元。欲圖歸隱，六月炎炎，杲日當午，端坐怡然。心無罣礙，火化青蓮，四十三年，倏忽百千。三昧周全，漫騎驢子歸天嶺，還請遨遊靈鷲邊。大衆，且道如何是靈鷲邊事？』遂舉靈骨云：『幢標金刹千秋壯，名著西湖又一賢。』

校勘記

[一] 此段文字據南宋樓鑰《攻媿集》卷七十九《書老牛智融事》撮述。『沚』字《書老牛智融事》作『澄』。

[二] 『康』字《書老牛智融事》作『匡』，是。『匡廬』即廬山，佛教勝地。

[三] 此段文字據曹隱《松隱集》卷三十五《净慈道昌禪師塔銘》撮述而成，『和』字《塔銘》作『扣』，是。『扣謁』意謂拜訪求教，『和』、『扣』形近而訛。

[四] 『繼』字下《塔銘》有『公薦』二字。

[五] 『悦』字《塔銘》作『院』。

[六] 『穩』字《武林掌故叢編》本作『契』。

[七] 『當』字《武林掌故叢編》本作『堂』。

[八] 『八』字《武林掌故叢編》本作『入』，誤。按，此段文字據《武林梵志》卷九『偃溪廣聞禪師』條撮述，『八』字《武林梵志》亦作『八』，全句爲：『住香山、萬壽、雪竇、育王、净慈、靈隱、徑塢八山，所至革弊支傾，廣容徒衆』。《叢編》本以『八』字屬下，故臆改爲『入』。

[九] 『三』字《武林梵志》作『一』。

［一〇］『夏』字上《武林掌故叢編》本有『僧』字。

［一一］『師』字《武林掌故叢編》本作『寺』。

［一二］『磨』字《武林掌故叢編》本作『摩』。

［一三］『千』字《武林掌故叢編》本『十』。

［一四］『比』字《武林掌故叢編》本作『此』。

［一五］『遂』字《武林掌故叢編》本作『送』，誤。

增修雲林寺志卷四

檀越

崔育材，仁和人，官職方員外郎。天聖九年，捨鹽橋住宅爲靈隱下院。見《咸淳臨安志·人物表》。

李衛，字又玠，徐州人。仕至太子少保、兵部尚書、直隸總督，謚『敏達』。公於雍正間，開府兩浙，多惠政。去後，民多思之。常捐捧[二]倡修雲林大殿，有募引，載《志》中。

張彙，字容川，華亭人，官刑部郎中。嘗捐金百兩，爲諦暉和尚造塔，且爲之誌銘。

汪應庚，字上章，號『萬松』，歙人。僑籍江都，從事夙沙之業，樂善好施，其天性也。如賑饑寒，助昏喪，修學舍，贍貧士諸事，不惜重費，無不舉行。世宗憲皇帝嘉其行義，欽賜光禄少卿銜，以褒異之。庚申歲返新安，遊雲林寺，見棟宇將頹，慨然修建。壬戌秋日，忽感微疾，合掌西向而逝，家人皆聞白栴檀香徧滿室中。子四明守起，克承父志，捐金告竣。

人物

李紳，字公重[三]，無錫人。中書令敬元[三]曾孫，號『短李』。穆宗召爲翰林院學士，與李德裕、元稹同時，號『三俊』。武宗時爲相，居位四年，出鎮淮南。布衣時，曾遊靈隱、天竺二寺。有《追昔遊》詩。

沈亞之，字下賢，吴興人。第進士，太和初，官殿中侍御史。有《候仙亭》詩。

潘閬，字逍遥，大名人，居錢唐，人稱『潘閬巷』。爲秦王府記室參軍，秦王、繼恩得罪下獄，捕甚急，閬遂髡爲僧而逃。後事解，授四門助教。有《宿靈隱寺》詩。

薛映，字景陽，蜀人。進士及第，累知制誥，歷禮部尚書、集賢院學士，分司南京。卒贈右僕射，謚『文恭』。有《曲水亭》詩。

王令，字逢原，廣陵人。王介甫愛其才，以吴夫人之妹妻之。有《遊靈隱寺》詩。

郭祥正，字功父，當塗人。舉進士，知武岡縣、僉書保信軍節度判官，以殿中丞致仕。有《錢塘百詠》，載靈隱山水古蹟甚夥。

劉一止，字行簡，歸安人。宣和三年進士，紹興中，官監察御史，累遷給事中，以直學士致仕。有《入靈隱寺》詩。

蘓庠，字養直，丹陽人。有隱操，號『後湖居士』。有《宿飛來峰下》詩。

李綱，字伯紀，邵武人。登政和二年進士，宣和中，歷尚書右丞。高宗即位，拜右僕射兼中書侍郎，卒謚『忠定』。有《遊靈隱寺》詩。

周紫芝，字少隱，宣城人。年六十一始登第，歷官樞密院編修官，自號『竹坡居士』。有《登北高峰》詩。

曹勛，字公顯，陽翟人。以父恩補承信郎，特命赴進士試，登甲科。顯仁太后北歸，有迎鑾功，歷昭信軍節度使，加太尉，卒。有《贈靈隱長老》詩。

周必大，字子充，廬陵人。登紹興二十年進士，召試館職，累掌内外制，歷左丞相，拜少保、益國公，以少傅致仕，卒謚『文忠』。有佛海、圜鑑二《塔銘》。

范成大，字致能，吴郡人。紹興二十四年進士，累官吏部尚書、參知政事，以病乞閒，進資政殿學士，再領洞霄宫，謚『文穆』。有《冷泉放水》詩。

樓鑰，字大防，鄞縣人。隆興元年登第，累遷中書舍人、翰林學士、同知樞密院事，進參知政事，卒贈少師，謚『宣獻』。有《觀冷泉亭放水》詩。

姜夔，字堯章，鄱陽人。布衣，工詩。慶元中上書，乞正奉常雅樂，得免解，訖不第。嘗寓居西湖，有《寄銛朴翁靈隱》詩。

葛天民，字無懷，山陰人。初爲僧，名義銛，字朴翁，後返初服。有《泛舟入靈隱山》詩。

王埜，字子文，金華人。登嘉定元年[四]進士，歷端明殿學士、僉書樞密院事。有《登靈鷲新閣》詩。

高翥，字九萬，號『菊礀』，餘姚人。游江湖，有詩名。寓臨安最久，有《靈鷲》詩。

方岳，字巨山，號『秋崕』，祁門人。紹定五年進士，仕至吏部尚書郎。有《避暑冷泉》詩。

趙師秀，字紫芝，號『靈秀』。嘗登科，旅寓湖山。有《冷泉夜坐》詩。

周密，字公謹，自號『弁陽老人』、『四水潛夫』。寶祐[五]間，爲義烏令，入元不仕。嘗居杭，著《武林舊事》，備載靈隱山水事蹟。

董嗣杲，字[六]静傳，杭人。宋末，棄官入道，挂冠四聖觀。著《西湖百詠》，有《冷泉亭》、《香林洞》諸作。

王惲，字仲謀，衛州汲縣人。中統初，授中書省詳定官，尋轉翰林修撰兼國子院編修。至元五年，拜監察御史，多所論列，權貴側目。出爲平陽路判官，進福建閩海按察使，召至京師，擢翰林院學士。大德八年卒，贈學士承旨，追封太原郡公，謚『文定』。著《秋澗集》，有《靈隱寺》詩。

曹伯啟，字士開，濟寧碭山人。至元中，薦除冀州教授，累遷御史臺侍御史，出廉訪浙西，遂引年歸，鄉人表所居爲曹公里。天曆中，拜陝西諸道行臺御史中丞，辭疾不起，士論高之。卒贈河南行省左丞，追封魯郡公，謚『文貞』。著《漢泉漫稿》，有《遊靈隱寺》詩。

傅若金，字與礪，新喻人。家貧力學，爲同郡范梈所知，得其詩法。以布衣至京師，蜀郡虞集、廣陽宋褧以異材薦，佐使安南，歸，除廣州文學教授。著《清江集》，有《題李遵道畫靈隱道中二杉圖》詩。

余闕，字廷心，唐兀[七]氏，世居武威，徙家合肥。登元統癸酉進士，歷翰林待制。至正十八年，守安慶，屢敗諸寇，陳友諒合兵來攻，城陷死之。贈淮南江北行中書省平章，追封豳國公，謚『忠宣』。著《青陽集》，有《賦九里松》詩。

李孝光，字季和，樂清人。至正七年，詔徵隱士，以秘書監著作郎召赴京，召見於宣文閣。明年，陞文林郎、秘書監丞，卒於官。著《五峰集》，有《靈隱十詠》。

張昱，字光弼，廬陵人。左丞楊完者鎮江浙，用才略參謀軍府事，遷左右司員外郎、行樞密院判官。左丞死，棄官不出。張士誠禮致之，不屈。張氏亡，明太祖徵至京師，閔其老，曰：『可閒矣。』厚賜遣還，因自號『可閒老人』，徜徉西湖山水間，年八十三，卒。著《廬陵集》，有《冷泉觀猿》詩。

錢惟善，字思復，錢塘人。領至正辛巳鄉薦，官至副提舉。張氏據吴，退隱吴江之筒川，又移居華亭。明洪武初卒。自號『曲江居士』，著《江月松風集》，有《冷泉亭》詩。

凌雲翰，字彦翀，錢塘人。元末蘭亭書院山長，洪武初，以薦授四川成都教授。著《柘軒集》，有《冷泉猿嘯》、《九里雲松》二詩。

貝瓊，字廷琚，崇德人。洪武初，徵修《元史》，除國子助教。著《清江集》，有《靈隱十詠》。

高啟，字季廸，長州人。洪武初，召修《元史》，授翰林院國史編修官，擢户部侍郎，放還，尋坐危法。著《缶鳴集》，有《次靈隱復見心長老見寄》詩。

張羽，字來儀，潯陽人，居湖州。元末，授安定書院山長。明初，徵爲太常司丞兼翰林院同掌文淵閣事，以事竄嶺外，未半道召還，抵京，投龍江死。著《静居集》，有《寄靈隱良泐二長老》詩。

馬洪，字浩瀾，號『鶴窗』，錢塘人。善詩賦，清修苦節，聲價益重，嘗居九里松。

陳贄，字惟成，餘姚人。天順間，官太常少卿，致仕，投老西湖。嘗和董静傳《西湖百詠》，於靈鷲古蹟，題咏殆遍。

劉英，字邦彦，號『寘山』，錢塘人。景泰中，郡邑交辟，以母老辭。著《湖山咏録》，有《同沈石田諸賢遊冷泉》詩。

程敏政，字克勤，休寧人。成化丙戌，廷對第二，授翰林編修，累遷禮部右侍郎。著《篁墩集》，有《公餞靈隱寺》詩。

趙寬，字栗夫，吴江人。成化辛丑進士，官浙江提學副使。著《半江集》，有《登韜光遇雨》詩。

沈周，字啟南，號『石田』，長州人。景泰中，郡守以賢良應詔，辭不赴。嘗遊湖上，與劉邦彦徜徉靈鷲、冷泉間，傳有詩畫。

史鑑，字明古，號『西村』，吴江人。嘗與沈啟南、汝其通同遊靈隱，有詩。

董澐，字復宗，海鹽人。嘗從王陽明講學於姚江。著《從吾道人詩藁》，有《韜光》詩。

徐禎卿，字昌穀，吴縣人。弘治進士，官國子監博士。著《廸功集》，有《靈隱寺贈静公》詩。

邵經邦，字仲德，仁和人。正德進士，官刑部員外郎，以嘉靖大禮建言廷杖，發鎮海衛充軍。著《弘藝[八]録》，有《飛來峰》詩。

田汝成，字叔禾，錢塘人。嘉靖進士，仕至廣東提學副使。著《西湖游覽志》，載靈隱寺事蹟甚詳。

張時徹，字唯静，鄞縣人。嘉靖進士，巡撫四川、江西，進兵部尚書。著《芝園集》，有《北高峰》詩。

茅坤，字順甫，歸安人。嘉靖進士，任廣西按察僉事，歷副使。著《白華樓集》，有《訪岣嶁山房》詩。

徐渭，字文長，山陰人。諸生，入胡梅林幕府。著《櫻桃館集》，有《千佛閣》詩。

祝時泰，字汝亨，號『九山』，閩人，户曹員外。

高應冕，字文中，號『潁湖』，仁和人，光州太守。

王寅，字仲房，號『十嶽』，新安人，庠士。

劉子伯，字安元，號『望湖』，仁和人，庠士。

方九叙，字禹績，號『十洲』，錢塘人，承天太守。

童漢臣，字仲良，號『南衡』，錢塘人，江西憲副。

沈仕，字懋學，號『青門』，仁和人，隱君。

以上社友六人，嘉靖間主西湖八社：曰紫陽詩社，曰湖心詩社，曰玉岑詩社，曰月岩詩社，曰南屏詩社，曰紫雲詩社，曰洞霄詩社。其飛來詩社，則靈隱寺、三天竺、九里松、北高峰、集慶寺、普福寺、石人嶺、韜光澗、西冷泉亭、呼猿洞諸勝屬焉，童南衡主之。

周詩，字以言，崑山人。著《虛巖集》，有《靈隱寺》詩。

王穉登，字百穀，長洲人，國子監生。著《客越集》，有《冷泉亭》詩。

樊良樞，字尚默，進賢人。萬曆進士，歷官廣西右布政使。著《三山》、《二酉》等集，有《韜光菴》詩。

程嘉燧，字孟陽，休寧布衣，僑居嘉定。著《松圓浪淘集》，有《北高峰》、《九里松》、《韜光》諸詩。

文震孟，字文起，長洲人。天啟壬戌，賜進士第一，授翰林修撰，以言事鐫級。崇禎初復官，後以禮部左侍郎兼東閣大學士卒，謚『文肅』。著《藥圃詩藁》，有《韜光》詩。

姚思孝，字永言，江都人。崇禎進士，歷官大理少卿。有《岣嶁山房》詩。

梁以樟，字公狄，錦衣衛人。崇禎進士，商邱令。著《邛否集》，有《登韜光》詩。

陳繼儒，字仲醇，華亭人。著《眉公全集》，有《青蓮山房》詩。

黄道周，字幼元，漳州人。天啟進士，歷官坊局，謫江西布政司都事，被逮下詔獄，遣戍。福藩時，進禮部尚書。南京既下，督師婺源，死之。著《大滌函書浩然詠》，有《韜光》詩。

陳子龍，字人中，更字臥子，青浦人。崇禎進士，除惠州推官。丁憂，服除，補紹興推官，舉卓異天下第一，陞吏部主事，改兵科給事中，乙酉死難。著《湘真閣諸稾》，有《韜光》詩。

張遂辰，字卿子，錢塘人。少穎異，工詩文，一游成均，歸隱湖上。晚以醫名，游西山靈、竺間，詩甚夥。

吴偉業，字駿公，太倉州人。前明辛未榜眼，入國朝，官國子監祭酒。著《梅村集》，有《韜光》詩。

張綱孫，字祖望，錢塘人，爲西泠十子之一。著《秦亭集》，有《靈隱寺》詩。

曹溶，字潔躬，秀水人。前明進士，國朝官少司農。著《静惕堂集》，有《冷泉亭》詩。

周亮工，字元亮，祥符人。前明進士，國朝官少司農。著《賴古堂集》，有《韜光》詩。

王士禄，字子底，山東新城人。順治進士，官考功郎。著《西樵集》，有《韜光》詩。

朱彝尊，字錫鬯，秀水人。康熙己未召試，官翰林檢討。著《曝書亭集》，有《松靄山房雨宿》詩。

嚴繩孫，字蓀友，無錫人。召試，官中允。著《秋水集》，有《韜光》詩。

秦松齡，字對巖，無錫人。順治進士，召試，官翰林。著《蒼峴山人集》，有《韜光》詩。

潘耒，字稼堂，吴江人。召試，官檢討。著《遂初堂集》，有《韜光》詩。
陳祚明，字引倩，仁和人。著《采菽堂集》，有《冷泉亭》詩。
吴農祥，字星叟，仁和人。著《澄觀堂集》，有《斑衣園》詩。
趙吉士，字天羽，新安人，官農部。著《寄園集》，有《韜光》詩。
厲士貞，字烈士，儀真人。康熙進士。有《韜光》詩。
汪懋麟，字季角，江都人。康熙進士，官比部。著《百尺梧桐閣集》，有《冷泉亭》詩。
柏古，字斯民，華亭人，有《韜光》詩。
陸繁弨，字拒石，仁和人。著《善卷堂集》，有《韜光》詩。
宋曹，字射陵，鹽城人，官中書舍人，有《靈隱》詩。
徐延壽，字存永，閩人。著《尺木堂集》，有《靈隱》詩。
湯右曾，字西厓，仁和人。康熙進士，官少宰、翰林學士。著《懷清堂集》，有《韜光》詩。
繆彤，字歌起，長洲人。大魁，官翰林，有《韜光》詩。
龔翔麟，字天石，仁和人，官御史。著《田居集》，有《石筍峰》詩。
王式丹，字方若，寶應人。大魁，官翰林。著《樓村集》，有《韜光》詩。
查嗣瑮，字德尹，海寧人。康熙進士，官翰林。著《查浦詩鈔》，有《韜光》詩。
顧嗣立，字俠君，長洲人，由進士官翰林。著《秀野堂集》，有《雲林》詩。
沈元滄，字麟洲，仁和人，官文昌令，有《韜光》詩。
吴焯，字尺鳧，錢塘人，太學生。著《葯園集》，有《冷泉亭》詩。
沈廷瑞，字樗厓，宣城人，眉生徵君之孫。著《東鄉集》，有《雲林》詩。

校勘記

〔一〕「捧」字應爲「俸」之訛，「俸」即俸禄。
〔二〕「重」字《舊唐書》卷一百七十三《李紳傳》作「垂」，《新唐書》同，是。「垂」、「重」形近而訛。
〔三〕「元」字《舊唐書》、《新唐書》皆作「玄」，是，此處蓋避清康熙諱改。
〔四〕據《宋史》卷四百二十《王埜傳》，「元年」應爲「十二年」。
〔五〕「寳祐」，嘉慶《義烏縣志》卷八爲「端宗景炎」。
〔六〕據四庫本董嗣杲《廬山集》，「字」應爲「號」，嗣杲字明德。
〔七〕「兀」字《元史》卷一百四十三《餘闕傳》作「古」。
〔八〕「藝」字《武林掌故叢編》本作「簡」。

增修雲林寺志卷五

藝　文

重修靈鷲興聖寺記

宋　樓杕

靈隱前，天竺後，名與天壤齊，介兩山間一蘭若，曰靈鷲。竇石澗泉，嵌空合流，中分而兼有之。考諸志，實維晋理法師卓錫之始。理，咸和初自西天來，見兹山而驚曰：『是中天竺國靈鷲山之小嶺，不知何年飛來？佛在世日，多爲仙靈所隱，今此亦復爾耶！』迺披荆棘，迺闢梵廬，地以人而顯，至今巖以理名，訪其塔猶在。更唐[二]表章，至吴越尊尚，至國朝駐蹕，隱、竺之價日增，是刹幾蕪廢不治，猶齊魯之邾莒，緇素愴焉，聞於神皋。嘉熙元年春，妙選吴僧行果主之。始至，喟然曰：『吾少長兹境，目擊而心憫之。院無大小也，人無古今也，是山則前日之舊也，吾其勉行之。』越明年，作山門，易向而南。明年，兩廡成。又明年，觀堂成。位置合宜，事可則，而物皆可久也。雅靚邃修，丹碧奪目，規畫一出其手，内外翛矣。始欲築丈室，建寶閣，盡挹乎四山之秀，不求諸人，而聞者樂施；不知其役，而見者興敬，於是靈鷲復粲粲。余愛山水成癖，坐冷泉，憩香林，屢嘗造其廬，月異而歲不同，難矣哉！修鱗泳波，茂樹當道，徑窈橋横，真使人意消於烟霏空翠之表。吁！顛而不扶，危而不持，聖門之所嘆，孰謂浮屠氏其專如果哉！果，北峰暮年之法子，兄事古雲、晦岩，遡其源已不凡，兼而有常，其心休休然，士之寓者，客而游者，入出一待之以衣食，察其色久不倦，視其橐匪有餘，此葢有大過人者。起廢，細行也，願力宏，固有家法在，遂書。

重修靈隱寺記

明　張瀚

吾杭自錢氏有國，南宋建都，兩山諸刹，依然勝概。其間敕於先朝，如虎林山之靈隱寺，尤爲冠絶。東晋咸和梵僧慧理建，後析而兩之，東靈鷲，西靈隱。宋景德四年，復合爲一，啟覺皇殿、彌勒閣。高宗駐蹕，數臨幸，賜金額莊田。以後興廢靡常，迨洪武中，住持惠明恢復如舊。永樂初，善才增塑三世金身。宣德間災，住持良玠重建。隆慶三年，復燬於雷火，止餘直指一堂，時海寇紛擾，寺僧德明等圖復，力不贍。萬曆壬午，陸司寇光祖知僧如通足任斯役，令僧衆亟迎。比至，首築壇，趺坐其上，説《楞嚴》、《法華》諸經，遠邇諦聽，罔不來助。於是棟梁榱桷之材，甃砌礎墁之石，金雘丹堊之飾，覆墼磚甓之需，智士運謀，壯夫輪力，不三數年，大覺殿巍然中峙。就彌勒閣舊址爲藏殿，後爲直指堂。又後爲方丈，左爲妙應閣，右爲選佛齋，壯麗周匝，雅飾莊嚴，數十年瓦礫之塲，輪奐一新。落成之日，宜記其本末以垂永久，僧衆相率詣余，余遂次第其事，系之銘。

紫竹林記

國朝　陳元龍

杭州湖上諸山，名勝甲天下，而靈鷲峰爲最，面峰即古靈隱寺也。聖祖仁皇帝南巡，御書題曰『雲林』，因遂稱雲林寺。入寺，稍折而西百餘步，有三摩地焉，曰『紫竹林』。上接韜光，下臨靈鷲，蒼松左峙，碧澗右繞，桂竹交加，翠陰茂密，雲林之勝槩盡是矣。中供大士像，寶色莊嚴，迥異諸相，有禱焉輒應。歷來住持，皆清修苦行，如古尊宿，海内聞風而瞻禮者，南自閩越，北至燕齊，不遠千里，重趼裹糧，殆無虛日。以大士之靈，棲絶勝之境，於是毘耶十笏之地，爲雲林增重，登紫竹林者，如身遊佛國也。元季，楊廉夫《遊靈隱寺》詩，有『僧住栴檀紫竹林』之句。前明黄貞父、李長蘅諸公，亦嘗横經於此。蓋山川之靈秀，佛乘之高深，自古與文人學士結世外緣也。

予弱冠時，奉先君子命，率仲、叔兩弟，偕許時菴大宗伯，俱以諸生鍵關於此者數載，親見仲野、湖岷二禪師修葺整齊，人天擁護之盛。迨通籍，居京師，與山中遥隔者二十餘年。旋以養親假歸，曾一過之，而二禪師已辭世。仲野之徒超然，克守清規，禪板梵音，肅焉如昔，喜山門之不替，留連憶舊者久之。及予出撫粤西，超然遠道來謁，以重新殿宇告，且屬爲之記，予許之而未遑屬草也。自後予再入國門，出守山陵，歸參綸閣，踪跡如雲，顛毛似雪。迴念讀書山中時甲子，重新紫竹林之名勝，眇乎若隔世矣。今年春，超然復貽書曰：『憶公與二先師結方外交，時山僧以小沙彌侍側。今公壽逾八十，山僧亦將七旬，俯仰今昔，一時主賓僧俗，惟公、山僧在耳。紫竹林之蘭若，與公似有宿緣，可無一言以示後人乎？』予老矣，退食之暇，蒲團趺坐，輙神遊於祇園甘露之境。顧以聖恩深重，未敢乞身，形枯心瘁，學殖荒落，安能繼鐵崖、黄、李之後，以文章翰墨留爲湖山佳話？而追遡生平遊歷之處，惟紫竹林夢寐不能忘，則洵有宿緣，未可知也。異日者，倘能蒙恩放歸，買艇湖頭，與超然師扶杖同行，結香火之社，豈非予之大幸乎！姑書此以俟之，是爲記。

重修雲林禪寺碑記

大中丞常諱安

兩浙聲名文物，争雄天下，而名山巨浸，亦甲秀東南。唐宋之際，蘭若琳宫，羃坡堙谷，其在錢塘者，至一百二十七所。而靈隱寺爲五山之一，枕倚岩壑，吐納烟雲，敞麗幽敻，真如所鷲。自晉咸和中，僧慧理飛錫於此，始建道場。洊歷五季、隋唐，遞有興廢。逮吴越武肅王敬禮延壽禪師，恢宏雲構，蓮界聿新。南渡後，高、孝兩朝，屢臨幸焉。元末，燬於火，明洪武初，主僧惠明光復如舊。嗣此，住持善財、良玠、德明、如通等，相繼興修。迄乎季世，龍象潛蠹，漸就頹落。

國朝順治己丑，具德和尚來主法席，道風丕振，學侶雲從，遂乃廣締勝緣，經營有十餘載。千櫨巀嶭，百栱穹窿，雖曰重修，其功實與開創者等。康熙己巳，恭逢聖祖仁皇帝南巡，駐蹕兹寺，敕改今額，天章飛藻，鷲嶺增輝。其後翠華四幸，宸翰屢頒，又有金佛、香檀之賜，而主僧諦暉亦蒙寵錫，誠異數也。今上皇帝御極，念兹寺爲聖祖臨幸之地，敕免本寺山場地蕩征税若干，使緇褐之徒，得以定息繩床，身心無擾。蓋我朝之加恩雲林者，深且厚矣。

自具公以來，更歷七十餘載，不無摧剥。今主僧巨濤，爲諦公法嗣，開法是山，慨然以興復爲己任。適光禄少卿廣陵汪君諱應庚字上章，來遊武林，一見契合，大啟毘尼之壇，度僧六百三十九衆，旋捐净財，次第興修。自大雄寶殿外，爲殿者五，爲堂者十五，爲閣者五，爲軒者三，爲樓者二[二]，爲亭者二，爲寮者八。他如玉樹林、獅子窟、塔院、梅園，以及庖湢、庫圊之屬，無不崇飾。若夫繚以周垣，固以層基，鑄千僧之鍋，塑天龍八部，及五百應真之像，此焕儼之見於寺内者。而寺之外，則甃塗以便遊侣，築堰以蓄飛流，凡合澗興隆之橋，龍泓之洞，鷲峰之徑，咸作而新之，有加於舊。經始乾隆六年十月，落成於九年十月，費白金二萬兩有奇，皆光禄君偕子震潛同爲喜捨，而鳩工役財，則巨公獨力所任也。夫給孤長者以祇樹而布金，波斯匿王以栴檀而刻像，要皆破盧至之慳，證香身之果。歲壬戌，余奉帝簡，開府兩浙，適當兹寺鼎新之會，寶坊金容，華榱玉砌，與叠嶂秀峰，輝映於翠微之表。知其于過去劫中，修無上慧；未來劫中，植無量福。行見塗毒之鼓常鳴，龍潭之燈永續，幽祇協讃，海岳崇瞻，雖劫盡恒沙，而净業終以無毁矣。工既竣，巨公請予文爲記，爰疏其顛末，勒之翠珉，以告來者。

雲林寺重建輪藏殿記

鄭江

佛氏之有輪藏，自梁傅大士始也。嗣後叢林效之，且偏天下，俱供大士像於中。雲林輪藏殿，具公始建於順治庚寅，迄今幾及百年，棟宇頹廢，所爲輪藏者，亦攲傾催剥而不能轉。乾隆庚申，新安光禄少卿汪君上章來游兹山，慨然以重興爲己任，而以是殿爲之首。落成之日，予適過寺，見夫傑構翔空，若地涌出，入門神聳，則如天樞激而地軸動，月駕旋而風馭行，瑶窗寶網，眩金碧於無定；天龍帝釋，儼生氣以飛空。徐而察之，則集衆有力負之而趨，且聆夫大聲起於足下，又如良霄歌鐘之擊窟室，袁氏鼓角之鳴地中。偉矣哉！象教之力宏矣，檀護之施廣矣。主僧巨濤和尚謁予文以爲記，予惟傅氏之設輪藏，轉經也，然三藏十二部，卷帙繁而重，庋之於輪，非數百人莫能轉。今所供者，諸佛菩薩像，則數人能勝其任，況轉佛即轉經乎！且佛氏所重者，以心轉境，不以境轉心，故云能轉法華，不爲法華轉。若夫成住壞空，大地山河，皆太虚中一微塵耳，何有於輪？昔村婦薦夫，財少而輪自轉，則其能轉有不係於輪者，惟此心之精誠，歷劫常新，亦歷劫常轉。汪君之輪財，巨公之集事，可云轉大法輪，將有不與土木丹青俱敝者矣。於是乎書。

梵香閣記

張熷

雲林漸山啟基，神構暉煜，飛楹繡栱，布翼高驤。大殿東西隅齋堂，後爲梵香閣，順治丁酉，具德法師重興兹寺所建。雍正甲辰，鬱攸弗戒，欻焉堙毁。乾隆壬戌，住持巨公纂修堂宇，新都汪光禄應庚誓願樹緣，一切莊嚴，爰及兹閣，焕爾再新。於是禪窟圓成，遠近馳仰，瞻層軒之聿崇，悟離垢之妙諦矣。夫法界真静，斷滅五根，宣芬散馥，常參鼻觀。諸天與人，同止厭氛，濁之上升，和難各捨。本住持旃檀而歸命，故佛法中香爲佛事。騰異香於波利，則逆[三]風而聞；表殊迹於龍池，則撥沙而出。無量無邊烟雲，滿於十方；非空非木根枝，列夫三品。若乃虔供養而塗身，澄神慮而結願，從聞思修，發戒定之馝馚；依定入慧，證密圓之馣馤。是則發明無漏，熱一塵而具足；豈必合境有異，擣萬種而爲珍哉？然起滅生乎現境，沉水可作桑根之想；浄名顯乎法相，靈芬還升頂穴之中。印度之女，散花而禮讖；普達之王，傳芳而福應。帝釋所摩石上，猶餘郁烈；兜婁所沐壇前，頓爾猛熾。要以心無染着，多摩因之辪起；體不受觸，陀羅常在應身。是故曼殊氤氲，能使衆欲清涼；伊蒲掩冉，可除一切熱惱。受牛頭之嘉産，火不能然；鶤象藏之微薰，疾不能害。至如奉石鹽於兜率，賫青棘於終南；濡螺貝而却敵，燎薰陸而拒邪。西天印土，縷縷成穗；毘耶城邊，馡馡滿鉢。塵氣倏滅一銖，而普薰三千世界；天樹開敷四布，而周徧五十由旬。斯皆耆山之廣運，王舍之神機，惟幻翳之全消，乃融貫其真理。今巨師解脱知見，作大德之苾芻；光禄識精元明，效伽羅之梵濯，故能結此冥慈，共成善果。修櫳窅靄，共烟縷以浮空；清風韻響，偕天花而飄拂。凡我道衆，信翮高翔，胸無滯疑，乘香象而截流；心有劑和，置浄器而浴佛。則兹閣之建，洵乎功提無外也。予居近名藍，情皈禪慧，眷言靈宇，合讚修檀，爰焚平等香，息心了義，而徵妙典以記之。

五百羅漢殿記

杭世駿

在昔《涅槃經義》謂：有五百商人，採寶出海，值盜攘去，並剜其目。商日夜號痛，欲向無所，或告之曰：『靈鷲佛氏，能救汝苦。與我重寶，引汝見之。』商且行且舍，至大林精舍，佛爲説法，各證阿羅漢果。夫所云阿羅漢者，《大論》云：『阿羅名賊，漢名破一切煩惱。賊破，復次阿羅漢，一切漏盡，故應得一切世間諸天人供養。又阿名不羅，漢名生後世中更不生，是名阿羅漢。』《法華疏》云：『《阿颰經》云「應真」，《瑞應經》云「真人」，皆無生之義也。』或言名含三義：無明糠脱後世田中，不受生死果報，故云不生；九十八使煩惱盡，故名殺賊；具智斷功德，堪爲人天福田，故言應供。要而論之，修六度之梵行，標三乘之通號，均爲超越凡倫，優入聖域者矣。

後世寶坊琳宫，偏[四]閻浮提界，然非名藍巨刹，則五百應真之宇，時或缺焉。雲林向爲五山十刹之一，百栱千櫨，霞開鳥翥，承甍繞霤，虹拖蜿垂。其西禪堂之下爲羅漢殿，創於何朝，未詳所自。具德大和尚來主法席，中興締構，實建今處，時順治戊戌也。逮今乾隆癸亥，八十餘年，榱梠頹瘁，法身雨立，主僧巨濤慨焉憫睇，廣募檀施，精心建立，幽祇協贊。歙人汪光禄應庚，獨奬勝緣，爲布金之須達，一切興作，咸委巨公，於是百廢修舉。而羅漢殿工未竣，適光禄奄逝，令子明州守起踵成之。像設閑安，四周列坐，妙相莊嚴，奕奕有生氣。飛梁八維，環楹交峙，寶壇回互，殿如田字之形，俗因名曰『田字殿』。吾杭梵宇以百數，有此殿者，惟浄慈、雲林。今浄慈悉已阤頓，而雲林金碧丹黝，慈容統序，東西向背，毗接偶居，嚴飾之工，常留花窟。夫佛示像法，因垂像教，故金姿寶相，月面蓮眸，皆無爲之寂，不盡之靈之所託也。今五百應真，因苦願力，普攝無邊，散處山林，分形顯化，作人間福田，亦所以示人從生有貪，因貪受苦，因苦得報，則凡見形而入道者，於兹殿之興廢所係，豈不重與！殿既成，巨公乞言於予，余肅瞻靈儀，敷具頂禮，契正覺之冥符，儼法相之常住，敬刊樂石而爲之記。

清繞橋新建春淙亭記

厲鶚

清繞橋，當鷲峰之陰，跨北澗之上，對理公巖之口。橋舊無亭，乾隆癸亥，巨公重新雲林寺，飭餘材賸甓成之。登斯亭者，仰挹山翠，俯聽泉響，炎曦陰霖有所芘，而物色之奔赴，若天造而神輸也。巨公問名於予，余以合澗橋舊有春淙亭，蓋取蘓文忠『兩澗春淙一靈鷲』之句，見貝廷臣《清江文集》中，今亭廢久矣，宜移其名於此。巨公曰：『昔亭之凋合，而今亭之凋分；昔亭廢而名存，今亭新而名舊。天下推移起滅之幻，有如是乎？然其爲春淙則一也。當夫天根見，秋潦縮，斯凋也若斷若續，涓流如綫，其聲滴瀝幽咽；或有時而涸，四顧林谷，萬籟悄然，此非君子之潛德未施，而吾宗之憩寂入定時耶！若夫土膏脉動，山澤乃通，斯凋也如風雨交作，震動巖岫；又如奏洞庭之樂，五音繁會，瑽琤激盪，自遠而近，此非君子之乘時利見，而吾宗之當機倡導時耶！以是名斯亭也，意深矣。』遂書以爲記。乾隆甲子春正月二十二日，郡人厲鶚。

蒲菴文集序

元　歐陽元[五]

由唐至宋，大覺璉公、明教嵩公、覺範洪公，以雄詞妙論，大弘其道於江海[六]之間。一時老師宿儒，若我先文忠公及韓琦、蘇軾，莫不斂衽嘆服。皇元開國，若天隱至公、晦機照公，倡興斯文於東南，一洗咸淳之陋，趙孟頫、袁桷諸先輩，委心而納交焉。晦機之徒笑隱訢公，尤爲雄傑，其文太史虞集嘗序之矣。訢公既寂，叢林莫不爲斯文之慨，翰林修撰張翥，橐示豫章見心復公所爲文。以敏悟之姿，超卓之才，禪學之暇，發爲文辭，抑揚頓挫，開合變化，藹乎若春雲之起於空也，皎乎若秋月之印於江也。遡而上之，卓然並驅於嵩、璉諸師無媿也。

銅佛讚頌序 炬公住持靈隱

元　釋天如

至正甲申夏，錢塘照菴炬菩薩大會緇素於寶石山，作佛事者四十八日，以慶銅彌勒佛及觀音、勢至像成，亦以張其化，使益廣而益遠也。原其造像之始，約化四十八人，各施銅錢一，而念佛千聲以爲例。如是四十八人，人各轉化四十八人，遞遞轉化，積四百八十萬錢，治以範佛。佛身長一丈六尺，二大士稱之，相好纖悉具備。既又梯山以登之，營大殿以安奉之，乃有今會。於是四方士頌贊交集，謂其可贊者有三：錢唐佛刹，巨細千萬計，而未始有銅像，一也；募施之法，取少而化廣，異乎常，二也；合衆善以爲會，高下之機普攝，三也。録頌成卷，待余序。余於三者之外，容有説焉。初，像之未成也，全佛是銅，及其既成也，全銅是佛。曰佛曰銅，二名一體，蓋佛不自佛，從緣而生也。推緣生而類通之，令悟世間萬物，物物皆佛也。此外復有説焉。凡一人一念之興，一錢之施，則其全體銅像，已隨念而應之矣。一念既爾，念念亦然，然則應念而成之佛，又何止四百八十萬哉！此外猶有説焉。以多人念佛之心，展轉流布，自今世後世，以達乎無窮，則佛隨而應之，亦復如是而無窮也。横應之廣既如是，竪應之遠又如是，其數量可思議哉！是由照菴宗性，具之學而得其旨，將使人人同悟是心作佛，是心是佛之説，以至重重無盡，互互無礙，曰理曰事，周法界無一而非佛。故其一機之發，一像之成，遂能致廣遠之化者如是。以余知照菴之化如是，故序其贊頌之卷如是。

倡酬禪偈序

明 徐一夔

偈者，詩之類也。佛説諸經，必有重偈以伸其義。觀於吾書《春秋》，列國大夫之聘中國，既修詞令以達事情，末復舉詩明之，蓋亦此類。偈或五言七言，惟便於誦讀，而不叶以音韻。詩多四言，而以音韻叶，蓋被之絃歌故也。詩自漢變爲五言，唐變爲七言，頗嚴聲律。爲釋氏者出言成偈，大畧亦近於詩。吾鄉佐上人字東州，處靈隱禪窟，還台省親，有密心嚴師者，爲偈一首，以贈其行。其言七言，其句八句，詩之類也。上人姿敏慧，參扣直指，其同袍之友慮其愛親之心，不勝求道之志，更相提擊，蕲振祖道，而非世俗嘲風咏月之具，故不曰詩，而曰偈。上人徵余題辭，因筆於首簡。

送塤上人歸四明序

徐一夔

豫章復禪師，唱道靈隱山中，合儒、釋以爲教，從之者甚衆。有塤上人者，氣沖而守恬，且有志於道，事禪師有年，將歸四明，造門言别，且請贈[七]。會予亦以被徵赴京師，未暇執筆，又介其師之友大淵禪師以爲言，余謝之曰：『吾與上人所趨異塗，所習異業。今兹之别，余方違親戚、棄妻子，以奔走於車塵馬足之間，而上人之高踪峻跡，如孤雲野鶴，以翱翔於太虚之表，其情又不同也，其何以爲上人言哉？然余聞之，古先哲人有深於佛者，謂佛之道與《易》、《論語》合，其言非欺我也。上人之師，既合儒、釋以爲教，是宜不以我爲異而有所請也，豈余知有未深，乃反以爲異耶？上人行矣，四明雪竇層峰叠壁，嶄絶空青，傳聞異時多古佛化現。上人歸卧雲壑，益弘其道，所造當益深。余老且病，得請而歸，即將絶濤江而東，過上人之廬，而叩其所以同者。』

韜光紀遊集序

國朝　常安

西湖北峰之勝，惟靈鷲最奇。遊者至泠泉亭，仰瞻林木，下視流水，憩息徘徊，興盡而返，不復知寺中西折，有曲澗縈紆、層巒綿衍、邃深幽寂之巢塢也。巢塢有菴，名韜光。唐代宗時，蜀僧韜光卓錫於此，與郡守白公善，往還酬答，地以人傳，而韜光之名以著。迨後蘇子瞻、趙閲道興寄烟霞，題名崖石，踵其遊者日盛。昔人典型，續而不墜，自唐、宋、元、明至我朝，天下名賢鉅公、碩士高僧，登臨憑弔、撫景留題者多矣，皆散漫無紀，惟禪燈一焰，至今耿耿，豈吾道之不若彼哉？無人焉爲之彙而集之，俾鴻篇藻句，湮没於古苔荒草中，供山僧煮茗具耳。婁東顓菴王太史，西清學士，東海名儒，敦好古之雅懷，輯人文之炳蔚，可謂收拾明珠，還之合浦，極一時之美事。己丑歲，予曾至浙，一躋其巔，垂今三十餘年。宦遊四隅，時遇浙之士大夫，劇談韜光，欣然神往。壬戌春，來涖兩浙，偶偕彭少司農石源，尋幽討勝，入竹徑，循磵而西，巖岫窈窕，覓泉滴瀝，白雲滿衣裾，殊不知有人間世，歎曰：『此真可以韜光矣。』啟窗眺江海，始信駱丞『樓觀』、『門對』之句爲不虛。俯視四山，排闥入檻，飄飄乎如列子御風，佳處任人自領而已。因更得汲泉啜之，縱觀所藏卷册，數十餘年來遊者、咏者，又若而人輯而藏之，亦復裒然成集。想當年白傅、韜光同此樂趣，遂賦詩一篇付山僧，冀附作者之林。山僧復請弁集首，是爲序。

武林山辨

明 邵重生

武林，杭之名山，因以名郡，而古今皆朦朧，未有直指的名爲某山者。舊志以武林門右土阜、俗稱祖山者當之，爲其山先名武[八]林，以避唐諱，改稱虎林。《成化志》引楊正質《虎林山記》，爲錢王時祖山，在郭外，有異虎，其山自名虎，非避諱也。又引宋樓攻媿詩：『武林山出武林水，靈隱後山無乃是。』且宋《淳熙志》明載武林山爲武林水所出，安有又避唐諱之説？決非城内無水小山，明矣。與薛公《通志》同，惜偏而未全。《一統志》列武林山當矣，下曰『一名靈隱，一名靈苑，一名仙居』，乃以武林山、飛來峰二山爲武林山，是矣，特認而未的。至沙門契嵩《武林山志》與四水潛夫《武林舊事》，直以飛來峰爲武林，似矣，又局而未廣。近田公《西湖遊覽志》、陳公《萬曆志》，皆不列武林山，而以靈隱山一名武林山，豈惟齟齬不明，而名言更不正。今余爲辨者三，以俟質之君子。

凡郡邑之著稱者，必以郡中佳山水，祖山蟻垤不足以當，固矣。特靈隱之名，發於東晋，先秦、兩漢，厥名伊何？愚意凡謂之山者，以其全體而言也。高聳者曰山峰，如脊者曰山嶺，至岡陵丘阜，皆有分别，而一山字足以槩之。故武林之名，乃靈隱、天竺諸峰之祖名也。自慧理既來之後，有飛來之名焉，有靈隱之名焉，有靈鷲之名焉，有天竺而後有三竺之名焉。至於蓮花、佛國、白雲、白猿、獅子、香爐，皆繼慧理發之，而爲武林之支名。至於南高、北高、五雲、雙桂、乳竇、月桂諸名，又後人濫觴也。其曰形勝、烏石、靈苑、仙居、龍門、楊梅、西源、善住、興正、瑞雲、慶化、集慶、秦亭，又土人之私謚也。自有諸名，而武林反以無專主而晦，如子姓衆多而又著，則祖父之名遠而晦、久而亡，此常道也。如羅浮有七十二峰，皆謂之羅浮山；黄山有三十六峰，皆謂之黄山；武夷有六十三峰，皆謂之武夷山。是可辨者一也。

羅處約《靈隱碑》曰：『浙水之右，有山曰武林。』盧襄《西征記》：『杭地北環靈隱。』國朝楊太守《開西湖疏》曰：『杭州南跨吴山，北兜武林。』觀前人之文，曰右、曰環、曰兜三字，則非一二山之指，其可辨者二也。且武林山者，必當求武林水。杭南北二山之水，孰有大於三竺、靈隱之溪乎？南則從捫壁嶺、水出嶺，合雙桂、永清、月桂諸塢；北從石人西源，合白沙、韜光諸塢，正與舊志合，曰：『武林山有二水，南出者曰南澗，北來者曰北澗。』若惟以靈隱寺山爲武林山，則惟有北澗而無南澗；若惟以飛來峰爲武林山，則飛來峰無水，不出澗；若以靈隱、飛來二峰爲武林山，則南澗從天竺諸峰來，發源不全。況舊志云：『西湖匯武林山水，秦時名武林水，至漢方有金牛、明聖之號。』南北二山，凡有水流入湖者，皆武林山，其可辨者三也。質高人之偉見，稽形勝之現存，吾於武林也奚疑？

九里松説

國朝　孫治

袁公仁敬之樹松也，左右各三行，行九里，起行春橋，至靈隱，而止及下竺焉，是爲九里松也。《萬曆志》載：『九里松之見在者，下竺路十一本，靈隱、集慶一百一十九本，共一百三十本。』邵虎菴之爲《山志》也，相去十餘載，所記行春橋至張家亭八本，至黑觀音堂五十一本，至飛翠亭七本，至飛來峰二本，廻龍橋至靈隱門十二本，下竺路十本，共九十一本，其末年已十亡其五。余爲童子時，猶見有二十餘本，及於今日，所存者不過十數本矣。嗟乎！松盡而九里又何有矣？無其實者以名存之，千載而下，得與泰山五大夫並傳者，則猶賴乎此耳。

賜佛照禪師宸翰

宋孝宗

禪師所奏菩薩十地，乃是修行漸次，從凡入聖，夫復何疑？方知脚踏實地，十二時中曾無間斷，以至圓熟，雜染純净，俱成障礙，任作止滅，脱此禪病。常如禪師之言，常揮劍刃，卓起脊梁，發心精進，猶恐退墮。每思到處，兢兢業業，未嘗敢忘。今俗人乃有以禪爲虚空，以語爲戲論，其不知道也如此！兹事至大，豈在筆下可窮也？聊叙所得耳。

靈隱觀老奉敕住天童疏

樓鑰

海内名山，最説天童法席；禪林的派，還須臨濟當家。詔旨一頒，人心俱響。某神鋒峻發，正令全提，西湖水不抵辨口瀾翻，北高峰未如道行高聳。一光一造，都成陳迹；三章三要，正賴舉揚。豈惟祖師粲可供作證明，直得衣冠巢許同伸勸請。呼猿洞口，任他萬壑争流；宿鷺亭前，便看一錫飛下。

靈隱翻蓋僧堂疏

釋居簡

未除滲漏，可容一日安居；既已揭翻，豈怕七間開却。倘有幈幪之託，遂無風雨之虞。行住坐卧在其中，哀君五福；造次顛沛必於是，還我三椽。

靈鷲修造疏

釋居簡

千年箕裘，得人則成住；一日鐘鼓，失度則壞空。擬控衡三竺之雄，冀復還兩晋之舊。補苴罅漏，首法堂，翼兩廊；扶持顛危，襟蓮峰，帶雙澗。便便惟謹爾，誓將以就緒爲期；戛戛其難哉，豈敢言信緣而已。

請印鐵牛住靈隱茶湯榜

釋居簡

玉虎何知，先動山中消息；雲龍早貢，首膺天上平章。價雖重於連城，産獨珍於雙璧。恭惟某寵光五葉，一杯分萬象之甘；彈壓羣英，數水劣諸方之勝。方圓制度，清白華滋。笑潙源春夢，不到池塘；眷老圃秋容，尤高節操。頰牙騰馥四河，衮衮無邊；襟袖生涼兩腋，颼颼未已。洞庭君子封下邳，箕裘不墜；洛誦孫父事副墨，文采難藏。試從師友淵源，欲起烟霞沉痼。恭惟某攬雜毒海，設醴奚爲？開甘露門，飲河而止。直指單傳，其來有自；俱收並畜，待用無遺。薦醍醐一味之醇，擷芝术衆芳之助。行精進定是上藥草，起一生成佛於膏肓；見善知識如優曇花，慰千載得賢於季孟。

靈隱修前後兩殿榜

釋居簡

入雲表刹，化成南度莊嚴；倒影浮圖，彈壓北高巍峭。桂子從廣寒飄下，蓮花自天竺飛來。一龕長放光明，誰名彌勒，孰是彌勒？兩地平分風月，有是文殊，即非文殊。欲策勳輪奂之餘，忍袖手顛危之際？扶持得起，同享泰山磐石之安；蓋覆將來，遂有陵雨震風之託。

韜光菴修造榜

釋居簡

喚韜光歸舊隱，安用草北山之移？思白傅詠甘棠，尚可明南國之教。花偈曾煩招隱，白鷗終不寒盟。排闥送青來，知何日了；問春從此去，更幾時回？宜速加鞭，未堪勒駕；把茅欲墮，隻力奚爲？萬間倘遂帡幪，一盋盡歌藜藿。飯猿臺畔，起四三椽栗之翁；布地園中，須百萬撐蒲之手。

净慈瀨翁住靈隱方外交疏

元　釋天如

惠遠送修静過虎溪，神交方外；妙喜招子韶來徑塢，機契室中。悠悠古人，實勞我思；濟濟多士，復見此老。某人通身手眼，貼骨爪牙，斥宗教似是之非，得佛心不傳之妙。一筆萬言雄辨，仲靈、覺範愕爾於前；五年三跨大方，寶掌、永明瞠乎其後。别利器於盤錯，先鞭策以馳驅。登見山堂，誦東澗詩，修乃祖盛時之舊好；掬泠泉水，洗許由耳，振先民絶世之高風。三轉法輪，一貫吾道。

石賦

飛來講徒，聚石作供，爲之賦

釋居簡

石奇而怪兮，有惜不惜；眂人兮，猶人眂石。夫二三子，悠然會心，攀高陟遐，隱搜細尋。捫蘿鳥輕，籲雲景沉，俯闞嶔嶔，側行岑崟。磅礴巖阿，裴回磵陰，洗濯雨蝕，摩挲蘚侵。猒駭始蹲，鸞回欲升，介如其質，鏘乎其音。如考琮璜，如擊球琳，如獲大貝，如致南金。室邇兮其何能及？石遠兮輦無傭直。屹如林兮若拱而揖，百夫睨兮無用其力。若夫坡陁兮盤，峭峙兮桓，王佐才可就而不可致；權奇兮巧，玲瓏兮小，市鄽隱可致而不可羣。俯疏簷而巍插，挂綺疏而環植。立中不倚，凜姿淡如，却步欲前，傴僂反趍。匪卑媟尊，匪親簡疏，匪璞貴雕，匪瘠貴腴。蔭之以緑蕉密葉之凉，友之以青琅方寸之虚，澤之以金莖沆瀣之清，鐫之以石皷斷缺之餘。堅不可鐫，頑可澤與。將爲魯叟之堅乎？抑爲瞽叟之頑乎哉？或曰：是石也，皆有飛來之一體。始焉飛來，終焉飛去，固蕩誕謾紿兮不可復據。夜半有力者負之而趍，吾恐昧者不知兮防之不預，因作而言曰：小子識之，庶乎一得兮有補千慮。

靈隱釋寶達傳賛

宋　釋賛寧

印沙牀者何？通曰：有道之士居山，必非寶器，疑其範築江沙，巧成坐榻歟？照佛鑑者何？通曰：即鑑燈耳，以其陸鴻漸。貞元中，多游是山，述記記達師節儉，而明心之調度也。

靈隱千佛賛

宋　理宗

一佛不二，千佛奚别？如處處水，現在在月。無去無來，不生不滅。梅花開時，前村深雪。

永明壽禪師畫像賛

釋居簡

客吟燈殘，猿啼月落。衲[九]帔蒙頭，千岩萬壑。指破凡夫，爲等覺妙覺；齊大小乘，於錢索井索。縱大辨於談笑，寄虚懷於冥莫。所謂百軸宗鏡[一〇]之文，如泰山之一毫芒。巍巍堂堂，煒煒煌煌。非心亦非佛，破鏡不重光。

嵩禪師賛

宋　釋惠洪

歐陽之學，宗師於世。其徒喧闐，攻我以喙。童首儒林，氣索力屈。公於是時，粹然一出。天縱之辨，武庫縱横。璜璣捍我，如護目睛。義如串肉，理如析薪。一時名舉，聳動縉紳。世尊舉身，毛孔俱笑。如公語言，筆下皆妙。六物不壞，未易致詰。豈其踐履，明驗之力。宗教之衰，河壞山摧。冠巾緇衲，其寒如灰。拂拭塵翳，見冰雪容。拜起而喟，涕落無從。

長老端裕真贊

宋 孫覿

龜揞床，鵲巢肩。鶉百結，芋火然。貌堂堂，人中天。師子吼，遍大千。

杲和尚畫贊

宋 王庭珪

硉硉矹矹，如祝融太華，高不知其幾千丈；軒軒轟轟，如驚雷唳鶴，聲徹乎九天之上。道在真空，空即無相。以相求之，如盲摸象。乘機應物，河嶽震響。眼如掣電，舌如奔浪。轉大法輪，說無盡藏。當恁麽時，有識之者，箇是徑山和尚。

大慧禪師真贊

宋 陸游

平生嫌遮老子，說法口巴巴地。若是靈利阿師，參取畫底妙喜。

佛照禪師真贊

陸游

名動三朝，話行四海。撤手歸來，雲山不改。人言大覺同龕，師云老僧掩彩。

龍安住僧仁遠出德光頂相求贊

周必大

靈隱山前，口說喃喃。龍安寺前，目視耽耽。彼一此一，前三後三。語息則默，學人更參。

夢觀法師遺像賛

元　釋溥洽

右街三考左街昇，跨朗籠基只一僧。遍界光明藏不得，又分京浙百[一]千燈。

跋佛智與升菴書

宋　陸游

此一編，佛智禪師與其法子寒岩升公書也。議論超卓，殆非世所及，三復嘆仰。淳熙己亥三月九日，建安雙清堂書。

跋德光與梁世昌頌

周必大

大慧禪師住世時，杜撰長老人人謂得其道。今四十年，電滅無餘，惟佛照禪師真朴實頭之的嗣，既壽且康，續佛慧命。微斯人，吾誰與歸？梁光遠得此頌，藏之二十年。若識本來面目，是名參禪，不然，予復贅名故紙之後，是結兩重公案也。嘉泰壬戌八月。

題痴絶禪師書山谷煎茶賦後

元　釋大訢

魯直謫居瀘戎，雖瀕九死，而怡然自得。效蜀人法，事茗飲，愛其風致，作賦紀之。後百餘年，當宋季淳祐間，蜀阻兵革。痴絶禪師，蜀人也，思歸其鄉而不得，讀魯直賦悲之，書以寄所感焉。由淳祐距今皇元天曆改元之秋，又八十六年矣，而蜀再罹兵亂。比喜服順，然不無傷殘也。予雖非蜀人，觀癡絶所書，能無感慨！　佛言世界衆生，悉由宿業流轉，惟有道者持以定慧之力，能安行而順適，彼外之貧富夷險，無一毫加損於我也。魯直知道，故謫居異土，如享廊廟鐘鼎之樂。痴絶悲蜀禍之慘，知宿業之不可逃，惟修定慧足以勝之。然則作賦與所書，爲後世貴重者，以其道也。金華樞要堂篤志於道，得而甚秘惜之。或者玩其詞之超勝，而議其書之工拙者，無取。

題趙孟頫書靈隱寺碑

明 方孝孺

天地間至堅固者，莫如金玉木石；脆薄者，莫如簡筆縑紙。礲石攻木，範金植土以成室，其成也難，其傳也宜其可久。操筆書紙，率然而成文，非假金石以刻之，宜其易毁滅也。然而世之爲堅固之具者，常託其傳於易毁之物，則豈其所託之人爲足恃耶？錢塘佛寺，最鉅麗者曰靈隱寺，當元皇慶壬子，改而新作之，距今洪武癸酉，僅越八十二春秋，求其一榱一瓦，皆已燬燎無遺。而金華石塘胡公及吴興趙文敏公所撰而書之文，述寺之創始，與其山水之勝，棟宇之麗，僅盈尺之紙耳，誦而觀之，當時之事，猶儼乎如在，則夫天下之可恃以永久者，果安屬哉？亦可慨然而有感矣。石塘在元，位最不顯，而行最篤，文最奇。趙公名重宦高，每得其文，必欣然爲之書。於是又可見苟有足恃，固不以外物爲重輕，而二公之過乎人，必有出乎文詞翰墨之外。而世之尊二公者，方拘拘然求之於此，而不知求之於彼，不亦重可感夫！翰林修撰練君子寧，以此卷示予，子寧多學而甚文，必以予言爲然。

募修雲林寺引

國朝 李衛

嘗聞佛教之興，由於西域；寶刹之建，盛於西湖。蓋秀氣乃結名都，而異境多歸净土。如雲林者，創由晋代，廓自熙朝，海負江環，久擅東南勝槩；山奇水冷，素稱吴越禪宗。飛來鷲嶺之峰，俗塵難到；散下蟾宫之子，佳話常留。伏念聖祖仁皇帝幸浙省方，每荷翠華暫駐；研雲染墨，曾叨御筆親題。香靄重其氤氲，瑞照增其朗耀。近因蓮臺歲久，蘭若年深，燦爛棼橑，漸被齞齬剥落；崔巍殿宇，旋驚風雨飄摇。維兹名勝之區，可無中興之侣？迺有住持智廣者，虔思補葺，立願增修，將用舊基以維新，永護宸章於歷久。但頽垣廢瓦，早須布施之金；綺井丹楹，端賴發心之士。用是弘祈檀越，廣種福田，多寡隨緣，工程計日。高僧勸善，諒非藉此營私；君子平施，或可因而成事。

靈隱寺題名

國朝 朱彝尊

靈隱寺，晋咸和初沙門慧理建。前有飛來峰、理公巖，冷泉經其下，西出合澗橋，分流入僧房叢篠中。巖上下多鐫佛像，土俗相傳，謂是元僧楊璉真伽所鑿，葢本於夏時正《府志》，非也。象教自漢孝明帝時流入中國，終漢之世，凡宇内墓門石闕，刻鏤先聖賢、孝子、烈女，未有鐫及佛像者，至晋始有之。潛説友撰《臨安志》，在宋咸淳年，此時楊璉真伽未至浙中行省。《志》中載寺有梁簡文帝《石像記》，又據陸羽《靈隱寺記》，稱『理公巖，慧理宴息其下，後有僧於巖下周廻，鐫小羅漢、佛、菩薩像』。然則飛來峰石像，唐以前已有之。審視厥狀，戍削奇古，望而知爲六代遺跡。今烟霞洞羅漢六，石屋羅漢一百一十六，要非吴越以後工人所鑿。土俗流傳之謬，由未見《咸淳志》爾，康熙辛巳三月。同遊：長洲顧嗣立俠君、秀水朱彝尊錫鬯、杭州馮念祖文子、吴陳琰寶厓、顧之珽揩玉、周崧層巖；期而不至者，蕭山毛奇齡大可也。

故靈隱普慈大師塔銘并序

宋 釋契嵩

法師諱幼旻，信陽玉山人也，本姓葉氏。童時，即有出族之意，告父母得命，遂入其邑之興教蘭若，師僧省覃出家。既納戒，乃訪道四方，來虎林，見惠明禪師頽然有道器，即服膺，執弟子禮，盡學其法。法務無難易者，備嘗之矣。久之，惠明命師監其寺事，未幾，會其寺大火蕩盡。方根其所失，其同事者危之，皆憂及禍，師謂之曰：『我總寺事，罪盡在我，吾獨當之，爾曹不必懼也。』吏果不入寺問師，第坐其起釁者耳。此豈古所謂臨難無苟免者耶？其後惠明告終，畢其喪，師即帥衆白本府，請大長老惠照公鎮其寺，以繼惠明所統，仍以監寺輔之，戮力相與復其寺。不十年而葺，屋廬巋然千餘間，益偉其舊。

慶曆中，朝廷用其薦而錫之章服，其後又賜號『普慈』。及惠照謝世，師方大疾，亦力疾治其喪事。始，惠照垂終遺書，舉師自代，官疑其事，不與以靈隱，更命僧主之。師事其僧愈恭，無毫髮鄙悋心見于聲彩，而人益德之。當此，知府龍圖季公知之，乃以上天竺精舍，命師以長老居之。及觀文孫公初以資政大學士蒞杭，特遷之主靈隱。始其演法之日，孫公大帥，衣冠貴游，不翅百人，預會爇香，聽其所説，而道俗老少貴賤，摩肩而趨來者萬計。是日，人聲馬跡，溢滿山谷，法席之盛，其如此者鮮矣。

師天性寬平慈恕，與人周而多容，而人亦頗美之，故居其寺方六年，寺益修，衆益靖，度弟子二十三人。嘉祐乙亥仲冬初，忽感微疾而卧。先終一日，與蒙語，將授寺與今知禪德，語氣詳正，如平不衰。十三日，雞鳴起漱洗，問時辰，乃安坐而盡，世壽六十一，僧臘四十一。以是月二十九日，入塔于呼猿洞之直北寺垣之内。塔已，知師以其行狀求蒙文而銘之。然在古高僧傳其法，凡吾人於其教有德有賢及其有功者，乃得書之。若今靈隱，最天下名寺，固我佛法倚之張弛也。嗚呼！普慈于其寺，平生如此之效，豈不曰于法有功乎？予故不讓，乃引其事而書之也。銘曰：

惟功在法，惟德在法。法既不生，其勝緣豈有熄耶？惟師之盛善常然，不泯不墜，斷可見矣。

靈隱佛海禪師遠公塔銘

宋 周必大

師姓彭氏，名慧遠，眉山人。先世儒業，父寧，母宋氏。師年十三，因其兄從釋氏，問曰：『欲何爲乎？』兄曰：『求解脱耳。』師曰：『然則我亦可爲也，願與兄偕。』父母許之。事藥師院僧宗辨，問質所疑，辨察其異，語之曰：『吾不用汝侍奉也，其往參叢林，度有成而歸，吾猶未老也。』即祝髪走成都，習經論，學於大慈寺。留四年，乃遊諸方，叩請甚衆。復還峩嵋靈巖寺，依黄龍南公之孫徽禪師。兩歲，若有所悟，徽可之。翼日，即告行，同志挽留，不聽，曰：『師以爲可，而吾終未釋然也。』聞圜悟勤禪師住成都昭覺，造焉。一日，圜悟普説，師豁然有得，仆於衆中，衆掖起之，乃曰：『吾夢覺矣。』至暮，與圜悟問答無滯，圜悟大喜，以偈贈師，有『奮鐵舌，轉關捩』之語，衆目爲『鐵舌遠』。自此機鋒峻發，常屈其上首。

紹興乙卯春，眉守延居象耳山，不赴。是歲，圜悟去世，嘆曰：『哲人云亡，繼之者誰乎？』廼扁舟下峽，初抵淮南，住龍蟠山壽聖寺一年，遷琅琊山之開化，又移婺之普濟。侍郎藕伯充，一代耆德，日與師談論。俄徙衢之定業，時妙喜杲公謫梅州，有傳師偈頌往者，妙喜駭曰：『老師暮年，有子如此？』因以書寄法衣。逮其歸，相遇甚懽，妙喜極口稱譽之，自是人益歸重。俄徙光孝，閲十年，安定郡王趙表之、侍郎曾天猷，俱爲世外交。後過南嶽，住南臺。有龍玉璉、方廣行，皆月菴高弟，道行湖湘，竊謂曰：『此間壁立萬仞，遠將何所置足乎？』及聞其議論超詣，始大嘆服。璉率其屬環拜曰：『此膝不屈於人久矣。』未幾，過天台，歷住護國、國清、鴻福三寺。乾道丁亥，沈尚書德和守平江，以虎邱比不得人，力邀師。至則接物利生無倦，户外屨滿，緇素悦服，名達闕下。五年，有詔住高[三]亭山崇先寺。六年，遂開堂於靈隱，賜號『佛海禪師』。惟聖上神曜得道，虛心應物，屢召師入内，相與問荅，而其道益尊。明年夏，有日本僧覺阿，通天台教乘，頗工書，能道諸國語，初來謁師，氣甚鋭。師徐以禪宗曉之，覺阿留三年，作投機五頌而去。他日，因海商附其國園城寺主者覺忠詩書來謝。其爲遠人所敬如此。

淳熙三年閏九月旦，師上堂，説偈數十句，末云：『相唤相呼歸去來，上元定是正月半。』都下喧傳而疑之。師有弟曉林，亦出家，且得法於師，方住國清，至是招以來，若有所屬。明年，感微疾，果以上元安坐而化，龕留十日，顔色不變。是月二十五日，葬烏峰之塔，壽七十四，僧臘五十九，後事實林主之。傳其道又有了宣、齊已、了乘、師玉靖、紹鴻、如本、尼法真，皆住大刹，云：『某始識師於虎邱，晚乃見之靈隱，愛其辨而有宗，峻而能通，故樂與之語。』師既葬，而林數以銘爲請，且曰：『吾師遺言也。』久之，乃爲銘曰：

禪有頓門，無言爲宗。世或待喻，假言以通。惟其善鳴，譬如雷風。言而非言，以開羣聾。猗歟遠師，心傳大雄。如應響谷，如待問鐘。既得其承，龍象影從。明詔再錫，又彰其逢。發明正宗，摧折妄庸。法席屢遷，道契九重。於古有光，爲譽益崇。順緣而歸，自昔所同。明月攝彩，浮雲無踪。我爲銘詩，刻劃太空。於彼戲論，記其初終。

圓鑑塔銘

法不孤起，道不虚行。續佛慧命，必有其人。其人謂誰？佛照禪師，其人是已。

師諱德光，姓彭氏，臨江軍新喻縣人。曾祖崇善，祖堯訓，父術，皆樂施，喜釋氏，嘗籍鄉里貧户，計口給錢。宣和辛丑歲，母袁氏夢異僧入室，有孕生師，骨相奇龐，伏犀貫腦。袁州木平山有妙應大師伯革者，善相，謂：『此子他日空門梁棟也。』初入小[三]學，讀書十行俱下。父母繼亡，依伯父循以居，一日，延僧追修，師視佛書，若素習然。紹興辛酉，大悲禪師宗杲南遷過邑，師年二十一，望見曰：『此古佛也，吾安得事之？』自是有意出家。後二年，師拾光禪院受業爲足菴普吉，研究宗旨，日以精進。吉還閩，命從月菴善果，於東禪服勤三年。是時妙湛、佛心、圓覺、乾元、越山諸禪刹，名僧相望，師一一咨叩。聞江西百丈道震、嚴冷寶峰，擇明峭拔，俱入其室。一日，見饒州天寧應菴曇華《送化主頌》，歎曰：『此真臨濟種草。』亟往依之。雖箭鋒相直，然碍膺未決，復從果老於馮山。果入寂，還江西，謁典牛天游於雲嵓，見萬菴道顔于圓通。會曇華移廬山之東林，婺之雙林，師皆從之。丙子歲，聞大慧住四明阿育山，喜曰：『緣法在兹矣。』已而果大徹。慧示以賛，畧曰：『有德必有光，其光無間隔。名實要相稱，非青黄赤白。』慧歸徑山明月一堂，師奉事益虔，遇其説法，坐下争執筆抄録，一歷耳根，終身不忘，有聞輒舉，其慧解葢天資也。慧入塔，分坐仰山。乾道丁亥，台守李侍郎浩延住鴻福，閲五年，徙孝光。郡城大火，寺亦焚蕩，師念災餘，財施必艱，航海過泉州，入境喜捨，厚載而歸，殿宇一新。

師自號『拙菴』，曰：『我平生多得拙力。』孝宗皇帝雅聞其名，淳熙三年，詔開堂靈隱寺，遣中使賜金。是冬，召入觀堂，留五晝夜，數問佛法大意。師敷奏直捷，上大悦，賜『佛照禪師』之號，贈以御頌。明年，再對，進《宗門直指》，以都下勞應接，丐閑山林。七年夏，上用仁宗待大覺禪師懷璉故事，亦以育王處之。逮移御重華，趨令入覲，漏下十刻乃退。紹熙四年，改蒞徑山，師力辭，孝宗曰：『欲時相見耳。』慶元元年，許還育王，歸老東菴，盡鬻錫賚物，直數萬緡，置田，歲增穀五千石，助常住費，詳見陸侍制游《記》中。

師常曰：『佛經有大報恩七篇，謂釋子當由孝以竭其力。』乃即水陸堂東偏設位，歲時祀其祖禰云。嘉泰三年仲春，忽語云：『我將行矣。』三月十七日，手寫遺表，及遺書常所厚者。二十日晨興，集衆叙别，斂衣收足，説偈而逝。三日入龕，容貌如生，塔全身于東菴之後。請謚於朝，敕特賜『普慧宗覺大禪師』，塔名『圜鑑』，僧臘六十夏。嗣法者遍滿四方，得度者一百二十餘人，名公貴卿多從師遊，海東國人往往望風歸敬。初，璉六十歲，自汴京來育王，壽八十三，師始終適同，兹其異也。八月，侍者正珤持遺書來，謂先師與公幸接鄉鄰，同受阜陵異知，以塔銘見屬。其行述，則同里兵部章侍郎頴爲之。予聞時節因緣，銕[一四]芥啐啄，從上諸聖，不能强爲，喻筏刻劍，徒增我慢。又況對御法語，世已流布，得道源流，接物機要，叢林門弟各存語録，姑叙住世大畧如此。銘曰：

我聞萬生，各具佛性。人有未見，或見未盡。偉哉光公，宿習戒定。賴入悟門，遂傳心印。福慧兩足，行解兼進。巍巍孝宗，見聖由聖。與師晤言，謂發深省。晚歸東菴，不倦接引。八十三年，報緣已竟。勿云明鏡，昔見今隱。一物本無，何用照映？勿云空谷，有叩誰應？十方皆空，何論銷殞。摘葉拈花，繫風捕影。持問塔中，解顔微哂。

松源禪師塔銘

陸游

松源禪師，名崇岳，生於處州龍泉之松源吴氏，故因以自號。自幼時已卓犖不羣，處羣兒中，未嘗嬉宕。稍長，聞出世法，慕向之。年二十三，棄家，衣掃塔服，受五戒於天明寺首造靈石妙禪師，繼見大慧杲禪師於徑山。久之，大慧陞堂，稱蔣山應菴華公爲人徑捷，師聞之，不待旦而行。既至，入室未契，退，愈自奮勵。中夜，自舉狗子無佛性話，豁然有得，即以扣應菴。應菴舉世尊有密語、伽葉不復藏，師云：『鈍置和尚。』應菴厲聲一喝。自是朝夕咨請，應菴大喜，以爲法器，説偈勸使祝髮，棟梁我道。隆興三年，師始得度於臨安西湖白蓮精舍，自是徧歷浙江諸大老之門，罕當其意，乃浮海入閩，見乾元木庵永禪師。一日，辭木菴，欲往黄檗，木菴舉『有句無句，如藤倚樹』，師云：『裂破。』木菴云：『琅琊道，一堆爛柴蕈。』師云：『矢上加尖。』如是應酬數反，木菴[一五]：『老兄下語，老僧不過如此，祇是未在。他日佛柄在手，爲人不得，驗人不得。』師云：『爲人者使博地凡夫，一超入聖域，固難矣。驗人者打向面前過，不待開口，已知渠骨髓，何難之有？』木菴舉手云：『明明向汝道，開口不在舌頭上，後當自知。』逾年，見密菴於衢之西山，隨問即答。密菴微笑曰：『黄楊禪爾。』師切于明道，至忘寢食，密菴移住蔣山、華藏、徑山，皆從之。一日，密菴入室次，問傍僧：『不是心，不是佛，不是物。』師侍側，豁然大悟，乃云：『今日方會。』木菴道：『開口不在口頭上。』自是機辨縱橫，不可觸。木菴遷靈隱，遂命師爲堂中第一座，旋出世于平江澄照，爲密菴嗣，遷江陰之光孝、無爲之冶父、饒之薦福、明之香山、平江之虎邱，天下名山。惟治父最寂寞，又以火廢，師一臨之，四方名納踵至，棟宇亦大興，人謂師能使所居山大。

慶元丁巳年，適靈隱虛席，僉曰：『安得岳公來乎？』果被旨以畀師，驪聲如潮。居六年，道盛行，得法者衆，法席爲一時冠，而師有棲隱之志，即上章乞罷住持事。上察其誠，許之，退居東菴。俄屬微疾，猶不少廢倡道，忽垂一則語，以驗學者，曰：『有力量人，爲甚麽擡脚不起，開口不在舌頭上？』又貽書嗣法山光光睦、雲居善開，傳以大法。因書偈曰：『來無所來，去無所去。瞥轉元關，佛祖罔措。』跏趺示寂，實嘉泰二年八月四日，得年七十有一，坐夏四十，奉全身塔於北高峰之原。塔成之四年，香山遣其侍者道孚，以銘屬某。某方謝事，居鏡湖上，年過八十，病卧一榻，得書不覺起立，曰：『亡友臨川李德遠浩，實聞道於應菴，蓋與密菴同參。李德遠每與某談參問悟入時，機緣言句，率常達旦。今讀師語，峻峭嵓崒，下臨雲雨，如立千仞之華山；蹴天駕空，駭心眩目，如錢塘海門之濤；虎豹股栗，屋瓦震動，如漢昆陽之戰。追思德遠所言，然知師真臨濟正宗，應菴、密菴之真子孫也。』銘曰：

臨濟一宗，先佛正傳。應菴父子，以一口吞。金圈栗蓬，晚授松源。松源初心，論劫參禪。于一笑中，疾雷破山。坐入道場，衆如濤瀾。金鏃脱手，碎首裂肝。彼昏何知？萬里鐵關。後十大劫，摧山湮川。法力所持，此塔巋然。

靈隱悅堂禪師塔銘

元 黃晋

至大元年七月二十四日，靈隱四十八代悅堂禪師，告寂于丈室。遺戒：送終如常僧，勿循故事建塔，仍不得用世間法服衰麻之衣。既爲書偏别交遊及其法嗣，遂書偈曰：『緣會而來，緣散而去。撞倒須彌，虚空獨露。』置筆右脇而卧，入于涅槃，龕留七日，顔色不變。天方連雨，闍維之日，霽色朗然，灰燼中得五色舍利，大如菽。其徒相與謀，以爲師之光明俊偉如此，雖治命不可違，然不宜無以表人天之瞻依，慰四衆之推慕。靈隱所度弟子希清，既捐私財造塔，且置田若干畝，歲度僧一人，爲永久計，而未有以昭示來者。塔成後三十有七年，希清及希白等若干人，以狀來謁銘。

按狀，師諱祖誾，自號『悅堂』，族南康。周氏母夜夢一老僧來借宿，既覺而孕，師遂以生，宋端平元年八月一日也。師幼不茹葷，骨氣清偉，家故業儒，七歲就學，殊非其志。年十有三，母病危甚，禱于觀世音大士，而刲股和藥以進，病隨愈。母以其與佛有緣，乃語其父，俾出家，依同郡嘉瑞寺偃上人，尋祝髮受具。一日，閲《華嚴經》，至『惟一堅密身，一切塵中現』，忽有省，即往見正叟心公于東林，見别山智公于蔣山。智問云：『近離何處？』師云：『江西。』智云：『馬大師安樂否？』師叉手進云：『起居和尚。』智命侍香，師即拂衣去，見靈叟源[一六]公于焦山，見斷橋倫公於浄慈。倫問：『臨濟三遭黄檗痛棒，是否？』師云：『是。』又問：『因甚大愚脇下築拳？』師云：『得人一牛，還人一馬。』倫顧左右云：『再來人也。』倫示寂，謂師曰：『吾必不起，汝宜自勉。』師泣曰：『和尚滅度後，當依誰？』倫曰：『柏山介石和尚，妙喜三世孫，其往依焉。』倫逝，而介石適來，補其處。一日，室中舉柏樹子話，師方擬議，石抗聲云：『何不道黄鶴樓前鸚鵡洲？』師言下頓悟，即延入侍司。翌日陞堂，白衆曰：『先師之道，喜得人矣。』介石將終，囑以宗門大事，乃遣馳書於徑山偃谿聞公，聞與語而契，嘆曰：『介石雖往，賴有吾侄在。』師歸廬山，東巖日公在圓通，請師分座，衆五百人，莫有契其機者。九江守錢公真孫，以禮聘師出世于西林，瓣香酬恩，歸於介石。

國朝至元十二年，取宋之師至江右，居人咸避匿山谷間，師獨晏坐一室，軍士挾刃以臨之，刃及頸，問曰：『懼否？』師曰：『吾無生死，有何懼乎！』軍士乃投刃而拜，且遺師以白金，師亦弗顧，它軍士皆驚服散去，一境之内，賴以無恐。二十五年，遷開先，法會益盛，名聞於上。二十年，被命遷東林。東林大刹，而恒産素薄，屋壞弗治。師以所受施資，置田若干畝，葺殿堂門廡，使之一新；謂廬山以匡先生得名，購寺傍道宫之地，築室而禮祀焉。元真元年，奉詔赴闕，入對稱旨，賜璽書，號『通慧禪師』，并金襴法衣，以榮其歸。大德九年，靈隱虚席，行宣政院俾師主之。師嘗勘一僧云：『微塵諸佛，在你舌上；三藏聖教，在你脚底，何不瞥地？』僧罔措，師便喝。又勘一僧云：『釋迦、彌勒是他奴，他是阿誰？』僧擬對，師便打。一僧新到，師問：『何處來？』僧云：『閩中。』師云：『彼處佛法，如何住持？』僧云：『饑即喫飯，困即打睡。』師云：『錯。』僧云：『未審和尚此間如何住持？』師拂袖歸方丈，僧休去。其機鋒峻峭，多此類。居四歲而逝，世壽七十五，僧臘五十二。四坐道場三十六年，惟以紹隆祖道爲己任，至於崇屋室以安其居，廣土田以足其食，皆末事耳。得法弟子，東林住山宗廓等；得度弟子，慶哲暨希清等若干人。有《語録》若干卷，行於諸方。師自髫年受學於馮先生去非，先生爲時宗工，師熏炙之久，間出緒餘，施於世諦，文字多奇作。師嘗刻先生之文于東林，後人遂以師之文並刻以傳。始予徒玩師之文而敬慕焉，兹覽狀所述，乃見其深造自得，卓焉過人，坐鎮叢林，荷[一七]擔大事，末後一着，照映古今，竊愧世之知師者淺也。庸采狀所述，序而銘之曰：

惟通慧師，一世偉人。少遵魯誥，長探竺墳。遊戲如幻，發爲至文。曰是瑣瑣，匪道所存。朝夕咨訪，直指心源。刊條落葉，洞見本根。乃受智印，乃啟度門。乃膺帝眷，道譽彌尊。蔭注所及，如彼大雲。隨緣會散，以返其真。勿豐吾終，厥有餘言。罔極之報，在其後昆。金瓶寶篋，巍巍真身。表以靈塔，勒以貞珉。飛聲焯實，垂之無垠。

元叟禪師塔銘

菩提達摩以摩訶迦葉所得無上正法，來至中土，直接上根。其後支分爲二，而心印獨付於曹溪，派别爲五，而宗風大振於臨濟。至大慧，而東南禪門之盛，遂冠絶於一時，故其子孫最爲蕃衍。

徑山元叟禪師，大慧四世孫也。師諱行端，元叟蓋其字，族臨海何氏，世爲儒家，母教以《論語》、《孟子》，輒能成誦，雅不欲汩没於世儒章句之學。十一從族叔父茂上人得度於餘杭之化成院，十八受具戒，一切文字不由師授，自然能通，而其器識淵邃，夙負大志，以斯道自任，宴坐思惟，至忘寢食。初，參藏叟和尚於徑山，問：『汝是甚處人？』師云：『台州。』叟便喝，師展坐具，叟又喝。師收具，叟云：『放汝三十棒，參堂去。』師於言下，豁然大悟。一日侍次，叟云：『我泉南無僧。』師云：『和尚聻？』叟便棒，師接住，云：『莫道無僧好。』叟頷之，即延入侍司。是時，泉[一八]滿萬指，莫有契其機者。叟既告寂，師至淨慈，依石鞏公，即處以記室，相與激揚此事，與虛谷陵、東嶼海、晦機熙、東州永、竹閣真爲莫逆交。尋以靈隱山水清勝，往掛錫焉。師嘗自稱『寒拾里人』，橫川珙公在育王，以偈招之，曰：『寥寥天地間，獨有寒山子。』師竟不度江，而謁覺菴真公於承天，復參雪巖欽公於仰山。巖問：『何處來？』師云：『兩浙。』巖云：『因甚語言不同？』師云：『合取臭口。』巖云：『獺徑橋高，集雲峰峻，未識書記在。』師拍手云：『鴨吞螺螄，眼睛突出。』巖笑，顧謂侍者：『點好茶來。』即送師歸蒙堂。居三歲而巖逝，乃還浙右。虎岩伏公時住徑山，請師居第一座，既而退處楞伽室，擬寒山子百餘篇，皆真乘流注，四方衲子多傳誦之。大德庚子，出世湖之資福，伏公加盛禮，覬師唱其道，師微笑而不答，末後瓣香，卒歸於藏叟。居五載，學徒奔湊，名聞京國，至大特旨賜師號曰『慧文正辨』，行宣政院尋舉師主中天竺。師當久廢之餘，爲樹門榜而正鄰刹之侵疆，治殿宇而還叢林之舊觀。延祐丙辰，遷靈隱，有旨設水陸大會於金山，命師陞座説法。竣事，入覲於便殿，從容奏對，深契上衷，加賜『佛日普照』之號。陛辭南歸，即拂衣去，養高於良渚之西菴。

至治壬戌，徑山虚席，三宗四衆咸謂非師莫能負荷其任，相率白於行宣政院，請師補其處。事聞於朝，泰定甲子，降璽書作大護持。師至，凡三被金襴袈裟之賜，二十年間，足不越閫，而慕其道者鱗萃蟻集，至無所容。歲饑，皆裹糧而來，以得見爲幸。徑山自大慧中興後，代有名德，得師而其道愈光。師嘗勘一新到僧，云：『何方聖者，甚處靈祇？』僧云：『臨朕碪。』師曰：『杜撰禪和，如麻似菽，參堂去。』又勘一僧云：『碁盤石砍破你腦門，缽盂池浸爛你脚板。』僧擬荅，師便喝。又勘一僧云：『擘開華嶽連天秀，放出黄河徹底清，即且置平實地上，道將一句來。』僧擬開口，師便打，僧休去。其機鋒峻峭，多此類。師以呵罵爲門弟子慈切之誨，以近人情行天下大公之道，藏叟之的傳，一人而已。師之利他，皆陰爲之，没齒不言，而其道德聞望，爲朝野所推服，薦膺命賜，人以爲榮，而師未始自炫，意漠如也。暇日，以餘力施於篇翰，尤精絶古雅。石田林先生隱居吴山，不與世接，獨遺師以詩曰：『能吟天寶句，不廢嶺南禪。』其取重前輩如此。

師生於宋寶祐乙卯二月十六日，以至正八月辛巳，終於徑山之丈室，世壽八十八，僧臘七十六。其先五日，示微疾，問侍僧云：『呼之曾未休，吸之尚未含，試問請苦源，來者不來者？如何是來者、不來者？』侍僧無語，師良久云：『後五日看。』越四日夜分，沐浴更衣，别衆趺坐，書偈云：『本無生滅，焉有去來？冰河燄發，鐵樹花開。』投筆，垂一足而化。龕留七日，顔貌如生，以是月某日，奉全身窆於寂照塔院，而分爪髮建塔於化城幻有精舍，四會説法語，有録行於世。所度弟子若干人，嗣其法而同時闡化于吴楚、閩越、蜀漢間者若干人。其上首靈隱法林、中天竺祖銘等，狀書行業，俾湣書之兹碑。湣忝從章甫逢掖之後，未能於宗門中嗅薝蔔之香，嘗醍醐之味，罔知所以措其頌美之辭，庸偹著狀所述而銘諸，庶幾不失其實，來學得以瞻承夫遺範云爾。銘曰：

大雄唱滅，宗途肇分。不有單傳，就開我人。巍巍大慧，垂陰四葉。門庭之盛，規重矩叠。法雷普震，裂地轟天。據師子座，四十二年。被遇三朝，便蕃異數。王臣順風，有嚴外護。大法棟梁，一夕而摧。本無生滅，焉有去來？寂而常照，碧潭秋月。散爲千光，非同非別。徑山蒼蒼，上與雲齊。真身常住，大慧焉依？贊述虚空，非愚則惑。直書具文，刻此山石。

碩揆和尚塔銘

王澤弘

天童密雲悟公得法十二弟子，而三峰爲最。三峰漢月藏公得法十四弟子，而徑山靈巖爲最。徑山具德禮公得法六十七弟子，而靈隱爲最。靈隱於諸兄弟，如中條一峰，秀出霞表，即今拈椎豎拂者徧天下，棒喝錯互，魔外横行，而師以一座當軒，如雷發蟄，如日馳照，非惟震耀徑山之聲光，即三峰乘願崛興，不惜觸犯忌諱，起臨濟七百餘禩一絲九鼎之綱宗，歷一紀二紀三四紀，以迨於今。求其繫以弗墜，不得不以師爲中流砥柱矣。師既示寂之四年庚辰春，弟子練、忍二公，遵遺命將歸塔靈隱，徒步三千里至京師，以狀乞銘。嗚呼！哲人徂謝，末法艱危，彼刹竿相望者，寧復有聞直指堂塗毒鼓聲而死盡偷心，移所寶惜歸之無礙光者乎？是則可慨也已。

師諱原志，字碩揆，鹽城孫氏子。父陛，字玉庭，母趙，生三子，師其長也。天性孝友，不樂嬉戲，稍長，豪邁不可羈靮。七歲就外塾，塾師講《大學》『致知格物』，語牽合，師笑曰：『此曾子教人誠意一個方法耳。不明則疑，疑則誠意，去疑得明，非誠意不能也。』塾師大驚。既而講《毛詩》，凡書義兩騎處，師出一語，如斬緱絲，舉座嘆服。及其爲文滚滚，不藉思索如夙搆，人皆以科名期之，而不知其爲宿根乘願中人也。師父玉庭公尚氣任俠，以明末四方變亂，結客梁、宋、齊、魯間，加意老成，凡伍諸狙。諸狙怒，常欲死公，順治丁亥，公卒爲諸狙所害。師泣血遜荒數年，而後得逞於仇，手刃之，廼還鄉里，告祭父墓，部置其母與弟得所，然後辭去。

庚寅，師年二十三，至通州佛陀寺去氏祝髮，師事元璽老宿。未幾，投靈隱具公受戒。辛卯，具公結制皋亭佛日寺，師從參萬法歸一、無夢無想二公案七日。傍僧問：『威音王劫前，如何是學人自己？』公曰：『麻三觔，乾矢橛。』僧曰：『不會。』公曰：『初三十一，中秋賞月。』師豁然有省，因呈偈曰：『夜來消息枕頭傳，報道火燒水底天。喪盡毒龍哮石虎，爪牙突在萬人前。』具公深肯之。自是横機無讓，法門有識之士，莫不嘉嘆矣。己亥，命居座元，代公唱明三峰之學，蹴踏龍象，鼓鑄洪爐。師握一竹篦，勘辨方來，未嘗不電激雷奔，當之者震慄也。康熙壬寅，具公上堂，手書付囑，首提三峰爲滹沱正宗，别開生面。機先一句，是汝諸人安身處；先機一着，是汝諸人立命處；其間左右伸縮，是汝諸人踏脚處；末後一句，是汝諸人出頭處。此四則語，於四即一，全一即四，乃楊岐之正脉，隆祖之磕睡虎也。三峰常云：『三十年後，此話大行。』今碩座元悟處，機語一一符合，楊岐正脉，斯得人矣。是年，師住揚州上方。癸卯，住泰興慶雲。所至，諸上善人莫不羅列香花，傾城爲供，座下數千指，環繞數萬衆，一切興[一九]壞起廢，不假思議而成，皆若順風揚塵之易。師遏山水爲妙聲，化樹木爲寶網，東南法席，未有盛於斯者也。

丁未，具公示寂揚州之天寧寺。戊申，住徑山。庚戌，造塔徑山之天開嶺，奉藏具公衣鉢爪髮，遂過靈巖，候繼起儲公。既退，靈巖喜而不寐，顧謂西堂不菴晾曰：『碩姪知我喜，則知我平日之憂也。今見碩姪，始終不與世心和合，一意以從上法道爲己任，千百年後，知三峰老和尚有孫如此，具兄有子如此，退翁早不失却一隻，可喜也。』靈巖門下，率多百尺竿頭更進一步之人，而期望於師乃如此，則徑山囑付六十七人，臨化獨諄諄在師者，總皆以三峰全副擔荷、楊岐正脉者委之也。是年，母年八十，師買地梅谷，静室供養，所謂正續道人也。蓋先受戒具公，法名濟燈云。壬子，住三峰。初進院，聞靈巖訃，上堂曰：『徑山先師見背，小子痛哭哀毁，不至滅性，以吾靈巖猶在，我先師同心同眼同佛口出之分身也。思先師而不見，見老人如見先師，老人卵我翼我提奬我，自不間於先師，今何以報其深恩？』良久，拊膺曰：『只有者一着。』隨顧衆曰：『會麽？』復拊膺曰：『更有何人知此心？』師以重興三峰爲己任，披肝瀝胆，傾倒於清涼一席，至則責負如山，征徭似火，牆不歳苦，庫無宿積。時師中寒病已七閲月，扶杖蹩躠，四顧茫茫，廡下數百衆，無以餬其口。不三日，遠邇贏糧輕齎，陸續成[一〇]辨，供衆之外，以其羨爲修造資，雖規模草剏，而氣象一新。己未，應鎮江五州之請。庚申，應揚州善慶之請。辛酉，住靈隱，一切鼎新，莊嚴整肅，雲水如歸，凡夙根道妙者，靡不就其爐錘。丁卯，師年六十，和碩康親王命天來和尚捧衣鉢到山，請師説戒。一時戒子千餘人，座前繞禮者幾三千餘衆，焚香堵觀，撫軍率官屬齋筵聽法，咸謂具公五千衲子下揚州，惟師繼其盛。己巳，車駕南巡，二月既望，幸靈隱，問答稱旨，賜御書『雲林』二字，命易寺額，賜帑金二百兩。當是時，朝野歡騰，而師以爲法門慶，不自以爲喜也。師住靈隱十二年，辭院去，緇素扳[一一]留，至於涕泣，師皆不顧。於是空三峰之人，迎之境上，師曰：『固老僧未了事也。』癸酉，再住三峰，蓋師之去三峰，已十四年矣。山中地氣高寒，風雨發作無時，昔之修葺者，今已圮壞。師告於介衆，叶於神謀，身編廠務，背負柝杵，夏雨冬霜，瘃膚灌頂，師不避也。舊者新之，闕者補之，惟大殿未成，師猶恧焉。

丁丑，師年七十。師以四月十七日生，誕彌之後，殿前古樹忽斃一枝。六月二十四日，示微疾。七月七日，有白鶴東來，盤旋飛舞，由法堂轉方丈，長唳數聲而去。是晚，師夢造林泉勝境，樓臺殿閣，儼古梵王剎，麗眉秀頂數百人，請師説法，遂陞座曰：『鳳翥九霄，鵬生六合。偶去偶來，有何儀式？心向何生，性成何色？』遂拈香云：『日月有窮，天地無極。』寤即舉似開顯等，亦不知其木壞〔三〕山頹之識也。七月中元午刻，沐浴更衣，説偈，偈曰：『昨欲行時月不圓，今遲一日月嬋娟。從今要見三峰面，劈破乾坤作兩邊。』書訖，開顯等又問：『封龕舉火誰屬？』復索筆書曰：『三峰之龕，誰敢來封？若不封却，宗説何通？大書八字，貼在當中。當中當中，久坐無功。萬仞峰頭行大道，增一把火看真龍。』書訖，過筆與侍者，坐脱而去，世壽七十，法臘四十七，遺命歸塔靈隱。師前後開法三十六年，八住道場，鍛煉學徒，真誠愷切。説法自闢谿徑，如蜀道初開，如泰山日出，不求合古法，皆自與古法合，非復千百世之眼目，非灼然足當楊岐正脉，未有能挽回末法者也。仕宦至其地者，餐風味道，造請無虛席，寶坊所坐，川摇嶽震，有自來也。梓行《八會語録》、雜著、尺牘、詩偈如干卷。《借巢集》詩篇，自吐胸臆，論者謂在寒山、栯堂間。翰墨似顔平原，握拳透爪，師皆不以措意也。嗣法弟子，指薪、溥隱、嵩顯、燈傳、暉攝、水月、宗楷、證爾、嶽潮、練飛、量雙、乾勤、蒼際、隆指、梅問、夢持、鑑自、諾惺、忍修、梁嵩巖、耀青、雷震、崑潮、發脱、三賢、雪舟、度明、巖照、逸岸、融笑、拈印轉菴正、在鈞、埏川、回望、七來、寶根、受潤、鯤化、誠碓、三傳雪蒼、遇七來復，凡三十人。剃度弟子，開和、開如等若干人，暨得戒弟子萬數。

師氣宇高朗，襟度等夷，坦無邱陵，不立崕岸。其於祖父一言一語，不敢背違，路馬許田，不少假借。持身衛道，如冰履霜而愈堅，如金煅火而愈栗，蒙衆誚而不恤，犯衆怒而不顧，諍所當諍，辨所當辨，孤行獨往，雖賁育不能奪矣。不菴嘗與師書，曰『山頭老師』，曰『吾兄不求合於古，而自無不合於古』，是真實語，是滿腹語，是没定語。從其口出者，不敢於語外復置一念，惟默而祝曰：凡今之得座披衣，號爲人天師者，無問先一葉，同一葉，後一葉，及二葉三葉，以至多葉，如是如是，不獨滹沱之統，持以不墜，即諸宗亦多榮藉之幸。不菴，靈巖高弟，一杖遠引，罵盡一世，惟於師深所心折。由斯觀之，即師之生平可知矣。比二公來乞銘，而不菴亦已化去，金湯無人，誰爲揞拄俛仰法門？嗚呼！是真可慨也已。銘曰：

徑山之子，三峰之孫。楊岐正脉，終古乾坤。心心相契，一線無痕。三十三世，道行彌尊。寶坊高踞，緇素雲屯。挽回末法，電掣雷奔。茫茫溟渤，嶽嶽崑崙。維水有源，維山有根。如星中月，如風中旛。冷暖自知，何恤人言！悠悠蟪蛄，十里聲喧。龍豈羣遊，鳳實孤騫。歸骨越山，藏鉢吴門。亡則俱亡，存則俱存。三十弟子，誰報師恩？

諦暉和尚塔銘

張彙

達磨西來，不立文字，廓然無聖，脱屣生死。其生也，無法爲法；其死也，不宜有銘。雖然不宜有銘，法也無法，爲法則亦可銘。和尚諱慧輅，以明天啟七年丁卯十月初八日，得四大於吴興金田沈氏，父濟，母李。以雍正三年乙巳三月二十日，舍四大於錢塘雲林古靈隱寺，春秋九十有九，僧臘七十有四。余與和尚潛遠之契，垂三十年，乙巳三月十一日夜，示夢余，從京師走書江南，告弟奕山曰：『和尚將入涅槃地矣。』果以是日示疾，預指二十日午時，爲報年之限。及期，命鳴鐘，自升繩床趺坐，點首三而滅，遺命坐三日入龕，門人智廣等以佛法斂。丙午九月十三日，于飛來峰側起塔安神。和尚秀眉大耳，步律音鐘，六歲而孤，家碎於役。及母李終，乃檀那身命，自拔人間，遍參諸方，以求止泊。順治己丑二月，遊學至靈隱，禮具德和尚。一日，拜直指堂下，仰見『直指』二字，憬然曰：『彼以直指，我以直會。』又聞户外鳥啼聲，一時大千俱直。時具德和尚弟子五千人，碩德圓戒，林植山宫，而師以年少，依位而立，寶身突兀，常住不遷，乃嗣法焉。歷住興福、妙濟、師林、天竺、龍井諸寺，終於靈隱。初，聖祖仁皇帝賜寺額曰『雲林』，因爲雲林寺。後南巡，輒舉賜和尚御書，曰『禪門法紀』，又别賜御書、黄金、佛像、白金等物。和尚三身八勝，而六時一真，露地白牛，無得無捨。常造余竺西草堂，行梅花下，花千餘樹如雪，香動心魂，和尚行，未嘗一仰視。至草堂坐，謂侍僧曰：『聞梅花香乎？』曰：『聞。』曰：『爾等看花去。』及返，終亦不視。九十後，便不酬不對，一以師子音接十方佛，當機者不喻，則曰：『和尚耋矣，語不可曉。』偶落六通，則曰：『和尚昔云然，今果然。』銘曰：

醍醐味醨，薝蔔香衰。斑其相紛，羊啞狐咍。和尚智度，七十四年。縣解尻首，草腐人天。一佛既無，千佛乃有。演暢宗極，下足撒手。峰昔飛來，師今飛去。無去無來，導師常住。

祭佛照禪師文

宋　釋居簡

嘉泰三年三月二十八，四川、兩浙、兩廣、七閩、江淮東西、荆湖南北，參學比丘某與諸比丘衆，注香煮茶，奉微供於鄮之東菴佛照禪師拙菴大和尚之靈。於戲！師之所自立，亦難矣哉！方其升應菴之堂，則登東山而小魯；晚入雙徑之室，然後登泰山而小天下。妄庸醜正，歉羣困折，不可奈何而後已，卒能横翔捷出，縛虎兕、鞭龍象，搏扶摇、跨閶闔。阜陵英主也，曰『兢兢業業，當如禪師之言』；史真隱，帝者師也，謂其氣雄萬夫；陸放翁，山陰耆舊也，賛其話行四海。非有大過人，一聖二賢，曷以若此？他日行輩鼎立，更迭而逝，師則巋然獨殿。諸老紛紛，晚進競争，春妍秋新，露零一掃而盡。今於是時也，方擥阤之木蘭、洲之宿莽，凌霜厲雪以自怡，收卷波瀾，一菴至樂，忍死不敢寧居逸體。今亡矣，夫昧者謂其果亡矣。有法門名無盡燈，冥者皆明，明終不盡，則師常在而不亡，尚何悲焉！

祭元叟和尚文

元 釋大訢

公與先師，齊驅宋季。潛子器之，震動一世。後七十年，惟公獨在。趙州汾陽，高出行輩。如見先師，床下受拜。策我駑蹇，箴我狂隘。我來金陵，不阻書誨。我眷茲山，翠華所屆。倚公之重，雄冠海岱。累請於朝，待命不至。胡以訃聞，德音未沫。濟北之宗，藐焉孤寄。承乏何人，化爲異類。所恃惟公，庶幾知畏。公復往矣，而我何恃？如舉九鼎，畀之孺稚。胡力之任，不顛以躓。孰[三]云潢潦，可接巨派？孰云焦壤，可沃霈霈？猶不遐遺，置我鑪錘。有赫其靈，光吐虹霓。尚聆後訓，霆烈飈厲。平生幾何，萬古長喟。吾宗是慟，匪私我涕。

校勘記

[一]『唐』字《武林掌故叢編》本作『歷』。

[二]『二』字《武林掌故叢編》本作『一』。

[三]『逆』字《武林掌故叢編》本作『送』。

[四]『遍』字《武林掌故叢編》本作『偏』。

[五]『元』字應爲『玄』，避康熙諱改。歐陽玄爲元代大儒，《元史》卷一百八十二謂其『字原功，其先家廬陵，與文忠公修同所自出』，故文中稱『若我先文忠公（歐陽修）』。

[六]『海』字《武林掌故叢編》本作『湖』。

[七]『贈』字《武林掌故叢編》本作『僧』。

[八]『武』字《武林掌故叢編》本作『虎』字，下句『改稱虎林』之『虎』字《武林掌故叢編》本作『武』字。是。文中謂『避唐諱』，蓋指避唐高祖之祖父李虎諱，故改『虎』爲『武』。

[九]『衲』字《武林掌故叢編》本作『納』。

〔一〇〕『鏡』字《武林掌故叢編》本作『境』，形近而誤。按，『百軸宗鏡之文』指延壽所著《宗鏡録》一百卷，《宋史》卷二百五《藝文四》著録。

〔一一〕『百』字《武林掌故叢編》本無。

〔一二〕『高』字《武林掌故叢編》本『皋』。

〔一三〕『入小』二字《武林掌故叢編》本作『小入』。

〔一四〕『銕』字《武林掌故叢編》本作『鐵』，同。

〔一五〕《武林掌故叢編》本『菴』下有『云』字。

〔一六〕『源』字《武林掌故叢編》本作『原』。

〔一七〕『荷』字《武林掌故叢編》本作『何』。

〔一八〕『泉』字《武林掌故叢編》本作『眾』，是。此句謂僧眾甚多，無人能契其機，『泉』、『眾（衆）』形近而訛。

〔一九〕『興』字《武林掌故叢編》本作『典』，當由形近而訛。

〔二〇〕『成』字《武林掌故叢編》本作『力』。

〔二一〕『扳』字《武林掌故叢編》本作『攀』。

〔二二〕『壞』字《武林掌故叢編》本作『壤』，誤。『木壞山頽』語本《禮記・檀弓》，『子貢曰：「泰山其頽，則吾將安仰？梁木其壞，哲人其萎，則吾將安仿？」』『壞（壞）』、『壤』形近而訛。

〔二三〕『孰』字《武林掌故叢編》本作『就』，當由『孰』、『就』形近而訛。

增修雲林寺志卷六

詩詠

候仙亭

唐　沈亞之

新創仙亭覆石壇，雕梁峻宇入雲端。嶺北嘯猿高枕聽，湖南山色捲簾看。

宿天竺寺寄靈隱寺僧

張籍

夜向靈溪息此身，風泉竹露浄衣塵。月明石上堪同宿，那作山南山北人。

翻經臺見《咸淳臨安志》

白居易

一會靈山猶未散，重翻貝葉有來由。是名精進纔開眼，巖石無端亦點頭。

杭州天竺靈隱二寺頃歲亦布衣一遊及赴鎮會稽不敢以登臨自適竟不復到寺寺多猿猱謂之孫團彌長其類因追思爲詩二首

李紳

翠巘幽谷高低寺，十里松風碧嶂連。開盡春花芳草澗，偏通秋水月明泉。石文照日分霞壁，竹影侵雲拂暮烟。時有猿猱擾鐘磬，老僧無復得安禪。

人烟不隔江城近，水石雖清海氣深。波動只觀羅刹相，静居難識梵王心。魚扃晝鎖龍宫寶，雁塔高摩欲界金。近日尤聞重雕飾，世人遥禮二檀林。

遊靈隱天竺二寺

徐夤

丹井冷泉虚易到，兩山真界實難名。石和雲霧蓮花濕，月過樓臺桂子清。騰踏回橋巡像設，羅穿曲洞出龍城。更憐童子呼猿去，颯颯蕭蕭下樹行。

題靈隱寺皖公院

鄭巢

寒山葉滿衣，孤鶴偶清羸。已在雲居老，休爲内殿期。嵐昏鳴磬早，果熟飯猿遲。未得終高論，明朝更别離。

界石守風望天竺靈隱二寺

釋清晝

山頂東西寺，江中旦暮潮。歸心不可到，松路在青霄。

賜靈隱住持德光

宋孝宗

欲言心佛難分別，俱是精微無碍通。跳出千重縛不住，天涯海角任西風。

宿靈隱寺

潘閬

繞寺千千萬萬峰，滿天風雪打杉松。地爐火煖黄昏睡，更有何人似我慵。

曲水亭

薛映

臺盤疏石渠，激流環四面。夏屋有餘清，羽觴隨意轉。賓告醉言歸，主稱歡未倦。雖非禊飲辰，豈謝蘭亭讌。

翻經臺

姚鉉

康樂悟元機，寂寥此棲息。經翻貝葉文，臺近蓮花石。

煉丹井《靈隱十咏》之三，舊志所遺

梅詢

仙翁道未成，棲神在巖石。酌彼山下泉，窮年煉金液。洞陰春始緑，苔甃秋涵碧。緬摹不可期，凭欄望鳧舃。

翻經臺

靈運曾此臺，冥心住幽寂。重繹葉上書，深藏林中跡。遺文傳竹素，野蔓侵苔壁。登覽殊未休，蒼山日將夕。

北高峰塔

高塔列遠岑，亭亭幾百載。鈴聲答夜風，輪影落滄海。閒雲伴危級，曙日平烟彩。欲下生暮愁，千山閉輕靄。

遊靈隱寺戲贈開軒李居士　蘓軾

推倒牆垣也不難，一軒復作兩軒看。若教從此成千里，巧歷如今也被謾。

同顧保之遊靈隱　王令

閉門不見春色到，出城始見江梅開。行探幽泉至高絶，共坐巨石聊徘徊。時逢天風吹過客，還有野鳥驚人來。林間眄惜所未歷，歸鳥空載斜陽回。

和鄧温伯内翰九月七日約遊北高峰　韋驤

幸奉清游入翠微，陰雲漏日照旌旗。登高預整孟嘉帽，訪古閒尋白傅詩。桂子正傳飄岩客，菊英先喜泛琉璃。公歸留宿湖山暮，恐誤郊闕竹馬兒。

遊靈隱遇雨呈普慈及二詩翁

楊蟠

山老未容山客去，故將雲陣鎖山門。雨催晚色凝諸嶺，雷送春聲落後邨。今夜青燈妨月上，古人白首把詩論。來朝山水終瀰汎，策杖相隨討澗源。

隋真觀法師塔

東岡人不識，野寺在樵漁。葉落年年滿，春風爲掃除。

白沙泉

不見泉來穴，沙平落細聲。夜高寒月漾，銀漢太分明。

北高峰塔

郭祥正

翠出諸峰上，湖邊正北看。夜深雲霧散，獨卧斗杓寒。

石門澗

啟閉何人見？湍流一澗分。仙家無路入，空鎖石樓雲。

靈隱浦

有靈何所隱？深浦老蒹葭。漁父一舟泊，却疑秋漢槎。

合澗橋

兩澗飛來處，雲深合一橋。更無歧路別，從此入烟霄。

呼猿洞

隔澗白猿子，呼來驗是真。一從滄海別，啼嘯不知春。

葛塢

二葛既成仙，猶存煉丹處。有時化鶴來，徘徊不知去。

韜光菴

逢人寂無語，結草自棲禪。但見岩花笑，龐眉不記年。

西菴 契嵩禪師舊栖

釋子能儒言，迥出惠遠上。菴中閱遺編，光燄高萬丈。

卧犀泉

有角翻害身，沉泉避刀劁。故依金地慈，非憚滄波遠。

青林洞

青帝留行蹕，岩前春不歸。儘從霜與雪，君看碧依依。

白沙泉

幽泉出白沙，流傍野僧家。欲試清甘味，須烹石鼎茶。

翻經臺

盥手天池水，熏毫海渚香。翻成多少帙，臺石尚輝光。

靈隱寺

鄧肅

松篁擁翠入雲間，雅稱高人養道閒。自是紅塵飛不到，一溪流水繞青山。

老木森森小逕斜，淡烟横鎖兩三家。晚來欲寫蕭疎景，舉目遥岑望更賒。

冷泉亭

徐涓

畏日炎炎爍太虚，倚欄冰雪冷生膚。百川萬壑非無水，洗得人間熱惱無。

宿飛來峰下作

藴庠

吴中未歷佳山水，湖上懷思去惘然。雲去雲來兩峰寺，鷗飛鷗没夕陽天。客愁官渡落花雨，歸夢下湖春水船。想到對床成夜雨，何須隴月向人圓。

入靈隱寺

劉一止

石泉苔徑午陰涼，手擷山花辨色香。度嶺穿松心未厭，好閒翻爲愛花忙。

靈隱寺

李綱

我昔曾遊飛來峰，白猿晝掛峰上松。奕[二]然靈光如彩虹，鐘磬自響金仙宫。宦遊漂泊西復東，雖欲再到無由從。帝居鈞天陋瀛蓬，螭坳載筆侍重瞳。逆鱗聊試摩神龍，謫墮劍浦山重重。征鞍來此尋舊蹤，恍如夢落烟霞中。朱樓寶殿飛玲瓏，寒泉幽石欣相逢。門前池館虚含風，一洗塵慮清心胸。明朝南去隨征鴻，惆悵勝遊回首空。

次韻葉兵部九日不出十日登北高峰

周紫芝

登臨一笑與誰同？此事人間未易逢。莫恨清尊負重九，且看黄菊笑西風。江連北海潮初上，山近丹霄路欲通。向晚歸來得新句，便知雲夢落胸中。

贈靈隱長老

曹勛

一咲相逢語上方，水雲踪跡覺清涼。未論丈室葛藤話，且喜齋廚蔬筍香。閒拄瘦筇隨意立，却愁款段入城忙。宿山更作他時約，枕簟茶瓜冷不妨。

冷泉亭放水

范成大

古苔危磴著枯藜，脚底翻濤洶欲飛。九陌倦遊那有此，從教鷩雪濺塵衣。

觀冷泉亭放水

樓鑰

冷泉淺濁使人愁，開板横坡去不收。岍側細泉穿亂石，始知别是一清流。

夏日寄朴翁時在靈隱

姜夔

風吹松樹枝，懷我松間友。雲從北山來，令我屢回首。山雲夜夜起，山雨侵人衣。遥知竹窗裏，自吟新雨詩。

靈鷲寺

高翥

靈鷲名山萬古名，幾回無事繞廊行。殿前流水晴猶急，塔上春雲晚自生。鶴傍經牀聽梵語，鳥窺齋鉢候鐘聲。我來借得團蒲坐，歸去閒眠夢亦清。

靈鷲寺三首

湯漢

靈鷲古道塲，攝乎大國間。一日忽翚飛，西顧無靦顔。

又

引泉已成沼，對石宜啟窗。他年澗上橋，爲子書春淙。取東坡『兩澗春淙一靈鷲』之句。

又

南澗静者徒，小試扶顛手。期畢棟宇工，拂衣入岩岫。

登靈鷲新閣

王埜

山從西域來，寺自東南有。林泉既奇秀，岩穴更深黝。住僧奮空拳，經始亦已久。俄然幻傑閣，丹碧照林藪。相輝靈隱前，更勝天竺後。理公坐厓屋，千歲骨已朽。坡翁昔曾遊，遺句今在否？洞猿不待呼，清晝時一吼。

次趙貴方九里松獨行韻

杜範

道機已熟絶隄閒，縱步來尋輿裏山。殘雪點衣消酒醉，晚風吹鬢帶詩還。妙年羡子歡悰足，宦步愁予樂事慳。安得相從塵網外，快將如意碎青珊。

避暑冷泉

方岳

火雲散鱗甲，萬瓦如炊燖。東華車馬塵，褦襶不自禁。誰能半日閒，脱身此窺臨。百錢買漁蓬，横截南北岑。追隨二三子，未害山水淫。邂逅十八公，俱作笙鶴吟。頗聞彼上人，振鬣萬馬瘖。試讀没字碑，往聽無弦琴。空堂無枯秀，契我回向心。清涼一味禪，揮玉開煩襟。笑指亭下泉，杉竹涵幽深。蘚橋横三閘，龍怒飛出林。奔雷吼春壑，晴雪生午陰。人間正炎熱，去作三日霖。

西湖泛舟入靈隱山

葛天民

晴嵐漠漠水溶溶，落葉遮船翠蓋重。秋色盡爲漁者占，山光多向道人濃。雲連合抱前村樹，磵遶飛來小朶峰。送罷夕陽迎素月，樓臺高下自鳴鐘。

禱喜天竺由靈鷲過冷泉

張藴

降香天竺去，瀹茗冷泉來。新徑石間過，危亭木杪開。烟山晴若畫，霜葉濕如灰。點檢經行處，今年未見梅。

月夜遠上人游方過靈隱

薛嵎

一點靈光在，月生滄海深。此中難著語，何處可相尋？野寺齋無定，窮冬日易陰。聽松行九里，却坐冷泉亭。

九里松

鄧林

松是山靈一手栽，堯天長就棟梁材。龍髯怒起春風急，似怪遊人喝道來。

冷泉亭

徐集孫

山遠源深絶市聲，許由因此隱方成。一生獨喜枕流好，萬事無如酌水清。野衲洗心滋味淡，騷人照影利名輕。軟紅塵裏渾如醉，誰識斯亭可濯纓？

挽靈隱僧珏月窗

秋月只清輝，窗明人不歸。嘔心成宿病，蜕骨悟前非。書偈辭禪院，緘衾寄母闈。猿啼泉石冷，客淚爲君揮。

冷泉凭欄

陳起

此山泉石勝，還思日日登。那知三生前，不是住山僧。

靈鷲寺手中烏啄食

潛説友

靈烏渾覺不相猜，啄食翩翩手上來。自笑老軀頑似石，被渠認作出生臺。

題靈鷲

黄初菴

屋畔危岑聳佛青，客歸僧定掩雲扃。洞猿窣窣循牆過，几上偷翻貝葉經。

贈北磵

許棐

天下名山行脚遍，依然形影瘦伶俜。支吾寒暑袈裟耐，變眩烟霞筆墨靈。對客敬如堂上佛，讀書通似藏中經。石頭路滑終難到，不是詩禪莫扣扃。

冷泉亭

俞桂

步入侵雲嶺，亭高路恰平。池邊幽樹古，水底細沙明。無友詩難咏，逢僧話轉清。此中真勝地，林寂鳥無聲。

香林洞

董嗣杲

日月岩頭古翠埋，綿雲深隔洞門開。蒼藤隨石無根活，靈杞何年有種栽？氣凝野烟疑麝過，暖熏山雨誤蜂來。空亭誰領幽芳坐，雪鶴同行損緑苔。

石笋峰

異種休參玉板禪，嶄然一角立層巔。遠尖自抱雲根壯，叠蘚誰疑雨籜纏？夢裹三生空過眼，胸中千畝漫流涎。此龍難入寧僧譜，出土摩霄是幾年？

隋觀法師塔

釋遵式

五六百年内，金軀亦化塵。方知新塚土，盡是古人身。白髮争名急，青山送骨頻。除師靈塔外，一一好沾巾。

游靈隱山　釋智圓

峭拔侵霄極，靈踪不厭尋。閒思曾有夢，歸隱豈無心？絶壁烟霞麗，幽巖洞穴深。那堪思慧理，殘日白猿吟。

冷泉亭

亭幽無俗狀，清景滌煩襟。砌壓寒流淺，簷分積翠深。晚花閒照影，古木冷垂陰。凭檻不能去，澄澄發静吟。

鍊丹井

仙去遺踪在，泠泠翠岳邊。冷光涵碧甃，暗脉洩寒泉。月映冰壺淺，秋澄古鑑圓。羽人居止近，閑汲灌芝田。

冷泉獨賞寄冲晦　釋契嵩

南風掠波溪水滿，山中遊人來洗浣。獨立溪傍清興欵，更愛泉流芳草短。平生幽討貴蕭散，世道紛紜何足算！人間五月夏雲煩，相約歸來君莫緩。

香林洞

釋惟政

香林接幽洞，香乳無時滴。日暮白雲歸，擥之不可得。

鄴公菴歌

釋雲知

呼猿澗西藏石筍，丹桂蒼松達鷲嶺。幾年陳迹絶纖埃，一旦佳名出清景。山家時喜來五馬，相携欵曲空巖下。遂許誅茅結小菴，異日功成伴瀟洒。菴成可以資静觀，目前直見江湖寬。鄴公政簡每頻到，試茶笑傲浮雲端。物外似忘軒冕貴，此中深得林泉意。野人陪著病維摩，遊戲自同方丈地。芳猷從此流千載，且得而今光勝槩。

謁嵩禪師塔

釋惠洪

吾道比孔子，譬如掌與拳。展握固有異，要知手則然。晚世苦凌夷，講習失淵源。君看投跡者，紛紛等狂顛。韓子亦儒衣，倔强稱時賢。潮陵作訴語，到死不少悛。後世師韓輩，穴攘尤可憐。走名不自信，逐隊工語言。嘩然皇祐間，飛蚊鬧喧闐。田衣動成羣，怒癭空自懸。縮頭不敢息，兀坐如蹲猿。堂堂東山公，才大德亦全。齒牙生風雷，筆陣森戈鋋。隱然湖海上，長庚横曉天。作書肆豪猛，揮斤莫敢前。羣兒雖貌敬，臆論已不專。書成謁天子，一日萬口傳。坐令天下士，欲見嗟無緣。功成還山中，笑語荅雲烟。我來不及見，山水自明鮮。入門寂無聲，修竹滿空軒。永懷翛然姿，骨目聳清堅。僮奴豈知此，住此亦彌年。指余以石塔，草棘北山巔。再拜不忍去，聽此遶澗泉。吁嗟末運中，那復斯人焉。文章亦細事，清苦非所便。但愛公所守，遠相諸祖肩。遲遲哦公詩，落日滿晴川。願携折脚鐺，結茅西澗邊。歲時邏松檜，來此掃頹磚。

靈隱山次超然韻

君亦工詩苦入神，冥搜物象故應貧。客兒亭下纔相見，巾子峰前便卜鄰。梦裏筆期生蕊萼，胸中鏡嬾拂塵埃。何當鉏斧住山去，要看青原一角麟。

訪韜光祐公不遇　釋如壁

紫蕨伸拳笋破梢，楊花飛盡緑陰交。道人閉户不知處，黄栗留鳴鵲在巢。

次韻靈隱小軒

小軒容膝趣清深，只有溪風夜月侵。絡石静移春後蔓，陵霄危露雨中心。松窗舊草秋蛇帖，棐几誰賡雪子吟？他日幽人問佳致，茂林修竹似山陰。

題靈隱集句　釋紹嵩

古刹藏幽勝，山門九里松。飛空花片片，落磵水淙淙。葉積池邊路，雲生户外峰。幾回留我宿，吟到五更鐘。

張鎡　賈島　徐俛　曉瑩　鄭谷　靈一　簡長　誠齋

韜光菴

釋斯植

石澗長松行十里，杖藜從此得遲留。青霄望去山河遠，白水看來日月流。老樹葉殘霜鬼哭，斷崕雲冷洞猿愁。韜光名在人何在，千古茫茫幾白頭！

元旦領客登北高峰

釋居簡

雲繞簷楹埽不開，欄杆直下是飛來。笑看白玉芬陀利，領畧風烟又一回。

冷泉亭放閘

截住泠泠透碧沙，放開衮衮怒飛花。石疑初裂蓬婆麓，鯨擬横奔海若家。殷地皷餘翻霹靂，噴巖用壯激谽呀。憑闌小住觀流止，不獨揚瀾一笑譁。

靈隱方丈新閣

鄉來屋老拊岩稜，欲上看山謝不能。衡跨半天開複道，直從平地到危層。上方近聽嬰兒語，前塔遥分竺寺燈。昨晚亂雲收急雨，憑高如望海濤崩。

月夜遊冷泉亭

釋永頤

地靈泉上寺，松壑定深清。獨聽子規叫，況逢山月明。樹藏春洞黑，石擁夜泉鳴。日出喧車馬，終非隱者情。

冷泉亭

元　方回

寺門不須入，林磵瑩清襟。老樹幾前代，冷泉如我心。緺蘿猿接果，龕石佛添金。別有真天趣，月寒秋夜深。

飛來峰

尹廷高

湖山獨愛飛來峰，孤烟長嘯寒烟中。丹霞赤壁藏梵宇，布襪草履來仙翁。松根詰曲絡山骨，水光雲氣相冥蒙。傳流來自天竺國，攘奪造化開洪濛。吾意此語特虛幻，豈有重濁能淩空？山川大地太始奠，何假提掇迷西東。詩人好奇故踵襲，眩惑千古欺盲聾。是耶非耶姑勿論，且坐挹此亭間風。

靈隱寺二首

王惲

山緣松竹烟光潤，寺倚峰巒地位雄。憑檻忽驚靈鷲上，世間真有化人宮。

旋開僧牖觀山罷，閒逐遊人看市回。買得幾錢乾果子，步穿深洞引猿來。

游靈隱

曹伯啟

岧嶢鷲嶺梵王城，秋氣平分寶界清。火宅久居心獨苦，雲林初識眼增明。禪關已被猿參透，仙洞誰教鬼鑿成？慚負半生泉石約，暫來偷暇濯塵纓。

冷泉亭

周權

昔人來自天竺國，縹緲孤雲伴飛錫。天風吹落凝不去，化作奇峰聳空碧。至今裂峽餘雲髓，桂冷松香流未已。翠光圍住玉壺秋，不放晴雷度山趾。道人宴坐無生滅，炯炯層胸照冰雪。夜深出定汲清泠，寒猿啼斷西巖月。

古杉行題陳兵曹所藏李遵道畫靈隱道中二杉圖

傅若金

靈隱道中古杉樹，上與雲霧相膠葛。李侯一見爲寫真，霜雪蕭蕭起毫末。此杉蒼茫幾百年，鬼物扶持人所憐。貞心豈容螻蟻蝕，老榦或有蛟龍纏。山靈萬里那得致，見者皆驚棟梁器。暗壁尋常度雨聲，晴窗仿佛生秋氣。吾聞大廈衆力持，此杉誰能久棄之？君不見道邊不材木，擁腫百圍安所施？

賦得九里松送吴元振之江浙左丞

余闕

結駟向青郊，松陰九里遥。言從天竺寺，自度小春橋。偃蹇成芝蓋，蕭瑟蔭蘭橈。相送將何贈？期君保後凋。

靈隱寺

黄鎮成

路入西山窈復深，法筵應有聖僧臨。兩峰塔影天垂蓋，千佛林光地布金。牛笛儻逢圓澤語，龍宫還見閬仙吟。空中更上藏雲洞，水樂泠泠奏八音。

靈隱十詠

李孝光

靈隱寺

南洲崇西極，大山樹崇闕。經營緬齊梁，宏麗自吴越。玉水生虹蜺，金樞孕初月。稍高得縱觀，川流浄如髮。

冷泉亭

寒漪亂方樹，到景盪晴宇。濫觴側江海，盈縮見寒暑。下土方旱暵，神物閟霖雨。水上有佳人，不得與之語。

蓮花峰

怪石蟠厚地，神功謝琢飾。水深玉井凍，風多日車側。空聞涉江詠，尚見嘉樹惜。匪石有遺誡，我心不可易。

飛來峰

石室藏素猿，丹穴養元鷟。刻畫鬼力窮，疏鑿禹功舊。貝葉多蟲魚，漢玉泯螭紐。棟宇何王作？後人遂奔走。

鍊丹井

人生百歲期，乃欲此金石。鬼神守丹火，龍虎泛元液。寒泉石已凍，繁露秋易碧。往者汲井生，高峰有飛舄。

呼猿洞

猿静不自操，棲宿有常處。朝飲既在澗，暮止俄在樹。冥冥青楓林，上有飛鳥路。思爾不可見，去隱南山霧。

水臺盤

幽幽南山下，中沚有攲石。窪尊絶制度，曲流泛醪液。自鑑媿濯足，臨深懷衽席。惟應洗心者，能使百慮失。

翻經臺

高臺亦荒蕪，雲氣久已寂。伊人樹白業，後來念遺跡。蟲魚出華言，科斗藏壞壁。嗟然不可見，風雨日易夕。

高峰塔

地勢[三]傾東維，華岳持厚載。靈户俯河漢，孤標拔江海。初日謝芳暉，蜿蜒貫華采。揚舲指吴粤，遥見出晻靄。

龍泓洞

陰風肅然至，神物在洞府。電火走石間，虎氣上幽處。泄雲無時出，積雪自太古。詘[三]蟠混泥途，作解致雷雨。

冷泉亭觀猿　黄玠

俯石瞰寒泉，飲之不盈升。照影忽自笑，相看面如冰。揺揺松樹枝，山猿呼欲應。漸老筋骨疲，愛爾解飛騰。

遊冷泉亭　錢惟善

絺綌生涼坐酒醒，暫於樹底弄清泠。煮茶博士那知味，覓句扆王尚有靈。石上白雲終日濕，洞中瑶草四時青。我來不宿空歸去，夜夢廬山漱玉亭。

懷靈隱朋獨孤書記　葉顒

每憶湖山下，煙嵐半有無。西風肥芋栗，細雨老菰蒲。世事秋雲散，禪心夜月孤。輕包連瘦策，吾亦夢江湖。

閏三月四日夏仲信太守邀遊飛來峰和顧子經照磨韻

陳基

千巖萬壑響奔雷，分得西天小朶來。雲氣滿林山韞玉，松陰繞舍榻生苔。煙霞遠蹟何當遂？猿鶴留人未擬回。今日使君蘸白葦，醉歸城路近三台。

冷泉亭觀猿

張昱

舊從巫峽看猿挂，此日山中復見之。黠與樵蘓争墮果，捷於風雨下高枝。月沉夜澗魂先斷，風攪霜空叫轉悲。應記往年梅嶺事，玉環付與老僧知。

和僧遊西山

張雨

我愛飛來與靈鷲，空洞嵌岩争穴穿。壞衲深依蕭寺住，老猿寒抱白雲眠。百年山中皆樂土，二月江南惟漏天。遲晴一過繙經室，肯爲挈壺從幻仙。

至正十五年五月十三日翰林學士黄公晋卿福建廉使貢公泰甫訪予靈隱蓮峰堂泰甫有詩因次其韻

釋至仁

蓮華峰頭梅雨晴，閣老聯鑣尋友生。衣冠慣識烟霞舊，龍象争看奎壁明。海上留衣韓子意，山中沽酒遠公情。詩成珠玉寫厓石，出林一咲天風清。

絶句五首荅靈隱竹泉和尚并簡徑山古鼎禪師

昔别中峰下，江南春雨時。每思相送處，黄鳥囀高枝。

二

十載不相見，浮雲無定居。荆吴千里意，鴻雁一行書。

三

佛日峰頭没，真風劫外吹。千年甘露味，總在木瓜枝。

四

鷲嶺宗風盛，龍門道望尊。不知滄海月，還照脊令原？

五

梅花如白玉，江上吐寒香。南國鶯春至，思君空斷腸。

次韻送智西堂歸靈隱

釋清珙

一榻平分鑑古軒，熏爐相對坐忘眠。山林禮樂無今昔，時節因缘有變遷。樹影高低深夜月，猿聲長短五更天。兩冬不得梅花信，又約梅花到冷泉。

冷泉亭

釋德净

佛國煙霞境，飛來不記年。山空聲自荅，樹密影相連。厓裂藤垂澗，峰高塔近天。幾番鐘鼓動，驚起定僧禪。

九里雲松

明 凌雲翰

九里閒雲萬樹松，經行記得舊時蹤。黄金曾飾宋儒字，蒼狗豈知秦代封？風露横陳鳴鸛鵲，波濤澎湃舞蛟龍。我來朗誦靈山句，清氣飄飄欲盪胸。

冷泉猿嘯

飛來峰高多白雲，野猿啼處夜將分。三聲忽向嶺頭渡，一個真如峽口聞。哀雜澗泉遥歷歷，清和蘿月白紛紛。亭中白傅曾留記，明月重來看刻文。

靈隱十景

貝瓊

蓮花峰

亂雲交靃靡，孤石竦岧嶤。地識金仙隱，岩看玉女朝。香爐分秀色，太華並高標。恐有峩眉雪，千秋尚未消。

龍泓洞

遠通羅刹國，近接梵王臺。海客然犀入，山人採乳回。林間無日月，地底有風雷。聞道蜿蜒去，寒潮自往來。

葛洪井

洗藥源頭路，通人有石門。水涵青璧静，雲與紫霞奔。鼓翼朝飛鳥，連肱夜飲猿。仙翁今不見，濯足弄潺湲。

合澗橋

横水東西落，幽人日夜過。宛宛龍赴壑，隱隱鵲填河。緬想赤城路，潛通滄海波。遠公不送客，芳草澗邊多。

連岩棧

危棧梯空上，人行杳靄中。險應逾鳥道，幽已出龍宫。日月三天近，風雲一徑通。何時倚飛翠，極目送孤鴻？

飯猿臺

猿父識猿性，身與羣猿居。應同支遁馬，豈識狙公狙？共息貝多樹，時分香積厨。黑衣今不至，長嘯意如何？

夢謝亭

相傳謝康樂，曾寄杜明師。此客今爲土，何人更解詩？山空黄葉墮，歲久緑苔滋。日暮高亭坐，悠然動我思。

理公岩

山僧住上方，高處更蒼蒼。不雨雲煙濕，長春草木香。削成看小朶，幽絶擬空桑。漫識跏趺處，白猿今亦亡。

題名塔

雁塔高千尺，東南遠建標。江山留過客，日月記前朝。鐸受天風震，梯經劫火燒。四賢誰復繼？千古意寥寥。

呼猿洞

白猿呼不至，洞口白雲重。澗落經霜果，崕留挂月松。相傳來萬里，獨嘯應千峰。碧玉環猶在，何人識舊蹤？

雪蓬[四]小朵歌送奎方舟還靈鷲

蓬婆雪嶺高雀嵬，橫絶青天飛鳥回。山中小朵更奇峭，石作蓮花千葉開。巨靈擘山斷山脉，一峰夜雨東南擲。千金乾竺空有名，萬里蛾眉盡無色。攢青叠翠分西湖，洞口白猿猶可呼。咸和之年有慧理，卓錫尚愛飛來孤。木杯高僧兩眉雪，身如濁水青蓮潔。繙經石上不知年，桂子年年落秋月。

次韻靈隱復見心長老見寄兼簡汾禪師

高啟

高堂鐘皷毒龍驚，曾布袈裟海上城。廬岳禪師傳法印，道園學士許詩名。幾趨北闕瞻天近，獨坐南屏對月明。書到喜聞雙徑老，雨花新散滿瑶京。

送僧恬歸靈隱

遊方應未久，柳色變新年。在路逢春雪，還山訪冷泉。鐘催投寺錫，燈照泊江船。去意休多問，無言即是禪。

寄靈隱良汾二長老

張羽

兩禪相對一燈懸，鷲嶺龍宫地悄然。七百年來無好句，泉聲空繞寺門前。

寄靈隱寺不虚上人

卞榮

禪窟儒流得妙傳，千番貝葉寫詩篇。前身不是韓京兆，今世相逢賈浪仙。花氣滿湖熏晚酌，雨聲連日惱春眠。明朝候我來靈隱，掃榻焚香石供前。

理公巖

陳贄

蘿龕曾結傍山根，聞有於菟爲守門。施食臺荒花自落，翻經人去石猶存。雲遮湖上山千叠，月照巖中像一尊。鄰寺今餘幾僧在，數聲清磬送黄昏。

合澗橋

緑樹層層怪石重，東西礀遶梵王宫。橋間流過雙溪合，雨後聲喧萬皷雄。遊客乍聞成久立，老禪無聽似真聾。碧闌我昔曾來倚，俗累都教一洗空。

閣文振方伯王景端都閫諸公公餞靈隱寺

程敏政

錢塘門外日初紅，萬頃湖光一境空。白塔蒼松山向背，畫船垂柳路西東。放生字識唐遺碣，行在名傳宋故宫。弔古有情詩不逮，一林啼鳥自春風。

飛來峰下舊祇園，勝覽平生第一番。方丈雲深疑伏虎，洞門風冷罷呼猿。天開圖史丹青筆，水雜游人笑語喧。相對東皇須盡醉，一時那得聚高軒。

偃蓋松間載酒行，才驚飄泊過清明。五年别向兹山會，兩月春無此日晴。石古誰參圓澤偈？井枯猶帶葛洪名。酒酣又是分攜處，情比江潮晚未平。

登韜光菴遇雨

趙寬

層層林樾繞羊腸，千仞廻盤入上方。城市紅塵應洗盡，更教疎雨動新涼。

送祥公歸靈隱時劉完菴作古感慨有作

沈周

飛花送酒春三月，芳草留人雨一川。蠟燭未銷香炷在，舊遊如夢話前年。

韜光菴

史鑑

韜光古精舍，遠迹西山岑。岡岫屢廻複，雲嵐杳深沉。流泉激修竹，綠蘿被芳林。密葉翳朝陽，芳柯承夕陰。杖策遵微徑，逝將支遁尋。行行未易即，遥聞鐘磬音。徙倚絶塵想，冥思諧道心。搴芳詠招隱，松風和悲吟。

冷泉亭口號與劉邦彥别

君去我獨留，持杯勸君酒。明日虎跑泉，還來看山否？

題靈隱祥禪師所寄扇

山月窺人色皎皎，松風振瀑聲泠泠。匡床醉倚忽驚起，老僧時誦《楞伽經》。

韜光次白香山韻

董澐

磵道盤廻上，菩提自一家。竹分泉過嶺，藤附石開花。問臘看松樹，休糧倚蕨芽。瓦鐺明月夜，木客爲煎茶。

靈隱寺

朱朴

合澗橋頭水，飛來洞口山。鳥盤蒼壁影，僧掩翠微關。松露晝還滴，巖花秋更斑。一年嘗一到，一到一忘還。

靈隱寺贈静公

徐禎卿

聞有千年寺，長松信許深。冲虚半樓閣，落日更登臨。舟楫窗中小，藤蘿天際陰。江流明暮靄，石澗響空林。蟠據雄都會，風烟異古今。幽真余有慕，詩義爾能尋。雲翼無言健，淵魚本自沉。終期白蓮社，來就玉山岑。

飛來峰同楊凡川玉[五]碧巖侍御宴

邵經邦

靈鷲山峰擁世尊，諸天玉女似兒孫。空山石竇移雲足，響谷巖風斷雨痕。驄馬動揺初出郭，錦帆羅列駐深村。不辭迂遠隨流水，細酌松花月滿尊。

繙經臺　張芬

南本繙經處，風流謝客兒。明霞傳嘯語，止水澹須眉。河岳歸雄伯，塵沙禮導師。荒臺有遺跡，千載見殘碑。

北高峰　張時徹

複嶺盤青漢，危峰峙碧空。赭霞標海樹，日月走江虹。桃片千巖落，松陰萬壑重。紫薇真可到，脱屣會相逢。

游飛來峰　張瀚

長松十里晝陰重，引入飛來第一峰。洞裏紫霞明日月，天邊青靄插芙蓉。小橋不斷横溪路，古寺先聞隔樹鐘。戀賞頓忘城市遠，歸途幾處暮雲封。

訪岣嶁山居　茅坤

將軍少擊劍，恥與世浮沉。獨著黄冠去，言依青嶂深。林中看虎嘯，花外聽猿吟。誰謂閉關久，猶逢空谷音。

飛來峰　王世貞

濤聲不斷舞蒼虬，忽爾巑岏萬玉抽。劫盡修羅移佛土，願深阿育湧南洲。懸崕宛轉疑龍藏，叠嶺鶱騰盡鷲頭。自有真如飛不去，幻軀天地任沉浮。

千佛閣

靈山高閣迥，千佛一燈傳。萬古西湖月，年年照冷泉。

岣嶁山房客至留飲

李元昭

峰巒開霽景，洞壑斂春陰。蝶粉霑花面，蛛絲繫草心。青霞飛醉盞，白雪汎鳴琴。且盡山陽賞，無勞問解簪。

游靈隱寺夜宿澗西房飛來社詩帖

祝時泰

九里入松陰，山門隱雙樹。南北兩峰高，鷲嶺英靈聚。兹遊詰夙期，年光暢春暮。僧筵飽園葵，隨雲散幽步[六]。石橋度鳴泉，荒苔澗西路。别搆烟霞深，巖巒迥廻護。茶鼎分龍團，八窗藹春霧。日夕映晴嵐，月明濕華露。萬籟此中寂，能使初性悟。黄粱夢已醒，白髮心何慕？明發期復來，山中有真趣。

又

高應冕

宴游遵山阿，珠林開遠嶂。横空聳絶壁，兀突奇千狀。與客窮攀躋，逍遥得前賞。掃雲坐巖石，嘯歌出天上。覽物眷彌重，撫化心超曠。曲徑既窈窕，葛巾亦踈放。日落峰廻陰，谷空泉逾響。月升澗西樹，水光同蕩漾。愛此佳景幽，穿林復長往。鳴鐘老僧候，聽經鳥相向。握蘭徒結勤，此志孰與亮？禪關且莫閉，分燈同偃仰。

又　王寅

朝耽靈山遊，慕適澗西住。別搆分禪關，仄徑引叢樹。瀑泉奔橫梁，晴雷倒飛雨。厓峭綴軒窗，地偏剩幽趣。谷氣嚴春寒，月明徹秋素。蔬酌良夜歡，蘭襟嘉朋聚。何必遘道林，高談盡元度。詞社振希音，烟霞本深痼。任性矢終年，勞生戒所誤。塵網既近人，還當縱遐步。

又　方九叙

厭諠慕幽棲，惜陰耽夕憩。梵宇枕山阿，層巒延遠睇。水石互清華，松篁紛蔽翳。緑澗蔭芳椒，依巖搆禪砌。嵐翠罨簷牙，靈籟響雲際。曖曖日將頽，凄凄風且曀。稍覺朝歡闌，還因宵賞滯。高閣謝塵囂，流泉澄夢寐。況復偶羊何，寧須狎支惠？尚子欣遠遊，嵇康慵作吏。苟非賢達人，詎知身似寄？

又　童漢臣

哲朋遘良晤，琳宇託深寂。鐘磬激冥靄，松藤挂禪寂。高澗駛雙流，層峰峙千石。唱誦傚維摩，莊嚴仰帝釋。雲蟄試龍鉢，月皎呼猿夕。沙界儼三千，根塵覃八百。展榻乞伽單，茹齋咲芝柏。丈室羅廣座，普願參十力。吁嗟畏途子，俛仰迅駒隙。真理苟不悟，飈輪安可息。

冷泉亭

王穉登

暮[七]瀑流花急，春流飲鹿渾。潺湲一片雨，終日在山門。

自玉岑迤行入靈隱次秦冰玉山人韻

黄汝亨

愛此長林好，相携朝爽行。流泉清瀝瀝，遠樹緑盈盈。乍展秋容媚，微窺午影明。深山惟鳥道，古路有松聲。取徑非新得，探幽覺妙生。勝遊矜道侶，靈境儼曾城。便倚雲峰卧，徐將竹葉傾。醉餘譚未已，初月澹前楹。

人日同匡山諸子集韜光菴分得山字

樊良樞

春回雙樹欸柴關，勝日同人一共攀。風引磬聲花外轉，雲依泉響竹間還。僧窺蘿月禪心冷，客醉梅花吏事閒。清興坐深忘漏永，相將晨策更登山。

黄貞父孝廉講授靈隱山中寄訊

錢希言

學士題詩處，山阿直待君。鷺濤窗外雪，鷲嶺幔中雲。取水猶刳木，炊烟只飯芹。客嘲何必解，行有薦雄文。

靈鷲看紅葉期沈無回不至同吴伯霖鄒孟陽方回嚴印持聞子與小飲冷泉亭解后邵古菴江邦申分韻得山字

李流芳

故人紅葉下，頻期來此山。經旬始載酒，惆悵不同攀。邂逅愜心賞，歡焉開客顔。寒巖愛晚氣，移席臨溪灣。泉光照酒白，木葉上衣斑。况接隱者論，暫令人意閑。

同聞師兄鮑谿父登北高峰宿絶頂僧舍即事

程嘉燧

雙峰徑轉石林蒼，携客捫蘿宿上方。澗飲斷虹明積翠，湖飛片雨亂斜陽。東來島嶼吞江郭，西去雲山指故鄉。夜久禪心同寂歷，松風諸嶺一何長！

九里松

水流花落竹陰廻，石路人稀空翠來。元是游春看松客，共穿香店摘青梅。

入韜光

灌木夾修篁，泉聲緣澗長。自同籃轝入，更喜酒瓶香。笋切雲根白，瓜淘雪乳凉。老僧宜野性，敧倒共繩床。

坐月金蓮池

竹根松月白泠泠，暗石荒藤坐小螢。却笑林僧也歸去，夜泉何事不同聽？

靈隱夜歸二首

桑路沙中盡，峰陰松杪多。稻香明露葉，溪雨颭風荷。

又

霪霪夏雲裏，僧窗殊可留。前山有飛電，催上採菱舟。

庚午冬游韜光

文震孟

斜陽竹樹影蕭蕭，獨有幽蛩破寂寥。萬境不波心似水，滿庭紅葉映山椒。

迴龍橋

錢千秋

鷲嶺東來跨石梁，冷泉飛濺定中香。橋邊曾作靈山會，小閣長熒佛火光。

岣嶁山房

姚思孝

披[八]户無人至，如探晝半縑。竹香容我飽，雲液許君廉。浪語何妨韻，幽囊隨意添。仙凡俱是障，坐此即安恬。

登韜光

梁以樟

四山青欲下，衆樹密難名。時有竹光入，遠聞泉水聲。鼯抨石子落，猿挂翠微行。對境忘言說，幽情去復生。

青蓮山房即包莊

陳繼儒

名園極華麗，反欲學村莊。編户留柴葉，磊牆帶石霜。梅根常塞路，溪水直穿房。覓主無從入，裴徊走曲廊。

又

主人無俗態，築圃見文心。竹暗常疑雨，松吟自帶琴。牢騷寄聲伎，經濟儲山林。久已無常主，包莊説到今。

偕倪鴻寶朱美之邵先之施嘗方陸夢文姚有僕何壽平過西泠抵玉泉同入靈隱登韜光有作

黄道周

玆峰久不到，重到倍岧嶤。慧力歸真宰，頑心獨老樵。村烟未破面，野竹尚尊腰。欲就此中宿，聽松試當潮。

上韜光道

陳子龍

澄氣發層徑，午峰秀披扶。孤亭喬木下，散曠存清娱。水涸溪尚静，雲暝山復殊。廣堂鬱朱草，别澗生青蒲。懸輿攀絶巘，返杖送嶇途。迭映媚樵路，虚折限人區。幽篁叠娟姿，飛泉歷虚無。鳴鳥谷中怨，巢鼪松際俱。高閣抱雲氣，迢遞開江湖。四山闃無人，秋響相奔趣。物慮勞光采，遐心適可符。

岣嶁山房翠雨閣

汪姬生

躭僻幽人搆此樓，岧嶤怪石澗西頭。寒生六月疑飛雨，短葛輕綃未可留。

晚尋岣嶁山居

張遂辰

寺石岣嶁宅，厓盤路不窮。穿林人踏葉，響地水連筒。草閣寒雲半，石橋秋澗中。早看蘿上月，一片墮松風。

靈隱磵中坐冷泉亭作

靈隱由合磵橋而北，巖洞窈窕，屈曲通明，峭壁玉削。雜木壽藤，倒懸斜倚，根懸石外，紅碧蒙幕，一路抵寺門爲佳絶。寺門翠屏環列，下臨溪水，冷泉亭踞其上，波澄黛蓄，淡然意深。

靈鷲最幽隱，翠壁寺門前。磊砢百千石，一一青蘿懸。石邊殘雨晴，新緑洗新泉。衆香發深磵，山氣彌静專。況彼長松外，凉影何瀟然！鳴禽不知處，忽爾下空煙。我欲理古曲，遺音誰與傳？恍逢白居士，亭上方醉眠。

從磵西上韜光

韜光由澗西盤折而上，徑仄谷寒，筧泉潺湲，多蓁灌蘿蔦，承翳日光。每踞石小坐，廻風墜雨，幽不可禁。昔以樓觀海日、門對江潮爲勝，蓋勝在攀躋，不在眺望。

鷲宫已深隱，古路尚密茸。乃復更西上，屢折得奇踪。斷橋接空磵，泉竹響淙淙。我來畫孤冷，境清難久從。山風下横照，石雨墜幽松。蒼蒼不可極，時聞隔湖鐘。即此正迥絶，遥心迴且重。詎矜江海觀，何地無高峰！

冷泉猿嘯西湖八景之一

無名氏

冷泉亭下北山陲，曾見雌雄共引兒。慣聽山僧朝説法，能隨木客夜吟詩。松坡日暖人遊後，蕙帳風寒鶴怨時。惆悵遺音無處覓，竹雞啼老野棠枝。

虚白亭

釋來復

洞然一室生虚白，包括須彌百千億。卧遊恍訝玻瓈宫，幻出諸天帝青色。常作清静觀，廓達含太空。水晶寒映座上月，玉氣晴射窗間虹。神光圓照徹中外，萬物朗融無隔礙。空明一色鏡涵天，觸目如居啖摩界。我坐此室依靈光，閻浮大樹多陰涼。門開冷泉境，路入無何鄉。道人不起那伽定，夜明簾捲當銀潢。扶過毘耶城，趨出摩竭方。身本無來亦無往，安用三千獅子牀？可知有相皆非實，明暗色空誰辨酌？莫教童子窺習禪，誤作水光投瓦礫。埽除聖解并凡情，純清絶點泯見精。忽驚兜率海天曉，紅輪碾破琉璃青。

虞僧孺辟穀靈隱山賦寄

釋如愚

不飯凡僧飯聖僧，若爲辟穀碧山層。洞雲溪水皆相食，却道人間飽愛憎。

癸酉同僧彌游韜光己丑初夏重來遇慧光禪師屈指十八年矣爲賦此詩僧彌已亡不勝今昔之感

國朝 吴偉業

峰斷江天豁，樓高海日紅。鬚眉千丈雪，衣被五株松。扶杖孤雲裏，開窗暮雨中。聽泉還洗鉢，好作浄名翁。

宿靈隱贈晦公

侯汸

古亭鳴澗記來真，忽見澄潭映碧新。劫火再興靈鷲寺，儒宗今現法王身。松臺印月知何夕，禪榻移燈話昔塵。私愧支硎雞足老，浪拋二十二年春。

再過靈隱寺贈三目上人

張綱孫

雲門夙昔透禪機，又向蓮峰麈尾揮。座下不驚狂象舞，潭邊常見毒龍歸。殘鐘石語三車法，涼露香生七寶衣。自喜陶潛來入社，登樓重宿白雲扉。

冷泉亭

曹溶

寺門羅衆嶺，邀我入盤雲。天地深無象，溪山緑未分。遥空飛磵坼，清梵老松聞。幽意何人覺，沙邊問鶴羣。

上韜光

十年重作冷泉遊，絶頂依然架竹樓。輸與道人閒坐穩，春晴天濶數江鷗。

獨過韜光　周亮工

寺裏登山去，韜光景色偏。空林無垢葉，絶巘有清泉。此地真岑寂，看人自往還。蕭然茶話後，吾意已逃禪。

遊韜光用關六鈴韻　王士禄

岧嶤靈境愜探尋，徑轉時聞谷鳥吟。廚溜引泉銜澗過，齋鐘出寺到山深。飛飛戲蝶捎荷葉，颯颯鳴蟬散竹林。司馬遊來成倦客，一椽還擬寄幽岑。

遊韜光　笪重光

探幽策危磴，石頂得寒泉。坐對不知去，身世兩悠然。

偕諸君過靈隱寺雨宿松靄山房限韻二首　朱彝尊

湖[九]雲乍合山雨微，平岡細路風吹衣。過橋幾處甎塔湧，到寺一道巖泉飛。斬新白花蕊照眼，依舊青竹園開扉。攀蘿捫葛信公等，我與僧彌暫息機。

正喜餘霞射東谷，何期簷溜滴階頻。且貪是夕翦燈話，判作來朝著屐人。慧遠酒邊能發興，周顒肉罷詎生嗔。貓頭之笋一飽足，況有青青鴨脚芹。

松靄山房六咏

四松逕

松子落五粒，松釵横十尋。我來凡幾宿，夜夜警皋禽。

山茶院

二十四春風，一百五寒食。自開雪中花，至今好顏色。

清籟居

一夜雨鳴樹，不知雲幾重。推窗看曉色，對面北高峰。

西　磵

山僧斸茯苓，洗此西磵水。宛轉流樹根，涓涓鳴不已。

栗　園

布葉密如櫟，結實小於榛。時有芻尼至，翻飛不露身。

竹筧

流泉半嶺來，續以青竹管。穿過白花籬，忽注僧廚滿。

韜光　嚴繩孫

遲識韜光路，幽修愜晚尋。竹分諸院水，林合數峰陰。風雨丹楹古，莓苔緑字深。静看前輩語，遠愧百年心。有吾鄉高忠憲公詩。

靈隱寺

舊知靈隱寺，此日足幽尋。自昔傳飛錫，于今尚布金。江流消劫火，山響荅潮音。桂子丹崕古，蓮花碧殿深。到來惟瀑水，近處即長林。夜誦聞猿語，朝参見虎心。未能捐慧業，已是異塵襟。落日荒荒去，春烟細細沉。秖[10]應掃花雨，息影鷲峰陰。

遊韜光菴　秦松齡

復與諸山異，藤蘿一徑通。鳥歸孤寺外，人在百泉中。竹密亂生緑，林踈間落紅。坐來殊自失，何處置微躬？

雨宿韜光　潘耒

山行晴復雨，小住亦爲佳。瀑怒欲崩屋，雲寒時墮懷。爇松便静坐，煮蕨稱清齋。豈必吾廬好，巖棲願始諧。

冷泉亭和蓀友樂天留仙　陳祚明

峰插蓮花峻，泉豬[一]德水清。石從天上墜，蘿掛鏡邊生。澗響孤亭逼，松風列岫横。來游軒冕客，遂有掛瓢情。

癸亥五月三日同次谷過韜光留題　沈受宏

我從此地尋精藍，幽勝最愛韜光菴。泉聲竹色轉曲磴，絶頂一望窮東南。湖作杯盂江作帶，諸峰雲氣相吐含。鷲嶺却在山腳下，濃青萬樹浮烟嵐。快哉高閣豁窗牖，仙竈遺蹟同禪龕。菴中上人我舊識，彈指十載過門三。老者修髯致瀟洒，少者騷雅頗足談。我來蔬筍輙具飯，所喜煮茗多芳甘。空囊那得金布地，破費香積應懷慙。此别匆匆適閩粤，炎天遠道愁難堪。回思靈山隔塵外，清景月嶂兼風潭。明年定期襆被到，坐卧十日依瞿曇。

丁巳嘉平遊韜光　王撰

攀蘿探絶勝，高視極長空。海色晴嵐外，江流宿靄中。竹深千嶂静，寺遠一泉通。輸與棲禪客，清吟思不窮。

斑衣園[二]懷古二首 韓世忠别墅　吴農祥

夾岍芙蕖合，陰崕薜荔踈。角巾依石室，高枕倚雲廬。故國多戎馬，將軍狎蹇驢。清涼老居士，問訊更何如？

又

尚見思陵記，樓臺有御題。威儀開輦道，曲折向丹梯。導騎還持蓋，高僧共杖藜。名園有勝賞，日日醉如泥。

夏首登韜光

趙吉士

澗水依山曲，層陰失晝天。一樓浮海日，百雉接江烟。篠簜留春意，松杉結大年。此間棲託好，聚石與談禪。

韜光夜坐

厲士貞

曲[一三]磴隨溪折，巖高衆勢供。泉聲不斷壑，樹影若連峰。石静留雲宿，樓虚待月封。清心忘就寐，松響入山鐘。

坐金蓮池上二首

汪懋麟

春去才逢一日晴，深山四月喜間[一四]鶯。忽來小閣驚飛雨，却是山泉滴瀝聲。

韜光絶壁好禪關，今古游人自往還。何事題名留片石，高吟只數白香山。

冷泉亭

此亭不厭百回坐，一杖還從四月來。遊女漸稀山寺静，渚禽初下夕陽開。泉聲雨後響尤急，梵唱晚來心欲灰。忽憶蘄王舊時事，跨驢攜酒亦悠哉。

韜光呈晦公　　柏古

靈鷲萬峰頭，踈鐘出寺樓。江湖烟外渺，巒嶂檻前收。泉亂晴疑雨，松深夏欲秋。天空飛野鶴，振翼遶滄洲。

晨步韜光道中示移暉上人　　陸繁弨

苔徑淩晨步，籬花帶露垂。溪雲流不盡，海日起何遲？往事每多悔，他生未可期。不如歸白社，杖履日相隨。

靈隱寺　　王又旦

碧殿金鋪十二重，講筵坐繞百芙蓉。道人不解風旛論，獨愛門前六二峰。

晚過靈隱寺訪晦山和尚　　宋曹

曳屐夕陽動，踈鐘晚寂然。黑猿窺古佛，紅樹鎖飛泉。道氣千山外，秋風一杖前。不須復登眺，飯罷學安禪。

宿靈隱妙香上人房　徐延壽

雲藏孤寺迴，北面見高峰。石色埋蒼蘚，泉聲戰亂松。泥香花下屐，月冷枕邊鐘。僧恐明朝雨，呼歸鉢底龍。

韜光[一五]　湯右曾

澗橋徙倚老松根，肅肅岩扉晝不喧。坐覺清風生石壁，行窮修竹見山門。依依烟郭江光繞，點點林鴉海氣昏。却怪白沙春漲濶，遊人指點説潮痕。

遊韜光贈山止上人　王原祁

捫蘿歷磴倍添幽，乘興還須到上頭。竹樹平分雲外出，江湖一望閣中收。山僧欲話當年事，刺史空傳昔日遊。爲愛嵐光應惜别，愛君佳句更淹留。

韜光看泉　繆彤

潭影當窗静，泉聲入竹幽。晴時長帶雨，夏日竟同秋。花有金蓮放，魚多赤鯉游。香山詩句好，讀罷向林邱。

冷泉亭　李德

一脉西山水，分流過此亭。凭欄諸念冷，倒影衆山青。花落憐春色，人來是客星。乾坤餘我嬾，白眼爲誰醒？

同邵宫詹靈隱寺觀説戒

龔翔麟

前游詩債未曾勾，又向湖邊上釣舟。靈隱寺前天竺後，緑肥紅瘦麥初秋。寶馬香車赴道塲，華鯨法鼓震僧廊。風流二老閒相挈，也趂藂林灌佛忙。

石筍峰

石筍槎牙勢，分明走籜龍。欲排霄漢上，時有白雲封。卓筆誰相擬？采芝人未逢。再來猿已熟，拄杖得從容。

九日飛來登高

張孺懷

良朋九日共相招，一徑攀崕倚碧霄。漁浦霞明當落照，海門風急上秋潮。重巖細菊開樽得，絶澗飛泉出樹遥。歸路上方鐘磬晚，松陰竹色冷蕭蕭。

靈隱訪諦暉和尚

邵錫申

六橋迤邐虎溪深，三竺岧嶤龍樹陰。石湧樓臺排漢出，潮廻鐘鼓帶星沉。高僧廬阜開蓮社，才子魚山賦梵音。借問西來何所道，洞門閉鎖白雲心。

上北高峰
譚宗

登山便不慵，摟起北高峰。曉塔眠雲鳥，春泉養洞龍。海風朝影殿，天樂下踈松。一自西陵别，那知此地逢。

癸巳孟夏游韜光菴還坐飛來峰下作呈山公開士
王式丹

層巖岝㟧俯清流，騁目登臨占上頭。近郭烟横不斷樹，隔江山入最高樓。窗摇竹色精廬近，門聽潮聲古刹幽。坐玩奇峰不歸去，欲移家具住杭州。

甲申九月廿七日宿韜光作
查嗣瑮

夜氣初澄萬里秋，尺吴寸越兩悠悠。忽驚紅日當窗起，天外金光海一漚。

靈隱寺
顧嗣立

高峰勢插天，北有青蓮舍。石橋俯碧溪，澗草青可藉。入門寒颼飀，陰鬱類長夏。江聲走雲根，湖光流樹罅。猗歟梵王宫，仙居誰與亞？魚鱗排屋簷，蘚磴任淩跨。佛殿敞以宏，講堂清且暇。徐行入佳境，悠然如噉蔗。穿厨繞曲房，石上寒溜瀉。山春草木香，嵐氣争變化。巖半一聲鐘，飛墮石梁下。

遊雲林寺

大中丞常諱安[一六]

武林山水自天開，牽率遊人往復廻。石笋楊梅爲輔翼，蓮花月桂是輿臺。泉多咽砌供猿浴，松[一七]老留雲任鶴偎。慚愧香山白太傅，政閒數數入山來。

秋日與程風衣坐冷泉亭

寺門臨石瀨，秋葉響楓林。嵐氣變朝暮，溪光自古今。危亭面峭壁，偃松羅清陰。接飲有山猿，對啼多野禽。日影不得到，烟靄空蕭森。冷態異濁流，塵囂任浮沉。鑑兹寒碧色，寫我清曠心。與子成舊侶，閒坐發幽吟。憶登釣臺上，懷古覓知音。

飛來峰尋理公飯猿處

秋雲壓徑山木秀，清霜點苔石痕瘦。老樹垂藤百丈懸，瀑飛寒玉環峰走。白猿何處叫西風，夕陽洞口烟濛濛。聞道當年僧慧理，齋餘香飯施猿公。飯猿有臺儼壁立，我來不見衆猿集。冀於月夜得聞聲，不似巫山韻悲咽。理公理公導禪津，頑石點頭猿亦馴。鷲峰終古不飛去，花龕深處四時春。

壬戌秋日偕程風衣陸虚舟遊韜光菴

金天氣森爽，晴光媚秋容。西流大火盡，百卉零露濃。幽興窅然發，遠欣二客從。登舟復攬轡，迤邐循高峰。雲林暫休駕，鷲嶺插層空。言尋古巢塢，紆廻一徑通。松篁飫眼碧，楓柟染未紅。捫葛叩禪室，澗泉響淙淙。老僧具袈裟，迎我蓮池東。趺坐嗅妙香，清涼心地融。小蛇名蜥蜴，出没未化龍。與語多微諦，潛心南北宗。相邀登傑閣，恍若跨蒼穹。四望渺無際，肯惜目力窮。江濤與海浪，如聞聲洶洶。衆峰兒孫立，湖水一盂同。亭午日色淡，古甃鳴寒蟲。老僧呈詩籍，始自香山翁。沿革六七代，留題盡名公。就中論佳句，頗覺時賢工。蒞浙斯遊最，所嫌太匆匆。回瞻杳烟霧，落日已下春。率客返歸路，林鴉噪夕風。舟中仍小酌，擬咏繼前蹤。

觀雲林寺竹竿引泉

山腹流泉漫浩浩，穿雲絡石縈蘿島。琮潺聲落梵王家，錢源龍濶東西抱。林坡犖确寺後斜，山僧競把泉源討。截竹刳心曲折通，挽得銀河落晴顥。跳珠走玉響泠泠，不與溪流争故道。涓涓滴滴入香厨，餘波猶得灌瑶草。漢陰老人憎桔槔，此方更比桔槔巧。試看齋鉢溢清泉，海衆不愁生熱惱。

秋日同程風衣遊飛來峰

秋霜拂拂襲衣寒，靈鷲峰頭木葉丹。浮世易隨駒隙過，與君同作畫圖看。山空四面皆通徑，泉冷終年不起瀾。莫謂宦途多逸興，良朋好景欲并難。

秋日登北高峰

虎林最高峰，勢欲摩青蒼。衆峰如兒孫，羅列侍四旁。分星侵斗度，占位居坎方。火雲秋不收，海氣騰朝光。澗流汩汩響，野草霏霏香。探幽性所便，陟巘復緣岡。彎環三十六，拾級褰衣裳。須臾臨絶頂，極目高鴻翔。慈壇廢已久，禪扉亦荒凉。殷勤懷古意，四望空茫茫。舍策坐團蒲，安所得壺漿？路遥恐莫致，悔不理游裝。宦遊四十載，寓目皆難忘。斯地愜素心，信稱雲水鄉。小詩聊記事，但愧不成章。

冷泉亭

峰下流泉泉上亭，泉聲亭影鬭清泠。石危長倩松根護，澗響難教俗耳聽。月照洞中猿浴子，葉飛嶺畔鷲梳翎。我來倚檻觀魚樂，時有天風語墖鈴。

早春陪彭少司農石源遊雲林寺

北峰之麓靈鷲前，龍宫丹碧護泠泉。蒲牢一聲集緇侣，法螺香梵傳諸天。幽境四時宜探討，當春巖壑鋪芳草。花綴柔條爛熳紅，鳥鳴高樹圓吭好。我有嘉賓佐大農，書林武庫羅心胸。自是西清著作手，曾持玉尺衆所宗。臘日浙東有疑獄，詔命我公理直曲。片言初讞稱平允，賓筵乍啟悵歸促。請公乘輿作閒遊，問水亭邊上小舟。九里松陰迎節蓋，行行直到澗西頭。古寺稽年始晋代，雲林宸翰輝朝采。海氣遥升日氣中，江聲時雜鐘聲内。懷古登樓思渺然，延清佳句至今傳。延清，宋之問字。試憑鏡檻觀魚樂，不覺塵氛盡棄捐。共言此遊乃良覿，道合心同情更適。公如有意記長篇，山靈應喜百朋錫。

癸亥仲春八日陪少司農彭石源重遊韜光和白香山蘊東坡韵二首

我來曾叩此禪門，秋葉春花景自分。冰泮蓮池分浄水，光生佛頂覆慈雲。離離雪影當窗見，隱隱松聲徹耳聞。同上羣峰最高處，頓將塵慮釋糾紛。

紆廻竹徑疑無路，掩映杉扉却有家。束縛久如轅下馬，登臨暫去井中蛇。野鳶日暖争修羽，仙杏風和漸著花。嘉客莫嫌生活淡，冷泉亭畔酒帘斜。

重九前一日偕友游韜光

沈元滄

翠竹丹崕仄徑通，昔年曾宿此山中。寒泉聲裏三更月，晚桂香邊一笛風。不待逢仙悲往夢，久思投社作禪翁。吟殘茗枕消閒日，未識高人許我同。

題雲林寺

張卿雲

六朝金粉屬蒼茫，鷲嶺嶤嶤直指堂。不是五丁輸鬼斧，何由千佛剩靈光。猿聲實帶湘江雨，桂子終留月地香。百劫紅塵飛不到，欲將心印問空王。

同巨觀游韜先

景星杓

初從雲林登，俄就石橋轉。曲磴屢廻互，叢篁倏隱顯。攬衣徑烟緑，穹然造絶巘。不知天復高，下視羣峰淺。孤竈栖一泉，南楹面雙筍。小留巖桂側，翻經談奥典。且從龐眉僧，苔龕午供飯。

冷泉亭看水

吴焯

陡覺寒聲起翠陰，隔溪銀竹映森森。幾棱石齒鎖巖脚，萬簇雪花飛水心。雁蕩成秋通海尾，魚山有梵聽潮音。不知此地頻來往，便我中宵冒雨尋。

寧峰院晤潘朗君兼看徐杉亭畫壁

偶爲聽泉向夜行，寺門未啟客知名。乍來竹徑坐孤閣，聊共龕燈話半更。風雨蕭寥詩一軸，雲山駘蕩壁雙清。頻年我慣游吴會，裙屐偏教此處迎。

癸亥春日錢塘明府王諱緯偕張司馬過金沙港時行童進茶茶品不一坐客訝之明府戲曰雨前雨後總名茶囑主僧作出句義果以雲外雲中皆是客應之坐客甚喜明府復偕義果遂聯成律

禪關静掩在金沙，爲訪桑麻暫駐車緯。雲外雲中皆是客果，雨前雨後總名茶緯。先春滴露成團鳳果，微笑迎風落講花緯。慚愧山僧清供薄，一甌嫩色泛晴霞果。

秋日小憩白雲山房

汪坤

乳竇峰前路，秋聲入徑聞。寒泉千澗落，翠竹半窗分。石瘦堆黄葉，山深貯白雲。結廬塵境遠，趺坐到斜曛。

白雲山房

陸秩

卜築依靈鷲，軒楹在翠微。竹聲圍石几，僧影到山扉。白髮人真澹，青山願不違。一枝如可借，願息漢陰機。

白雲山房

杭世駿

白雲深處掩蒼苔，文練垂窗面面開。曲水暗流花徑去，奇峰多抱小樓來。愛晴拭几頻看畫，掃榻留賓漫舉杯。最好萬竿修竹上，一層青翠飯猿臺。

冷泉亭

桑調元

適從絶壁來，如漿翻白汗。少憩面渟泓，沁骨不待盥。潭潭虚白光，一鏡涵止觀。清極少龜魚，石髮風漪散。春淙雨後盈，落澗飛瀧悍。喧静本同波，對境發三歎。今晨游屐稀，孤影漾泉畔。山林其許我，猗玗稱浪漫。

飛來峰

造物娱畸人，墮此嵌空石。幽淙一滴寒，春苔幾重碧。洞陰小沮洳，正可度臘屐。霽散雪竇烟，四罅天光坼。探奇思遥夜，破碎穿月魄。黠猿攀蘿窺，識我非生客。陰房透底虚，谺徑削面窄。静聽冷泉飛，倒磵聲崩湱。老樹蟠巖根，棧雲掛孤策。莞彼脚拔塵，艱於烏頭白。

新夏同沈方舟陳懶園翁允大厲樊榭游靈隱過冷泉亭遇雨時方舟自金陵還期而不至者家兄静山

蔣宏道

老友還故山，良會成小訂。買舟發明湖，斟酌極幽勝。披翠覓靈峰，窅冥猶可認。樹老雲氣封，泉冷雨聲應。接膝坐空亭，曠言得心印。彷彿竹溪遊，缺一興未盡。歡笑復流連，永日同一瞬。再期踏清秋，但恐踈雙鬢。西顧霽景微，林中響烟磬。

坐冷泉亭

鮑鈖

雲林何限好，亭古近招提。石澗泉猶澀，春山緑未齊。梵聲松影裏，樵唱寺門西。借問呼猿處，空巖鳥亂啼。

題岣嶁山人舊隱

釋正嵓

幽心懷蕙草，春晏掇餘芬。山色深不見，谷聲如有聞。唐虞今邈矣，巢許事空云。欲識當年意，岧岧望白雲。

過雲林訪巨濤和尚

沈廷瑞

檥棹行經葛塢松，松陰拄杖憩遊踪。雲林突兀前朝寺，梵唄高寒清曉鐘。法席重開皈浄侶，香臺遥映矗靈峰。老夫久矣息塵慮，白社流風樂景從。

冷泉亭

孤亭時徙倚，萬象縱流觀。對此一泓浄，令人毛骨寒。影垂霏濕翠，響激漱危湍。我亦忘機者，欣欣魚鳥歡。

止宿雲林丈室與巨公話别

山房鄰絶巘，一榻枕雲眠。涼沁深秋後，燈明古佛前。心清聞定板，鼻觀濕香烟。萍水孤蹤客，禪棲别有緣。

題新修雲林寺圖爲巨濤和尚作一百韻

厲鶚

擅秀明湖曲，鍾祥竺國鄰。溯分龍蚴蟉，峰聳鷲翺[一八]翾。洞古聽猿嘯，巖廻得虎馴。篔流空際雨，花界定中春。裁宇原依晋，繙經漫數秦。駱丞吟海日，達叟弭濤神。樹識西天栗，叢標北户筠。崇基先薙草，表刹屢揚塵。兜率英規在，嵴閣異跡陳。聖朝恢正教，尊宿導迷津。謂具德和尚。白業犍椎妙，青霄結構新。金繩除劫燼，寶網闢荒榛。簷翼翔霞外，亭楣揭水濱。禪棲何眇眇，信鼓更鼘鼘。億衆持芳饌，烝徒侍氎巾。郅隆當繼治，皇豫歷時廵。雉扇松門轉，鸞鑣柰苑遵。奎文通八解，睿藻照三身。鋈逈吹仙籟，雲深拱紫宸。傳燈誠有數，慧錫亟需人。獅座安逾甲，鯨鐘叩過申。棼橑隨雹落，丹粉共霜泯。嵐暗諸天像，山悽禮塔民。中興看慧命，大事問前因。一鉢來京口，雙幐駐潤濱。巨公爲丹徒人。經營閲朡臘，檀施歎酸辛。洪願匡緇侣，清修感上賓。寓公延杖履，至誼本慈仁。謂汪光禄萬松。發甕書函悟，登階覺地親。宰官今世現，長者夙緣伸。須達應同號，伽陀更不磷。藕家金罔吝，和氏璧非珍。廣度毘尼戒，宣揚如意輪。荆襄輸梓杞，吴越召陶甄。九乳雄樓峻，千香傑閣匀。晬容臨丈六，紺殿測由旬。締造蹤仍舊，莊嚴力與均。朱甍舒鳳翅，雕砌甃虬鱗。栱畫拖虹彩，楹彤麗燭銀。風琴鳴窔窱，岫幌映紛䌸。台岳尋靈驗，高堂拜應真。屋環田字樣，材藉匠師掄。劉塑形疑活，曹衣摺似揗。攝儀齊儼肅，列坐若嶙峋。相好唐兼梵，魔摧喜復瞋。以上叙度戒僧六百，建轉藏殿、鐘樓、梵香閣，重修大雄寶殿、田字殿，塑五百羅漢像。僧坊閑並飾，静院隙重紉。剥腐欒櫨具，傾欹板築頻。園開藍夅菜，廥庀睦州薪。浴牓朝初換，齋庖午最振。孟嘗留取鑊，子敬指餘囷。改笵勞良冶，精銅聚令辰。飛廉欣構炭，屏翳怒融鋠。爐啟圓穹葢，泉投萬斛蠙。湯蓮炊瀲灩，玉粒漲璘瑞。法食充虚腹，馨聞動佛唇。精乾寧委土，米汁可行輪。以上叙修禪堂、寮舍等，及重鑄香廚大鍋。勝境奚煩擇，程功尚未竣。逶迤鋪澀路，次第補堙隂。岍峭幽淙駛，橋堅暮靄屯。鏡匳摇繡桷，波底涌華振。望景眸争鷺，朋遊趾集麕。到遲尋月桂，去便咏汀蘋。婦孺瞻彌切，焚修浴倍淳。魚王方溯澨，蛇種亦歸閩。核果供摩勒，羓毶獻屈眴。浮圖楊衒記，洒掃宋雲論。以上叙砌寺外路、築石門澗岍埧，及修冷泉亭，新建廻龍橋、春淙亭。慨彼稱懸薄，惟知巧算緡。涼軒凄象簟，燠館熨貂茵。么鳳偏教舞，妍蛾雅試顰。膳夫殫瑣瑣，酒史棄諄諄。寵勢謀攀竇，賢名肯友荀。霍奴驕使氣，鄧析訟連姻。輦賄填溝壑，輸賨謝主臣。竟令空室瞰，豈植福田畇？智讓生生鳥，心慙趯趯㕙。渡江誰弭楫，旋里有紆紳。粟濟翳桑餓，囊霑庇葛貧。膠庠甦涸鮒，襦袴逮垂鶉。税代償逋户，財堪慰厚窀。榮加卿寺秩，譽借比閭詢。社櫟纔辭歙，陔蘭適守鄞。時光禄令嗣出守四明。善根簪紱盛，净域焕巍臻。震旦傳無盡，恒河永弗湮。中丞揮巨筆，太史染貞眠。落成時，大中丞常公撰碑文，侍讀鄭筠谷先生書丹。璣貝頒遺哲，壇幢萃此晨。還將東絹滑，細寫素毫純。小李堆濃緑，迂倪暈淡皴。礬頭摹碧潤，石脚渲蒼嶙。點綴稽留蠲，微茫帝釋儐。郭髯推界畫，范緩出闌楯。影矗琉璃道，烟横舍衛闉。四圍羅夕牖，百丈倚秋旻。八部楞迦肖，珍池長壽倫。面羸休類莧，腕勁欲揮蓴。繞磴森梧竹，周墀雜葛蒼。徐熙赤鸚鵡，韓幹白騏驎。絢合驚懷悚，澄觀止目瞤。裓珠過笠澤，賻錦送淮垠。險韻差肩陸，奇思直尾鈞。憑增武林事，久久歲逾椿。

癸亥秋游雲林訪巨公於面壁軒

去年秋雨聲蕭颯，面壁軒中寄禪榻。曉起推窗失四山，白雲正滃神尼塔。今年秋霽風灑然，钁頭重舉舊因緣。隨時喫飯看山坐，不是諸方[一九]五味禪。

巨公重建春淙亭於清繞橋詩以落之

高僧能復古，華構樹陰間。倚檻宜聽水，登橋好看山。魚隨落花出，龍帶暝雲還。只在斯亭下，來春[二〇]賸占閒。

春淙亭次樊榭韻

陳章

翼然亭子影，忽照迅流間。倒濺三春雪，平臨小朶山。酌時誰識味？聽久竟忘還。晚共嵓僧語，交頭拄杖閑。

冷泉亭圖題咏附録

三月十八日，石田、西村二君招予遊西山，予與汝其通先行，憩冷泉以俟。少焉，二君至，予詩適成，諸君繼作，石田仍寫圖，留爲山中故事，俾予録於上，蒹葭倚玉，媿不稱也。

鎦英

雨晴林壑浄朝暉，一路看松入翠微。芳草似曾留客卧，黄鸝渾欲近人飛。相逢巖叟收茶早，久别林僧會面稀。同在冷泉亭上坐，賦詩題畫澹忘歸。

次韻

沈周

入林兒子送斜暉，酒面風清色漸微。白髮再來渾覺老，青山久住不重飛。老僧古寺相逢熟，故國遺蹤欲見稀。千箇長松卧房近，吹燈還照鶴羣歸。

同作

史鑑

久圖山澤遊，苦爲風雨欵。驚雷破重陰，及晨陽已顯。逶迤入幽深，厲揭渡清淺。靈山傳飛來，合澗互回轉。蘿垂手可捫，松高葢惟偃。陽厓丹霞凝，陰洞蒼雪滿。秀色如可攬，絶巘竟誰棧？衆竅因風號，羣芳遲春衍。追念平生歡，歷歷猶在眼。幸逢新相知，已少舊遊伴。老僧久見招，相携集閑館。解衣任盤礴，覽物適蕭散。形忘慮則消，情至心莫展。寄言同盟人，對酒歌勿緩。

又

汝泰

肩輿侵曉别春城，路繞西湖宛轉行。滿眼青山曾識面，倚雲高樹不知名。同遊喜有同鄉客，勝日還尋舊日盟。忽聽奔雷鳴澗底，問人才道是泉聲。

沈徵君《冷泉圖》真蹟，舊爲靈隱僧房物，藍秀才謝青購得之，爲先大夫壽，在余家二十年矣。躑躅軟紅，言歸未遂，對此恍置身故山林壑間，不覺神往，因和鎦、汝二君詩，并記得圖始末。

龔翔麟

曾倚孤亭送落暉，雲林風景記依微。泉聲咽石奔難住，嵐氣侵衣濕不飛。歲月漸催塵跡老，鄉山久别夢遊稀。吟詩看畫生惆悵，白髮滿頭猶未歸。

扁舟自别錦軍城，日日銅街信馬行。畫裏青山逢舊識，眼前烏帽咲浮名。秋風縱爽蓴鱸約，烟水終尋鷗鷺盟。記取歸時携卷軸，先來亭上聽泉聲。

次鎦賔山先生韻

吴焯

晨坐高齋竟落暉，柢緣讀畫悟幽微。聽來畢静水生響，看到出神峰欲飛。往事重題真感慨，舊遊如夢記依稀。回思羣屐經行處，空惱耕烟閣筆歸。龔田居先生曾屬王石谷臨摹此本。

又

沈嘉轍

卧看詩畫兩相暉，遐想當年結思微。古木三秋猿已去，寒泉六月雪横飛。風流往蹟誰能續？墨瀋猶香知者稀。曾憶晚來成醉後，一亭烟靄坐忘歸。

又

厲鶚

石瘦林香起夕暉，風中似有磬聲微。好山招隱貧難買，妙畫通靈久亦飛。題字尚留前輩在，聽泉今見解人稀。頻年不踏松陰路，卧以遊之却忘歸。

又

施謙

石翁乘興寫春暉，三百年來古意微。雲氣未隨蒼狗化，泉光猶作翠蛟飛。依然照眼林巒秀，凄絶聯吟耆舊稀。笑指孤亭留戲語，投閒曾見幾人歸。追懷田居先生。

又

趙昱

飄蕭落墨染晴暉，幻出靈機思入微。流水縱横秋影澹，亂峰點刷白雲飛。興乘野趣僧過早，夢破花香客至稀。我獨烟霞已成癖，團瓢結得便忘歸。

又　　趙信

琴書一榻挂清暉，坐展淋漓畫入微。花逐泉聲來崦外，寒侵木葉傍簷飛。相過笠屐三生舊，此景湖山半壁稀。觸撥心情思往事，老僧曾約看雲歸。

又　　丁敬

清詩直比謝元暉，寫入丹青更入微。林影尚如翳石瘦，泉光渾覺抱亭飛。山中故事看誰續，畫裏高流得見稀。片紙真堪敵瓊玖，幾經遼鶴憶人歸。

又　　陳章

明湖翠岫逗清暉，冷燭他鄉夢境微。對雨會心泉不斷，聽風閉目葉都飛。家山無那悲常隔，殘楮如斯見亦稀。塵土行縢能借我，客中展處當身歸。

又　　姚立德

山僧有約占餘暉，拈取松花一笑微。院静幾時參佛去，泉喧終日礙雲飛。小亭風景常如舊，此幀流傳見亦稀。好與安心聊位置，筍鞵拾句但將歸。

又

趙一清

詩情真似[三]謝元暉，畫裏探幽思入微。流水有時鳴汩汩，棲雅不定故飛飛。孤亭延賞襟懷得，古老行吟歲月稀。携向松間少投憩，未妨斜日聽催歸。

坐冷泉亭作

符之恒

寒松韻長吟，吹落風前句。幽子忽自得，晚影一亭聚。遥見破衲僧，擔筍入深塢。山空擁春雲，商略中霄雨。

靈隱寺贈諦輝禪師

鮑鈖

三年曾一到，雲水素相親。僧老頭鬚白，山空花草春。午齋參玉版，香界轉飈輪。舊識栴檀味，從師證法因。

冷泉亭

馬曰璐

鐘韻一星星，幽尋獨此亭。山從入寺好，泉欲過時聽。冷氣怯春服，清暉隱翠屏。我來岩下坐，刻石記曾經。

和樊榭春淙亭即用原韻

張四科

誰復斯亭舊，風泉磵户間。清寒徹危檻，幽響答空山。宿鳥驚仍下，浮花去不還。明湖徒夢想，眺聽愧君閑。

春淙亭和樊榭作即用原韻　閔華

重構此亭古，潺湲一水間。帶花流別澗，和雨響空山。目送行雲去，心期飛鳥還。我來憑檻久，清話與僧閑。

校勘記

［一］『奕』字《武林掌故叢編》本作『弈』，《全宋詩》作『曄』。

［二］『地勢』二字《武林掌故叢編》本脱。

［三］『詘』字《武林掌故叢編》本作『屈』。

［四］『蓬』字《武林掌故叢編》本作『逢』。

［五］『玉』字《武林掌故叢編》本作『王』，是。

［六］『步』字《武林掌故叢編》本作『慮』。

［七］『暮』字《武林掌故叢編》本作『慕』。

［八］『披』字《武林掌故叢編》本作『彼』。

［九］『湖』字《武林掌故叢編》本作『浮』。

［一〇］『秖』字《武林掌故叢編》本作『祇』。

［一一］『豬』字《武林掌故叢編》本作『瀦』，同。

［一二］『園』字《武林掌故叢編》本無。

［一三］『曲』字《武林掌故叢編》本作『石』。

［一四］此字筆畫底本不全，由字形知應爲『問』字或『間』字、『聞』字，《武林掌故叢編》本作『問』字，據補。或爲『聞』字，義長。

［一五］四庫本湯右曾《懷清堂集》卷八收此詩，題作『丁丑三月二十一日晚過韜光禪院』。

[一六]《武林掌故叢編》本作「常安」。

[一七]「松」字《武林掌故叢編》本作「公」，誤。「松」與上句「泉」相對。

[一八]「翱」字《武林掌故叢編》本作「翻」。

[一九]「方」字《武林掌故叢編》本作「神」。

[二〇]「來春」《武林掌故叢編》本作「春來」。

[二一]「似」字《武林掌故叢編》本作「是」。

增修雲林寺志卷七

遺事

明僧大善《西溪百詠·序》云：『北高峰塔，唐天寶年建，中藏古佛舍利。初建塔時，有一花犬每隨工匠銜甎石置塔所，至頷吻流血。於荒榛間得一石佛，缺左耳，犬即跑古寺基，出耳湊合。又一僧夜坐塔下，虎欲噬之，忽大蛇從塔頂噴霧作雨，虎即吼而去。』按，此事出《太平廣記》。

李翺《來南録》云：『元和四年二月戊子，至杭州。己丑，如武陵之山，臨曲波，觀輪春。』注曰：『即靈隱天竺寺。』吴虎臣云：『按，杭州無武陵山，當是筆誤，恐是林字。』《晋書·地理志》：『吴郡錢塘縣武林山，武林水所出。』當時錢塘屬吴郡。又見《前漢·地理志》。

太平興國八年秋，詔通慧大師贊寧撰《大宋高僧傳》三十卷。王内翰元之贈詩，有『詔修僧史浙江濱，萬卷書中一老身』之句。

東坡鎮餘杭，遇遊西湖，多令旌旗導從，出錢塘門，坡則自湧金門泛舟，絶湖而來，飯於普安院，徜徉靈隱、天竺間，以吏牘自隨。至冷泉亭，則据案剖決，落筆如風雨，分争辨訟，談笑而辦已，乃與僚吏劇飲。薄晚，則乘馬以歸，夾道燈火，縱觀太守。有老僧，紹興末九十餘，幼在院，能言之。當是時，此老之豪氣逸韻，可以想見也。

政和中，僧惠雲於冷泉亭前，又作小亭，郡守毛寶文友命去之，爲詩并序云：『昔人以爲冷泉未極其妙，因加小亭其上。然泠然水光，滃然山翠，以故去者過半。予以謂不必加工，但去其尤贅者，斯善也。如明鏡中而續畫，非不美好，所以爲清明者逝矣。拂拭菑翳，舊觀復還。』詩云：『面山取勢俯山中，亭外安亭自蔽蒙。眼界已通無礙物，胸中陡覺有真空。試尋櫓響驚時變，洞中事。却聽猿啼與舊同。白猿事。萬事須臾成壞裏，我來閲世一初終。』

宋丹陽葛澧作《錢塘賦》，中有云：『傍西深入，巖谷益秀。上下天竺，靈隱靈鷲。争出奇巘，互獻重岫。烟籠黛染，澤通雲覆。九里之松徑陰陰，萬脉之洌泉溜溜。』數語簡而能該。

周益公《玉堂雜記》云：『嘗自德壽宫後垣趨傳法寺，望見一樓巍然，朝士云：太上名之曰「聚遠」，而自題其額，仍大書東坡「賴有高樓能聚遠，一時收拾與閒人」之詩於屏間。靈隱寺冷泉亭，臨安絶景，去城既遠，難於頻幸，乃[二]即宫中鑿大池，續竹筒數里，引西湖水注之。其上叠石爲山，象飛來峰，宛然天成。某作《端午帖子》云：「聚遠樓頭面面風，冷泉亭下水溶溶。人間炎熱何由到，真是瑶臺第一重。」』

高宗既居德壽，時到靈隱冷泉亭閒坐，有一行者奉湯茗甚謹。德壽語之曰：『朕觀汝意度，非行者也，本何等人？』其人拜且泣曰：『臣本某郡守，得罪監司，誣劾贓罪，廢爲庶人。貧無以餬口，來從師舅覓粥延殘喘。』德壽惻然曰：『當爲皇帝言之。』數日後再往，則其人尚在，問之，則云：『未也。』明日，孝宗恭請太上、帝后幸聚景園，德壽不笑不言，孝宗再奏，亦不荅。太后曰：『孩兒好意，招老夫婦，何爲怒耶？』德壽默然良久，曰：『朕老矣，不聽我言。』孝宗益駭，復從太后請其事，德壽乃曰：『如某者，朕已言之而不效，使朕媿見其人。』孝宗曰：『昨承聖訓，次日即以諭宰相，宰相謂贓污狼藉，免死已幸，難以復用。然此小事，來日決了，今日且開懷一醉可也。』明日，孝宗再諭宰相，遂復原官，予大郡。數日，德壽再往，其人曰：『臣已得恩命，專待陛下之來。』謝恩而去。

宋楊郡王取無著禪師塔爲壽地，遂啟其塔，乃陶龕，容色如生，髮垂至肩，指爪皆繞身，舍利無數，留三日不壞。僧肇淮海有詩云：『一定空山五百年，不須惆悵啟頹甎。路邊多少麒麟冢，過眼無人贈紙錢。』

南宋時，有僧於韜光菴降仙，請至釋子蘭以下十人，凡七十三釋，皆唐人能詩者。各書一詩，語極奇絶，曲盡其景，見《武林舊事》，惜其詩之不存也。

紹興中，韓郡王既解樞柄，逍遥家居，常頂一字巾，跨駿騾，周遊湖山之間，纔以私童史四五人自隨。時李如晦晦叔自楚州幕官來改秩，而失一舉，將[三]憂撓無計。當春日，同邸諸人相率往天竺，李辭以意緒無聊賴，皆曰：『正宜適野散悶可也。』强挽之行，各假僦鞍馬。過九里松，值暴雨，衆至迸避。李奔至冷泉亭，衣衲沾濕，愁坐長歎。遇韓王亦來，相顧揖，矜其憔悴可憐之狀，作秦音發問曰：『官人有何事縈心，而悒怏若此？』李雖不識韓，但見姿貌魁異，頗起敬心，乃告以實。韓曰：『所欠文字，不是職司否？』荅曰：『常員也。』韓曰：『世忠却有得一紙，明日當相贈。』命小吏詳問姓名、階位，仍詢居止處，李巽謝感泣。明日，一吏持舉牘授之，曰：『郡王送來。』仍助以錢三百千，李遂陞京秩，修箋謝韓王，欲展門生之禮，不復見。

秘監陸放翁嘗問松源曰：『心傳之學，可得聞乎？』源曰：『既是心傳，豈從聞得？』公領解，獻偈曰：『幾度驅車入帝城，逢僧一例眼雙青。今朝始覺禪家别，説有談空要眼聽。』

放翁《西湖春游》詩云：『靈隱前，天竺後，鬼削神剜作嵓岫。冷泉亭中一尊酒，一日可敵千年壽。』此翁之躭玩鷲峰幽勝，可謂極矣。

乾道初，臨安靈隱寺後山茁一蕈，圓徑二尺，寺僕見之，喜其光明潤澤，採以納長老。長老驚詫，以爲目所未覩，謂之曰：『我固願食異味，然合院三百人，今不過能及十之一，非我法平等意也。』於是賚餉楊郡王，楊亦訝其大，曰：『是當以奉玉食。』乃奉獻於孝宗，詔以賜靈隱，蓋初不知其所從來也。迨復持至寺，已經日，盤内頗有汁沾濡，兩犬在側争舐之，俄頃間，皆跌[三]足若狂，眼突毛顫，仆地死。諸僧乃悟爲毒物，使之入天庖，寧不大爲咎累！亟瘞諸深坑，而不暇窮其根本。惟萬乘所御，自是神物護持，楊王亦大貴人，長老不私口腹，故皆脱於意外之禍。

瞎堂禪師舊畜一猿，頗馴，因衣之，命曰『猿行者』。淳熙三年正月十五日遷化，至期，諸王卿相皆至。師陞座祝聖，遂入方丈，扃閉久之。衆窺窗隙，並無謦欬，惟見猿持卷侍側。亟入，師已化[四]矣，猿書乃辭世偈也。

臨安靈隱、淨慈、上中下三天竺，皆宋朝祖宗功德寺也。淳祐庚戌，爲貴妃閻氏建功德寺於九里松，迎靈隱寺前，名『顯慈集慶寺』。土木之工，過於諸寺，人名之曰『賽靈隱寺』。

閻妃以特旨，奪靈隱寺菜園，建功德寺。住持沖號癡絶，退院示衆云：『欲去不去被去礙，欲住不住被住礙。渾不礙，十洲三島鶴乾坤，四海五湖龍世界。』

宋理宗取靈隱下菜園，爲閻妃建集慶寺。内司分市材木於郡縣，旁緣爲姦，望青採斫，鞭笞追逮，雞犬不寧，雖勳臣舊輔墓，皆不得自保。或作詩諷之曰：『合抱長材卧壑深，於今惟恨不空林。誰知廣厦千斤斧，斲盡人間孝子心。』閻妃之卒也，即葬寺後。寺中存理宗御容一幅，《燕游圖》一幅，明監司陳邦佐留詩云：『黄袍前顧紫袍隨，樂事宫中此一時。春色錢塘渾似昔，御街芳草正離離。』

九里松左軍教塲内，向有馬三寶墓。至元十五年六月，内有軍厮名狗兒者，因樵采墾土，得一鐵券，上有字云：『雁門馬氏葬於横衝橋。』後又有十字云：『至元十五六，狗兒壞我屋。』蓋古人知數者耳。始知横春橋，本横衝橋云。見《武林舊事》。

明初，夢堂噩公參元叟端公於靈隱，機鋒交契，命掌内記。噩公嘗游越中，詩人劉孟熙、唐處敬輩集曹娥祠，見一僧敝衣坐船尾，衆方分韻賦詩，殊不知顧。忽作禮：『有剩韻，乞布施一箇。』拈『蕉』字與之，噩即應聲賦詩云：『平明飯罷促高梢，撑出五雲門外橋。離越王城一百里，到曹娥渡十分潮。白翻晴雪浪花舞，緑弄晚風蒲葉摇。西北陰沉天欲雨，卧聽篷韻學芭蕉。』衆驚曰：『公非噩夢堂乎？』遂邀入社。

永樂七年閏四月一日，王希範《遊西山記》云：『西經行春橋，逾集慶蘭若，始至飛來峰下，蓋西山第一佳處也。其高不逾五六十丈，巖石瑰怪特異，若犢駭，若阜立，若烏喙，若豹躍，若蛇趨，若棊置劍植，衡從偃仰，益玩益奇。上多異木，枝葉碧色，不假土壤，根出石外，冬夏常鬱鬱然。丹葩翠蕤，蒙羃聯絡，種種殊異，不可名狀。其下巖洞若曲室，玲瓏相通，中外鑿佛像。泉自石脉出，滴石上，作鏗然鳴，隱隱出洞，久而始散。有寺在山趾，曰靈隱。有亭曰冷泉，澗經其下，始出沸激，久乃徐流，白礫布底，坦然平瑩，跋石漱波，毛骨爽徹。同遊者，余弟淵；執役者，黄郎阿總；約而不至者，張懋升秀才也。』

校勘記

〔一〕『乃』字《武林掌故叢編》本作『仍』。

〔二〕『將』字《武林掌故叢編》本作『書』。

〔三〕『趺』字《武林掌故叢編》本作『跌』，誤，形近而訛。

〔四〕『化』字《武林掌故叢編》本作『死』。

增修雲林寺志卷八

雜紀

題名 碑碣附

李谷題名：在飛來峰頂。

『治平甲辰五月七日，趙郡李谷容之從男侑奉命謹題。』正書，摩崖。

元國書：在飛來峰。書分七層，後題：至元二十五年八月□日，建功德主石。僧録液沙里兼贊摩崕。

理公塔石刻：開寶八年，募衆重建釋迦磚塔一座，在清逸橋靈山里，見舊志。

『天削芙蓉』四字：在理公岩，見舊志。

周伯琦《理公巖記》：在理公巖。

理公巖，昔高僧慧理師嘗燕寂焉，在錢塘虎林山天竺招提之東，玲瓏幽邃，竹樹岑蔚。至正九年，上人慧苣居觀堂，起廢緝峀，爰開是巖。窈窕繚復，霏如堂皇，雲涌雪積，發洩靈藴。後七年，左丞綏寧楊公之弟、元帥伯顔，清暇游愒，快奇樂静，捐金庀工，載鑿嵒石，刻十佛及補陀大士像。金碧炳赫，怳躋西土，冀邀福惠，暠我重親，利我軍旅，氷釋氛沴，永奠方岳。嵒之異勝，誕增於昔，爲虎林奇觀，實苣公軏行精慤，有以致之，居甿號曰『菩薩』，蓋非夸益。天竺和尚允若師，臘已八十，與苣同志，徵文示久，乃篆諸石。浙省參知政事番陽周伯琦伯温記并書。篆書，摩崖。

『龍泓洞』三大字：在洞額。

『龍泓洞，金華王庭書』：正書。上三字，徑八寸，今已剗去。傍欵存。

『龍泓洞』三字：在洞門，元江淮釋教都總統所經歷郭□書。見舊志。

龍泓洞鑿佛題名：在洞內。廣順元年歲次辛亥四月三日鐫記，小楷，文不録，摩崖。

烏重儒題名：在龍泓洞。『泉州刺史烏重儒，寶曆二年六月十八日，□□過遊此寺。』正書，摩崖。

孫覺等題名：在龍泓洞。『孫覺、張徽，戊申十一月晦同來。』正書，摩崖。

蘇頌等題名：在龍泓洞。『蘇頌子容、蔣之奇潁叔、岑象求巖起、李杞堅甫，熙寧壬子。』正書，摩崖。

高荷題名：在龍泓洞。『子勉遊。行書，字徑五寸。熙寧丁巳。』小行書，摩崖。

李琮等題名：在龍泓洞。『李琮、朱明之、楊景略、黄頌、胡援、林熙[二]，元豐二年五月四日，游靈隱洞。』正書，横寫，文右行，摩崖。

胡宗師[三]等題名：在龍泓洞。『陸德輿載之、趙與膺致道、與峕中甫，淳祐戊申中伏後一日，避暑同來。』正書，摩崖。

潛説友題名：在龍泓洞。『潛説友，君高父。柳葉篆，字徑八寸。咸淳乙丑閏月。』正書，摩崖。

亢氏也先帖木題名：在龍泓洞。『皇元至王庚寅春吉日，副崇教亢氏也先帖木。』正書，字徑三寸，摩崖。

郝璿等題名：在青林洞。『太平興國二年戊寅十二月二日，郝璿與知府正郎范、轉運使副劉杜、巡檢太保翟、户部判官杜、通理孟，同至此。』正書，摩崖。

查仲道等題名，查應辰等續題：二刻在青林洞。『江右查仲道、錢塘周世科、西蜀曹山□□□庭訓□。後百有四年，兵部查公曾孫朝散大夫、提舉兩浙常平等事應辰，察推周公曾孫承議郎、通判越州軍事橦，復同遊此洞，敬觀遺刻，實崇寧改元歲次壬午□月二十有八日也。』俱正書，摩崖。

胡承德鑿佛題名：在青林洞。『弟子胡承德，伏爲四恩三有，命石工鐫盧舍那佛會一十七身，所期來往觀瞻，同生淨土。時大宋乾興□□四月日記。』正書，摩崖。

錢德範等題名：在青林洞。『臨安錢德範、莆陽僧貽孫同游。皇祐二年六月一日。』正書，摩崖。

沈立等題名：在青林洞。『立之、中行、伯敭、子雍、子明，熙寧辛亥九月廿三日同游。』正書，摩崖。

晁端彦題名：在青林洞。『晁美叔，熙寧八年七月八日題。』正書，字徑三寸，摩崖。

趙善郊等題名：在青林洞。『浚儀趙善郊國安、誗夫子美、必愿立夫、成紀李劉公甫、宛陵奚柷和甫、開封向士逢吉甫、古栝朱方叔君猷，嘉定十有五年末伏日避暑來遊。』隸書，摩崖。

石景衡等題名：在青林洞。『石景衡叔平、杜僎升陽同游。』小字，正書，摩崖，無年月。

道宗等題名：在青林洞。『道宗、用晦、行甫，己未三月三日遊。』正書，摩崖，無年月。

射旭洞鑿佛題名：在洞門。『清□弟子陸慶并妻李氏一孃，造觀世音菩薩一尊，乾興元年四月日記。』行書，摩崖。

冷泉亭碑：舊在亭上，吴越寶大元年癸未立石。見《成化杭州府志》。

吴越經幢：在寺門。《大佛頂陀羅尼經》。左幢。《大隨求即得大自在陁羅尼咒經》。右幢。經文俱不録。

新建佛國寶幢願文：『蓋聞慧炬西然，法雲東被，眷言興建，實焕簡編。我國家裂壤受封，帶河礪岳。既勤王而繼世，諒荷寵以乘時。言念真宗，聿懷多福。於是旁搜勝景，廣闢宏規，築湖畔之山岡，構城西之佛閣。莫不遐森杞梓，妙選楩柟，營窣漢之基坰，列倚天之像設。釋迦化主[三]，中尊而高儼睟容；慈氏彌陀，分坐而浄標妙相。仍於寶地，對樹法幢，雕琢琅玕，磨礱琬琰。勒隨求之梵語，刊佛頂之秘文，直指丹霄，雙分八面。伏願興隆霸祚，延遠洪源，受靈貺於祖先，助福禧於悠久。軍民輯睦，疆宇肅寧，宗族以之咸康，官寮以之共治。四十八願，永符法處之良因；八十種好，更備曇摩之圓智。得大堅固，不可稱量。凡在含生，同躋覺路。天下大元帥吴越國王錢俶建，時大宋開寶二年己巳歲閏五月日。』二幢同，並正書。

經塔：在寺内殿墀下。

《大佛頂陀羅尼經》：二塔經文同，並正書，無題款。

梁簡文帝《石像記》：舊在寺中，至道二年正月，承奉郎、守將作監丞梅詢撰，寺僧刻石。見《成化杭州府志》。

《景德靈隱寺記》：舊在寺中，羅處約撰。見《錢塘縣志》。

《重修靈隱寺記》：舊在寺中，皇祐四年，端明殿學士、朝請大夫、尚書禮部侍部李淑撰。見《成化杭州府志》。

三十六般篆書《金剛經》：舊在寺中，宋寺僧莫菴道閒集。見《錢塘縣[四]志》。

司空相國書：舊在寺中，見《輿地碑記》。

嵩嶽大師《影堂記》：舊在寺中，見《輿地碑目》。

張奎等題名：在靈隱山。『太常寺太祝張奎拱微、太常寺太祝張覲經臣、進士□文安□□，康宅[五]辛巳□夏十日同游，謹記。』正書，摩崖。

王兢等題名：在靈隱後山。『王兢、皇甫彦、李聞、王慎修、俞俟同游，宣和四年三月十一日。』正書，字徑三寸，文右行，摩崖。

沈遼等題名：在靈隱後山。『睿達、善述、素道與炳之來，癸卯重午。』正書，摩崖。

物産

唐時，靈隱寺多海石榴花，白公詩云：『宿因月桂落，醉爲海榴開。』

八面松，舊在寺門外，乃造北高峰塔時，瘞銜塼犬於松下。詳《太平廣記》。

贊寧律師嘗著《筍譜》，有云：『木竹笋，出靈隱山中，中堅，亦通小脉。笋堅可食，採竹作杖，可愛。新婦竹笋，出武林山陰，其竹圓直，韌可爲篾，筍則三月而生，可食。扶竹筍，今武林山西，舊謂雙竹院中所産，修篁嫩條，皆對抽並引。鶴膝竹，出靈隱山，節密而内實，略如天壇藤，間有突起者。』又記天目僧詩云：『我本無根株，只將笋爲命。』此可備山中故事也。

方竹，《格古要論》云：『出西蜀，杭州西湖飛來峰下亦有之。』

田子藝品泉，以龍泓武林爲第一。

陸次雲《湖壖雜記》云：『晉理公至靈隱，謂飛來峰自靈鷲飛來，人不之信，因就洞中呼黑白二猿爲証，二猿受記而隱，數千年不復見矣。順治己丑秋夜，一僧於月下見一白猿立於峰頂，皎如白雪，映月逾潔。辛卯冬，青蓮閣下一黑猿，戴笠而趨，衆皆見而呼之，猿却顧微吟，越溪而去。』

林洪《山家清供》云：『一日，過靈鷲，訪僧蘋洲，留午粥，甚香，乃酴醾花也。』

著述題額附

《武林山七志》，一卷，明仁和邵穆生汝宣著。穆生，後更名重生，隱居靈隱山中，因著此書。

《靈隱寺志》，八卷，明昌黎白珩子佩撰。萬曆壬辰，太子少保、吏部尚書元洲張瀚序。

『泠泉亭』三大字，舊在亭上。『泠泉』二字，白居易書。『亭』字，蘓軾續書。見《武林舊事》。

『泠泉亭』三大字，舊在亭上，盱江左贊隸書。見《西湖遊覽志》。

泠泉亭對聯：『圓機風與溪相荅；妙義人同石共談。』世宗憲皇帝御製，華亭刑部尚書臣張照書。

面壁軒『堅覺寶成』匾，婁水大學士王掞書。

『春淙亭』三字，海寧大學士陳世倌書。

石叟塔院『慧日舒光』匾，華亭大司寇張照書。

面壁軒『直指心宗』匾，華亭大司寇張照書。

圖　畫

沈周《飛來峰圖》，見《真蹟日録》。

沈周《靈隱山畫卷》，自題：『倣大癡道人。』見《江村銷夏録》。

程嘉燧《泠泉亭圖》，見《名山勝槩記》。

李流芳《西湖卧遊畫册》、《泠泉紅樹圖》，見《檀園集》。

增修雲林寺志八卷浙江廵撫採進本

國朝厲鶚撰。鶚有《遼史拾遺》，已著録。是編成於乾隆甲子，以靈隱舊志脱漏尚多，且聖祖仁皇帝省方南幸，駐蹕山中，賜名『雲林寺』，不宜仍用舊名，故因前志而增輯之。首紀宸恩，次山水，次禪祖，次法語，次檀越、人物，次藝文、詩詠，而以遺事、雜記終焉。

校勘記

[一]『熙』字《武林金石志》卷八作『希』，是。林希字子中，《宋史》有傳。《續修雲林寺志》卷七『宋李琮題名』按語亦指出『熙』字乃『希』字之誤。

[二]『胡宗師』三字《武林掌故叢編》本作『陸德輿』。

[三]『主』字《武林掌故叢編》本作『生』。

[四]『縣』字《武林掌故叢編》本無。

[五]『宅』字《武林金石志》卷八作『定』字，是，康定係宋仁宗年號（公元一〇四〇—一〇四一）。

續修雲林寺志

〔清〕沈鑅彪 撰
劉成國 李 梅 點校

標點説明

《續修雲林寺志》，又稱《雲林寺續志》，清沈鑅彪撰。雲林寺即靈隱寺，清康熙帝南巡時，賜名『雲林寺』。嘉慶二十一年（一八一六），雲林寺遭受火災，道光三年（一八二三）秋重建，八年（一八二八）夏建成。當局者及住持因寺志年遠跡湮，於是諄諄諈諉沈鑅彪續修寺志，遂成此《續修雲林寺志》，共八卷，分爲宸音、重興、檀越、語録、藝文、詩咏、題名、遺事等。

此書原刊本未見，現存通行版本係光緒十四年錢塘丁氏重刊本（即《武林掌故叢編》本）。《中國佛寺史志彙刊》、《中國佛寺志叢刊》、《叢書集成續編》、《續修四庫全書》等即據此本影印。此次整理，以《武林掌故叢編》本爲底本。

續修雲林寺誌序

杭郡《雲林寺誌》自乾隆九年厲徵君鶚增修後，迄今八十餘年，宸翰叠頒，照耀震旦，實爲諸刹之冠。嘉慶丙子秋，寺燬於火，工鉅費繁，建復之舉曠懸數載。事聞于朝，仁宗睿皇帝特賜帑金一萬兩，諭令興工，由是浙之大吏暨文武僚屬，咸捐俸以助。而同里汪君大臨倡商綱增捐之議，偕四所總商，呈請長官指示綱領，酌定規模。住持儀謙復虔募於遠州旁郡，於是材辦役集，擇吉鳩工。葉君道傳、朱君嘉猷、孫君培、徐君志震輩，并力運籌，灰燼之餘，以次營造，還靈鷲之壯觀，復名山之勝境。經始於道光三年孟秋，落成於八年孟夏。當局者及住持因寺誌年遠蹟湮，以續修諄諄諈諉。余惟程功效材，諸君子身任其勞，而校讎之役，亦載筆者之責也，其毋庸辭。爰是不揣譾陋，彙天章之巍焕，訪金石於巉巖，薈萃前聞，引證時事，班次部居，續爲一編，以補前誌之未備焉。朱甍碧瓦，式炳莊嚴，墜跡遺文，僉臚記載。推其所自，實出於之錫賚龐鴻，用能百廢具舉，度越前規，文物升華，隱秀呈露。恒沙士女暨遠邇緇流，瞻香界而攬珠林，咸知慧日慈雲，聖佛同體，眷顧所及，龍象一新，實千古希有之因緣。受簡之下，載仰靈異，敬述緣起，垂示來兹。然則此誌之修，豈僅流連山水，網羅佚聞，留美譚於瀛苑而已哉！是爲序。

道光九年歲次己丑八月，賜進士出身、翰林院編修、充武英殿纂修官仁和沈鑅彪撰。

續修雲林寺誌卷一

翰林院編修臣沈鑅彪恭纂　本山住持臣僧儀謙、南屏行者臣僧達受恭校

宸音

高宗純皇帝南巡詩

乾隆十有六年辛未暮春題雲林寺二十韻

靈隱古禪林，佳稱乃自今。佛原泯名象，天與闢幽深。奇絶驚初見，清閒試重尋。嶤巒先陟頂，静室一開襟。自内尤綜要，居高總照臨。澄懷參月相，對面賞雲岑。稍憩塵中跡，聊清物表心。冷侵泉漱玉，静聽澗調琴。乍啟玲瓏竅，憑吹金石吟。呼猿時踔洞，招鶴早鳴陰。辨茗傳初火，攀松驗五鍼。洞天窮窈窕，乳竇注渟涔。路盡忽開豁，巖攢復鬱森。綫光常漏日，鳥道欲捫參。丹閟仙人竈，草生王母簪。棲巖鑿龍象，鎮海協祥祲。藋薜蒙櫹蔚，雲霞護崋嶔。認峰垂羽翼，續句美球琳。誰識西來意？徒嗤門外音。便當旋翠蹕，無逸以爲箴。

冷泉亭

不礙静中喧，看取動時定。小坐忘萬緣，湝然滿清聽。

雲林寺

水盡山幽趣轉奇，中宏恰當闢檀維。明珠仙露垂乎聖，寺内存皇祖御筆。布襪青鞋始者誰？用杜甫句意。僧足高閑宜遠俗，佛無揀擇曷居斯？尋巖步屧吾原慣，更覺雲深意與遲。

雲林寺方丈小憩示僧

雲居十笏暫徘徊，悦可蒼松及古梅。何事山僧門外立，招呼且向箇中來。

飛來峰歌

武林山高九十丈，迴巒複壑含萬象。舊時靈隱今雲林，靈隱，康熙間賜今名。月地雲居虚且朗。天龍八部共諮議，宜有奇嵐作屏障。調御丈夫破顔笑，何須爾力勞鞅掌。惟而天竺靈鷲峰，彈指飛來大方廣。飛來閻浮人不識，碧眼胡僧識非誑。恒河沙數無量佛，佛坐峰頭白毫放。但看相好及手印，一一不異梵銅像。歷劫萬億不飛去，鎮以佛力信無爽。我來徒躒未前逢，玉堂雲鏤相偃仰。怪石斜墜挂天紳，異木倒生謝土壤。猿吟鶴唳演摩訶，不槜人間絲竹響。奇境至此無更奇，大士如如不動想。

乾隆二十二年丁丑春日冷泉亭恭依皇祖靈隱寺詩韻

嶺是西方鷲，飛來住岌峩。名山觀不少，此地比寧多。法苑開龍象，清襟洽薜蘿。諸天應供護，御輦昔曾過。

飛來峰歌

我欲靈隱陟高峰，經兹且慢窮窈窕。三十六曲既盤降，韜光庵已散幽抱。奇境當面竟失之，山靈感我矗疎笑。辭騎屧步聊爾爲，乘輿何必拘葩瑤。千億化身棲碧巖，法華國土奚能考？一佛一樹經所之，非色非空誰則曉？是時雨後幻陰晴，洞中鍾乳垂津寶。便當擺脱六根塵，如是法味餐以飽。而我先憂後樂人，與佛有緣無就道。作歌亦如慧理嘆，傳名而已堪絶倒。

乾隆二十七年壬午暮春冷泉亭用宋之問韻

飛來矗翠嶢，屏障已清寥。月地開如鏡，雲璈沸似潮。柏烟林外寫，花雨座中飄。泉冷石爲瘦，峰高樹與遥。考功昔遊歷，此處感榮彫。五字殊難屬，一聯渾解囂。江南曾有贈，當面眯津橋。

冷泉亭再依皇祖靈隱寺韻

飛來峰畔路，法相坐嵯峨。宛識祇園近，已聞梵唄多。法雲開月宇，仙籟下烟蘿。到處瞻光被，羹牆豈是過？

乾隆三十年乙酉春用李紳杭州天竺靈隱二寺詩韻

西湖一帶西峰護，入谷偏欣諸寺連。遮曲徑常逢野竹，落斜澗便有鳴泉。春輝萬卉噴芳霧，日照千峰生紫烟。可惜閙中真静地，闍黎若箇解參禪。

公垂已曰重雕飾，歷代斯風益以深。但識莊嚴僧取相，豈知清净佛無心？偶然尋勝聊登筏，那爲修齋事布金。此日杭州尚天竺，當年靈隱易雲林。

冷泉亭三依皇祖詩韻

冷泉繞曲曲，鷲嶺矗峩峩。襟帶有如此，清涼那見多。雲居懸月地，塵跡埽風蘿。分付庭前柏，記予四度過。

乙酉閏春仍疊宋之問韻

五字轉嶢嶢，千秋屬和寥。兩章笑多事，一滴欲增潮。緬想驀然遇，重尋去若飄。都成佳話許，漫惜勝期遥。過雨花如笑，經冬松不凋。原來符道趣，那得惹塵囂。識取冷泉畔，橋爲信度橋。

乾隆四十五年庚子暮春駐蹕軒詩

靈隱易雲林，奎章歲月深。名從工部借，詩意考功吟。詎必頻賡韻，那無一寫心。偷閒成五字，佳境向前尋。

疊李紳杭州天竺靈隱二寺詩韻

聖湖西畔多佛宇，靈隱原來天竺連。兩北南峰竿峙刹，八功德水鏡呈泉。筠篁萬个仍護徑，香火諸方不斷烟。僧海於斯信然矣，就中誰透上乘禪？

一富一貧分兩寺，李紳尚未悉之深。因教僧籙周急體，不異法王平等心。自昔已稱雕與飾，即今仍燦碧還金。促成七字歸鞍控，静聽鐘聲送出林。

飛來峰得四絶句

西天竺與東震旦，大地三千一掌平。宇宙以來便有此，甯資慧理始傳名！

玲瓏峰裏崎嶇棧，熟路之中展步尋。以世悟形容弗得，虚空體現妙明心。

嵌巖梵像無央數，聞説鐫成自大元。福業禍因齊置卻，景增萬古護祗園。

岰巙奇峰烘翠烟，緩尋詭徑意祺然。閲兹常住威光裏，彈指頃過十六年。

冷泉亭四和皇祖靈隱寺詩韻

峰入飛來路，玲瓏復崎峨。即看佛宇富，應識祖恩多。春物啓階卉，山雲潤壁蘿。豈期十五載，仍此一相過。

乾隆四十九年甲辰季春駐蹕軒詩

今日雲林昔靈隱，雲林越邃隱滋靈。相資殷故聖留額，本合相知佛有經。苦行僧常修業白，清吟客衹悦山青。卻憐文物斯邦久，何少劉家陋室銘？

再遊雲林寺

靈隱山陰雲林寺，臨安會稽會尺咫。仙家尚有縮地術，佛法寧無轉面理？浙中諸寺此最古，磵壑幽深尋迤邐。冷泉亭可换洗心，較量雲棲斯麗矣。其貧富又殊天竺，爲之酌劑亦偶耳。

再疊李紳杭州天竺靈隱二寺詩韻

天竺居南靈隱北，一岡爲隔路原連。湖西自古兩巨寺，徑側恒通幾道泉。之問五言窘觀日，公垂合相詠侵烟。至今僧海依然夥，幾箇能參指月禪？

二寺唐時各殷富，頓殊此日歲年深。旬宣雖是示公道，鎮撫未嘗無別心。仍看撑船收盞飯，幾曾解橐贈檀金。衹宜聽耳無關政，詠對歸輿度谷林。

雨中由風篁嶺下至靈隱寺路作

明當旋蹕歸，勝境欲重顧。風篁越迴嶺，即入靈隱路。雖雲石徑仄，舍近求遠誤。濕雲旁拂雨，暗衝低冪霧。黄山縱未觀，木蘭實屢遇。昔策馬直行，今乘輿緩步。老矣不覺慚，婆娑興猶故。

冷泉亭

飛來峰之側，呼猿洞之口。曲澗宛轉間，中有玉龍吼。功德任彼稱，清冷恒自守。曰空尚弗可，曰色更何有？林洪惜流出，未免失享帚。

五和皇祖靈隱寺詩韻

皇祖題靈隱，奎文山並峨。雲林實後易，歲月亦云多。映砌長禪草，拂窗密慧蘿。觀詔如季札，不擬重相過。

乾隆十六年辛未春遊韜光寺

雲林境已幽，韜光幽更極。蜿蜒盤雲逕，仰視天一隙。琅玕輪尺圍，過雨翠欲滴。蔥蒨交風枝，似埽行人跡。野禽送春聲，可見不可識。猶嫌山寂歷，間以泉淙石。攀陟造其巔，長烟一空白。稍待烟旋消，千里來几席。近湖遠者江，由江達海直。足力不能窮，結攬須臾得。譬如虛室光，其通乃在塞。西兹片晌興，酬彼萬古客。

再至韜光

前日坐韜光，觀海窮境遠。今日登高峰，韜光又平坦。以此識萬里，進界無止滿。徒愛境致幽，輒復紆畫罣。嵐翠度重重，徑險遵踠踠。山鳥及山花，夾道紛不斷。松翻綠雲濤，竹帶碧琅粉。不歷百磴艱，安知十里近？ 山僧縱慣經，和南笑而莞。

二十二年丁丑仲春再至韜光坐金蓮池上用白樂天寄韜光禪師韻

最愛翠鬟處，因之白足家。鳥啣飛葉竹，魚上落溪花。倡和成陳迹，林泉自道芽。上人者箇在，不領一杯茶。

暮春月再至韜光

雲林別室小徜徉，深秀真稱委宛藏。兩寺由來分一寺，湖光無際接江光。奇松詭石天然静，澗草山花自在芳。不辨北高峰下路，碧琅玕表矗蒼蒼。

金蓮池用韜光禪師答白樂天詩韻

苾蒭林下剏開泉，結得茅庵自然眠。官舍何妨辭玉粒，山池好在自金蓮。想他謝往招來日，仍此行雲流水天。何藉海寧稱好古，苔華重見碧峰前。

二十七年壬午暮春月再至韜光

韜光寺裏一泓水，奇蹟應同卓錫泉。此日偶然臨碧鏡，當年見説現金蓮。常涵古往今來月，不異雲容山色天。七字促成旋命駕，清新卻愧白家篇。

又

言遊浄室別雲林，曲曲山蹊步步深。輪尺�london竿紫粉墜，垂尋泉脈玉絲斟。不因初狹歷層磴，那得中宏暢遠襟。眈静未宜歸敕政，安能箇裏學安心？

三十年乙酉春閏月再至韜光擬白居易寄韜光禪師仍用其韻

試言太守第，何似法王家？入徑多松竹，盈庭有藥花。其來對蒲席，相與剥蕉芽。奚必金蓮畔，恒耽泉煮茶。

閏月中澣再至韜光雜用三首

幽絶雲巢棲碧嶒，緑琅玕裏歷階磴。笑予詩句非杭守，又此無端訪蜀僧。

襲芳曲徑滿蘭蓀，出竹纔看柰苑垣。自是佛無人我見，玉虚上相坐當門。

金蓮池上小逡巡，名蹟千秋幾不堙。斷碣何從覓蘇趙，書詩惟見近時人。

韜光庵疊舊作韻一首

竺庵猶隔幾重林，靈隱西廂路入深。借石爲關誰許敏？引泉接竹遞相斟。上方殿塔寂鐘磬，下界湖山自帶襟。比喻漫同虚空白，箇中衹合證無心。

又

巢溝塢裏有清泉，足供枕流漱石眠。那籍多人聯白社，願同枯木守青蓮。一泓清泚甯非水，萬古空明亦映天。莫怪山僧不出户，伊蒲領在未招前。

韜光詩一首

靈隱暢清遊，曲徑西北向。翠雲入叢篁，赤城盤叠嶂。尋幽極蓊翳，造端乃宏曠。近山遠者湖，縱横歸一望。竺庵名韜光，其義藴無量。衣錦復尚絅，儒佛豈殊狀？

又

重尋幽谷入筠林，步步非塵得得深。佛宇不期行以到，詩情相與酌而斟。松聲泉韻近宜聽，山色湖光遠豁襟。此是天龍一指處，去來今那覓從心？

四十九年甲辰季春月下澣至韜光

竺庵幽隱號韜光，尚絅惡文義足方。誰謂墨儒不同道，從之亦可用其長。辛未初遊斯甲辰，匆匆不覺卅餘春。每來必有詩留詠，光弗能韜卻費神。

韜光庵三疊舊作韻

平生志不厭山林，況此山林處最深。螺髻龕參檀篆結，金蓮池汲茗漿斟。片時静可消塵慮，七字成聊託素襟。行漏泠泠促歸轡，曰歸曰住兩無心。

擬韜光禪師答白樂天三疊其韻

蜀人性本樂林泉，偶爾結庵供食眠。覆釜漫招積廚飯，巢溝難捨槈池蓮。禪宗頗慙曾參月，師囑聊安此遇天。偶撫遺蹤三疊韻，底論成佛後和前。

擬白居易寄韜光禪師三疊韻

莫説毘尼守，弗遊居士家。甯忘彼摩詰，曾見散天花。筇竹何妨策，禪杖不復芽。有來應有往，擬去領杯茶。

墨寶

聖祖仁皇帝賜『飛來峰』三字。

高宗純皇帝賜『鷲嶺龍宫』匾一方，佛殿對一副，『涌翠披雲』匾一方，《雲林》五言排律詩一軸，石刻《金剛經》寶塔圖一軸，石刻《心經》寶塔一軸。

以上俱乾隆十六年賜。

《三希堂法帖》一部，計兩套三十二本，石刻水月觀音像一軸。

以上廿二年賜。

石刻《蓮經》一部，《和宋之問泠泉亭詩》匾一軸。

以上廿七年賜。

『鷲嶺龍宫』匾一方，石刻黄龍洞祖師像一軸。

三十年賜。

《淳化閣帖》一部。

三十八年賜。

墨碑貫休羅漢十六軸。

四十年賜。

《無量壽佛經》二卷，《五百羅漢名號》二卷，石刻娑羅樹畫一軸，玉如意一柄。

以上四十九年賜。

欽頒《白傘蓋經》一匣，蓬萊仙島硯一方，石刻《蘭亭》手卷一個。

以上五十年賜。

諭旨

乾隆四十三年二月二十七日，布政使臣徐題奏：竊照西湖雲林禪寺，爲杭州一大叢林，恭逢皇上翠華臨幸，宸翰叠頒，東南勝地名藍，光增佛日。前因殿宇年久漸圮，曾於乾隆四十一年，據寺僧之請，臣稟商撫臣三，與司道各府，捐廉修葺，業已竣工。惟是雲林寺僧五百餘衆，食指浩繁，向無齋糧香燈之産，止藉募化居民齋飯以資餬口。因與天竺相近，前因撫臣周人驥，飭令雲林寺僧就近帶管，以天竺香火之有餘，補雲林齋糧之不足。嗣於乾隆三十八年，雲林住持年老不能經理，另選戒僧接管，天竺因非一派，於是天竺香燈遂與雲林無涉。臣查寺僧五百餘衆，僅藉日募，齋飯已虞不足，設遇風雨之期，更恐未能接濟。昨蒙皇上詢及雲林、天竺情形，仰見惠養仁恩，無微不浹，如蒙聖恩，仍令雲林寺僧帶管天竺，俾得齋糧充裕，静志修持，五百餘衆頂頌鴻慈益深，歡祝於無量矣。謹奏。

乾隆四十三年二月二十九日奏，奉旨：交軍機處寄信浙江巡撫查辦。欽此。

乾隆四十三年三月初七日，准兵部火票遞到，承准大學士公阿、大學士于字寄浙江巡撫王，乾隆四十三年二月二十七日奉上諭：昨召見山東布政使徐，因其在浙歷任司道最久，詢其該處水利情形，據稱湖州一郡，地近太湖，上承安吉、孝豐天目諸山之水，爲杭州之下游，全藉宣洩得宜，以衛田廬而安民業。向有漊港七十二道，不特湖州一郡水利攸關，即毗連杭屬各縣，亦藉疏洩之利。並據口稱，將來若蒙親臨指示，寔爲民生攸賴，且由杭州白雲橋而進至江南平望，歸於官塘，路程亦不甚紆折等語。湖州既有應修水利，關係杭、湖兩郡農桑，自應取便前往閲視，但湖郡向未經臨該處，河道是否寛廣，水營縴路有無妨碍民田，不甚費事，著傳諭王悉心籌酌。是否可行，據實具奏。又徐另片奏稱，雲林寺僧食指浩繁，向無齋糧香燈之産，止藉募化以資餬口。從前曾令兼管天竺，以香火之有餘，補齋糧之不足，嗣因雲林住持年老，另選戒僧管理，天竺遂與雲林無涉。若仍令雲林寺僧住持帶管天竺，齋糧庶得充裕等語。雲林爲浙中古刹，僧衆甚多，自當爲之調劑。前此令該寺住持兼管天竺，以有餘補不足，較爲兩便。若天竺刹小而僧少，原不值令其獨擁厚貲，更爲量爲妥辦，並着交與王，即行查明，令雲林兼管天竺，仍具折覆奏，俾禪流無虞缺食。將此諭令知之。徐摺着鈔寄閲。欽此。

乾隆四十三年三月二十二日，撫臣王夾片奏覆，奉上諭：雲林兼管天竺，較爲兩便，着臣查明覆奏。臣查雲林、天竺住持，向來更換不一，臣前于藩司任内，因念雲林清苦，令天竺于餘剩香資内，每歲幫貼銀五百兩，曾經詳明立案，至今遵行。今蒙鴻慈普被，無隱不周，自應遵旨，即令雲林兼管天竺。臣現在酌定章程，飭令永遠遵守外，合先奏覆。四月二十五日。奉硃批：覽。欽此。

乾隆四十四年三月初九日，爲恭摺奏明事：竊照雲林一寺，僧多糧少，上年欽奉諭旨，令其兼管天竺，飭臣查明妥辦。當經臣將遵旨辦理，並現在酌定章程緣由，先行恭摺奏覆在案。旋據司道具稟，天竺出息全在香市，彼時香市已過，所入銀數難以細查，應如何調劑之處，亦無憑酌辦，應俟今春香市之後，再爲核實妥議。兹接據布政使國，會同按察使孔、糧道楊、鹽道陳詳稱：天竺、雲林均係杭城古刹，兩寺各有荒瘠山地三千六七百畝，花息無多，惟三春香火較盛。今細加查核，雲林寺歲入地租香火佈施，約有二千餘兩；天竺法喜寺歲入地租香火佈施，約有五六千兩。先因雲林寺僧齋糧不敷，曾令天竺於餘剩香資内，每年撥給銀五百兩，以資幫補，而雲林之僧徒較衆，天竺之出息較赢，挹彼注兹，庶可永遠遵守。第雲林、天竺兩寺，歷來各有住持，雖更换無定，而責成宜專。且天竺祈晴禱雨，爲大士靈感道場，更須設有專僧，常川經管。從前雲林兼管天竺，兩寺一僧，顧此失彼，以致日就廢墜。自另選圓照寺僧人明水經理以來，百廢具舉，甚爲出力。詳加斟酌，天竺、雲林二寺住持，似應均仍其舊。惟是天竺出息既兩倍於雲林，而雲林僧徒又兩倍於天竺，必當裒多益寡，以示均平。今仰體皇仁，應令天竺於每年幫貼雲林銀五百兩外，再增幫銀一千五百兩，連前共二千兩，則雲林齋糧更得寬裕，天竺方丈仍有專僧，兩寺緇流，均鴻恩於無既矣，等情。具詳到臣，臣覆加查核，似屬周妥，所有辦理緣由，理合恭摺奏覆，伏祈皇上睿鑒。謹奏。四月十一日，奉到硃批：好，知道了。欽此。

禁約 免糧碑附

禁約碑

浙江杭州府正堂加十級蘇爲禁約事：照得飛來峰形勢巉聳，巖壑玲瓏，收聚黄山、天目來龍之氣，其鍾靈毓秀，有關省城文脈之興替。東晋咸和年，自西域聖僧慧理，於峰前、峰後開建靈隱、靈山兩刹，其名益著。隋仁壽二年，敕建浮圖七級以鎮壓之，名曰『神尼塔』。其以神尼命名者，葢因尼智仙神通夙具，文帝沐其點化，故於塔中既埋世尊舍利，且供神尼之像焉。事詳龍藏《法苑珠林》，班班可攷。自是之後，此峰遂稱爲國家禁地。宋相韓侂胄欲於其上妄卜牛眠，民謡曰：『靈山一片地，上有王者氣。丞相營首邱，不知主何意？』其覬覦之心，遂不敢逞。及明天啟元年，有陳宦者，復萌侂胄之心，事聞，巡撫蘇公除一面審斷外，另於懸崖峭壁鑿擘窠四大字，曰『天子萬壽』，款曰：『天啟元年，都御史臣蘇茂相恭立。』至今炳炳煌煌，萬目畢睹。其稱臣者，示名器所在，即天威咫尺之所在。《禮》曰：『齒路馬，有誅；蹴路馬芻，有誅。』夫以君王之馬，與馬所食之芻，齒之蹴之，罪且不宥，何況山有天子之號，而敢於其頂上尚可謀葬之人哉！此猶往事也。康熙二十八年，聖駕南巡，駐蹕靈隱，賜以『雲林』之額，尤鍾愛此峰，題詩紀勝，有曰：『靈山含秀色，鷲嶺起嵯峨。』又曰：『開襟對層碧，下馬撫煙蘿。』則是前日之禁，惟閑勢豪謀佔之邪，今日之防，更爲天子神明所注，是一草一木，尤當愛護，使無損也。近聞不法僧徒，利慾薰心，不畏國典，公然將峰頭地畝盜賣於豪家葬墳，兼有不逞之輩，竊盜塔磚，朋奸作孽。盜賣者固不懼王法，盜買者豈不愛身家乎？夫以韓相不能得之於宋，陳宦不能得之於明，今何物勢豪，而敢謀此龍穴也哉！若謂價買非謀，天下名山，莫非王土。延僧奉守香火以祝聖壽，名爲千年常住，不同俗家父祖所遺之私産也。若使一朝僧可賣千年常住，凡屬天下匪人，無所投奔，相率逃入空門，今日削髮，明日賣山，是恒、岱、嵩、華，皆偷兒乞丐起家之本也。天下名山僧佔多，蓋常聞之，天下名山僧賣多，有是理乎？本府有守土之責，聞此奸宄，切齒恨之，是以細攷圖籍，詢之耆老，不惜至再至三，知前人守護之艱難如彼，今人廢敗之容易如此。天竺、靈隱，同一慧理開山爲之，後者何度量之相越若是乎？合行給示，勒石永禁。爲此，示仰軍民僧俗地方保甲人等知悉：嗣後飛來峰上，亟宜栽樹修塔，培養名勝，永不許營葬墳墓。敢有蠢不受化，仍蹈前轍，其盜賣盜買之輩，以及堪輿看墳之人，一體依律治罪，決不姑貸。更有諭者，從來名勝之地，疆畔遷變，雖不無各有管業，若其風水關乎萬姓，古蹟建於前朝，仍是天下公器。此峰、此塔，晉、隋故物也，且闔省文風所係，國家王氣所鍾，嗣後若靈隱盜賣此山寸土，許下竺協同地方報官；若下竺盜賣此山寸土，許靈隱協同地方報官，立刻鎖拿究明，仍通詳各憲重處。此出於本府親訪，事關地方，故不辭叮嚀告誡，爾等當悔過自新，毋以身試法可也。須至示者，右仰知悉。康熙三十一年五月二十三日給。

杭州府錢塘縣加一級黄爲禁約事：照得靈隱寺前，有靈鷲一峰，奇石叢萴，青蒼玉削，且巖扃窈窕，嵌空玲瓏。雖爲古刹之屏障，實係杭郡之文峰，自古賢哲挺生，莫不鍾秀於此。其飛來之名，始自晋僧口讚，然而峰巒一帶，奇秀無窮，故形家之説，以爲有王者氣。宋相、明宦，曾經圖維，祇不過徒然遺笑百代耳，又何濟於事哉？兹有欲蹈前轍者，寧不以往鑒作誡，意欲何爲耶？前聖駕南巡，曾經駐蹕，寺賜『雲林』，峰加題咏，附近僧俗尤當加倍守護，以成勝地，即一草一木，勿許擅動。今本縣訪聞，有不法僧徒貪其貨利，敢將峰頭地畝擅行議賣，致使本地奸棍溺於風水，百計營求，罔顧從前刊碑，藐視各憲禁約，一有損傷，所關非細，合行嚴禁。爲此，示仰闔郡軍民，以及僧衆諸色人等知悉：嗣後恪遵禁示，勿效昔日痴人。務於飛來峰上廣爲培植，勿損靈塔。豈特增輝乎佛境，抑且裨益於文巔。倘有不遵，仍想窀穸，有傷來龍者，或經訪出，或被告發，本縣即據實通詳，定將賣山、買山之人，立拿究解，斷不稍爲寬貰也。慎之！特示。康熙三十一年五月二十九日給。

免糧碑

特受浙江杭州清軍驛傳總捕分府、帶管錢塘縣事加二級秦，爲籲恩奏免徵輸，以廣皇恩，以庇靈山香火事：雍正四年十月三十日，奉署本府寧紹分府加二級徐憲牌，奉布政司憲牌，奉巡撫都察院李憲批：據具呈，雲林寺僧智廣呈稱，竊雲林寺永爲浙江祝釐道場，省會禪門，但荷聖祖施法外之仁，凡翠華臨幸處所，如省城浄慈、寧波普陀等寺應輸錢糧，均沐恩免，惟雲林已邀聖祖仁皇帝巡幸七次，未奉恩免。且雲林實無出息田畝，所有寺基與寺外至九里松大路，計共二百六畝，並石磡荒山共三千四百畝，些利全無，輸納維艱，仰懇轉達恩免等情。奉批：仰布政司查例詳覆等因。批示行府下縣，遵即查明浄慈免糧之例詳覆。蒙署府徐核議，請將該寺户下山地三千六百畝，照依浄慈之例，概行攤免具詳。前藩憲許批：仰再確議覆。蒙前府憲孫議，將該寺户下丈明寺内行宫殿宇基址徵地一百一十四畝七分三釐二毫五絲，土山四十一畝九分五厘一毫，并該寺户下攤加鄉市丁銀具詳，請照浄慈寺免糧之例，均攤各里，其餘一切山地條糧，仍令僧完。詳奉轉詳總督浙江部院管巡撫事李憲批：錢邑糧額，因匀丁加增，較各邑稍重，現在酌量於許村丈出沙地案内議補，仰候彼案丈明之日，另詳核奪。兹於雍正六年正月十三日，蒙本府憲牌，爲曉諭丈出隱佔地畝，抵補仁、錢二縣市丁錢糧等事，雍正六年正月初九日奉布政司憲牌。雍正五年十二月十六日奉總督浙江部院管巡撫事李憲牌：前事行司到府，飭行清出許村沙地銀内，于雍正六年爲始，抵補仁、錢二縣市丁銀兩，并抵補雲林寺原詳批免銀米等因。知照下縣，于雍正六年五月初三日，遵將該寺户下批免山地條銀六兩八錢七分三釐，漕米五石五斗二升三合三勺，漕截一兩四錢六分九釐二毫，該寺户下攤加鄉市丁銀一十二兩九分三釐四毫，造册具詳前藩憲彭，轉呈總督浙江部院管巡撫事李憲批：知照題明咨部，俟海防廳徵追前項沙地租銀内，照數發縣抵補在案。于雍正六年九月十五日，奉前府憲郭憲牌，奉總督浙江部院管巡撫事李憲牌：前事行司到府，仰縣即將先後詳批雲林寺基應免數目，分晰備叙原委，須給帖文，令其勒石遵照，以垂久遠。仍將碑摹詳送附案，等因。奉此，爲查免山地畝分字號細數，先經給示曉諭，并詳覆註册，于雍正六年爲始扣免外，合行勒石永遵。爲此示仰雲林寺僧，即便遵照憲批，永各遵守。須至碑者。

計開：

率字八百三十八號，徵地四釐一毫二絲。率字九百六十七號，徵地一分四釐八毫八絲。率字一千七百五十九號，徵地一畝四分六釐八毫八絲。率字一千七百六十一號，徵地三畝八分一釐二毫二絲。率字一千七百六十四號，徵地八分二釐六毫九絲。率字一千七百六十六號，徵地一畝三分一釐三毫九絲。率字一千七百六十九號，徵地五畝五分三釐四絲。率字一千七百七十二號，徵地一畝四分四釐五毫一絲。率字一千七百七十八號，徵地五畝九分八釐六毫。率字一千七百八十一號，徵地四畝八分一釐七毫四絲。率字九百二十五號，徵地一畝八分三釐九毫五絲。率字一千七百五十八號，徵地五畝六分五釐一毫七絲。率字一千七百六十號，徵地四分七釐九絲。率字一千七百六十二號，徵地一畝二分七釐。率字一千七百六十五號，徵地六分四釐九毫九絲。率字一千七百六十八號，徵地三畝二分一釐一毫八絲。率字一千七百七十一號，徵地三畝九分六釐九毫八絲。率字一千七百七十四號，徵地九分五釐八毫。率字一千七百八十號，徵地六畝四分七釐八毫二絲。率字一千七百八十二號，徵地一十九畝二分三釐四毫。率字一千七百八十三號，徵地四分四釐三絲。率字一千七百八十七號，徵地六畝一分五釐三絲。率字一千七百八十九號，徵地六畝五分一釐四毫八絲。率字一千七百九十三號，徵地一畝三分四釐三毫。率字一千七百九十六號，徵地七分一釐七毫五絲。率字一千七百九十八號，徵地一畝九分三釐九毫一絲。率字一千七百八十四號，徵地二畝六分八釐八毫一絲。率字一千七百八十八號，徵地三畝二分三釐。率字一千七百九十號，徵地二十畝二分四釐。率字一千七百九十三號，徵地一畝九分一釐二毫二絲。率字一千七百九十七號，徵地四分二釐九毫六絲。以上共徵地一百一十四畝七分三釐二毫五絲。率字二千八百六十八號，內土山五畝。率字二千八百七十號，土山十五畝三分二釐二毫。率字二千八百六十四號，土山四畝二分二釐六毫。率字二千八百六十七號，土山二畝六釐九毫。率字二千八百六十九號，土山五畝三分三釐四毫。率字二千八百七十一號，土山一十畝。以上共土山四十一畝九分五釐一毫。

雍正七年歲次己酉夏五月　日立石。

敕賜雲林禪寺免糧碑記

雲林禪寺，爲浙省祝釐叢林，聖祖仁皇帝七巡浙江，屢蒙賜額匾對，皇恩叠沛，有加無已。寺無寸田粒租，惟不毛山三十六頃有奇，糧無所出。雍正六年，前住持智廣將寺内殿基園場地一頃一十四畝零，土山四十一畝零，歲該條漕六兩八錢零，許寺户攤加鄉丁銀一十二兩零，漕米五石五斗零，漕截銀一兩四錢零，呈奉前宫保督憲李批准豁免，於乾隆元年，前閣憲嵇題明奉免在案。乾隆二年，又據前住持明覺復將寺外官路并飛來峰亭基，共徵地四十四畝零，土山六十二畝零，石山八十六畝零，歲該條漕銀三兩七錢，漕米二石四斗，條漕截銀六錢，復呈前閣憲嵇題准豁免。二次奉免之外，尚存徵地三十八畝零，土山七頃二十四畝零，中山二十四頃零，石山一十四畝零，水蕩二畝零，歲該條漕截銀并徵銀三十六兩八錢，漕米一十七石零。今住持義果、監院德球，又於乾隆四年，呈巡撫都察院盧，批送藩憲張、府憲姚，轉行仁邑縣主葉、錢邑縣主王，勘明詳奉，會同閩浙督憲德、漕運督憲託，合詞具題，奉旨准於乾隆四年爲始，通數全免，欽遵在案。除三次豁免字號銀産數目，已蒙錢邑縣主開造印册，給發常住收執，并蒙出示飭禁，毋許地根侵佔外，爲此遵奉旨憲，立碑寺内，鐫記前案如左。乾隆五年三月日，雲林監院德球、德語公同兩序等，敬摹立石。

免糧碑

戊申年十月七日，謁佛雲林，住持僧重照指呈免糧碑，並殘缺不全之狀。按，係乾隆二年、九年兩次題奏奉免外，尚存徵地、土山、石山、水蕩三千一百七十八畝零，於乾隆四年，先中丞漢亭公巡撫浙江，題奏豁免，僧衆感激聖恩，立碑鐫記三次全案。歲久斷缺，剥落難徵。敬維皇仁所被，先澤所留，爰泐新碑，依文照刻，附跋於後。乾隆五十三年歲次戊申十月，兩浙、江南等處鹽法道、加四級紀録十次襄平盧崧書。

續修雲林寺誌卷二

重興

仁和翟灝

雲林寺興廢

雲林寺，舊名靈隱寺，晋咸和元年，僧慧理登飛來峰，曰：『佛在世日，多爲仙靈所隱，今此亦復爾邪！』因建寺，名靈隱。相傳寺額乃葛洪書，或云宋之問書。山門曰『絶勝覺場』，正殿曰『覺皇殿』。唐會昌廢教，寺毁，後稍稍興復，規制未宏。吴越錢氏命僧延壽開拓，建經幢于寺門左右。宋景德四年，增寺額『景德』二字。南渡，高、孝兩朝屢幸，號『禪院五山』之第二山。元、明興廢靡常，今寺則順治時僧宏禮所重建也。宋志聖蹟，有百尺彌勒閣、蓮峰堂、白雲堂、千佛殿、延實水閣、望海閣、巢雲亭、松源菴、直指堂，及梁簡文《石像記》、唐司空曙詩、僧遵式《五峰合澗》詩石刻，宋理宗御書『覺皇寶殿』、『妙莊嚴域』大字。元、明聖蹟，有一笑軒、交蘆室、妙應閣、安遇堂、禪悦堂、面壁軒、歸雲庵、浄居庵、白雲菴，今惟覺皇殿、直指堂尚仍舊名。新蹟，則有羅漢殿、金光明殿、輪藏閣、大樹堂、南鑑堂、聯燈閣、華嚴閣、青蓮閣、梵香閣、玉樹林、紫竹林、蒙堂、萬竹樓諸勝。康熙二十八年，敕賜名『雲林寺』。乾隆十六年，御題覺皇殿曰『鷲嶺龍宫』，直指堂曰『涌翠披雲』。

重修雲林寺記

溯自漢明帝時，白馬西來，名都梵刹，遂徧寰區。其最勝者，莫若錢塘之西湖，西湖諸山，又以靈隱爲特勝。蓋其衆山圍拱，一峰中斷，林石秀萃。雲煙萬狀中，遠睇湖光，朗然石鑑，洵屬東南異境。五季以前，興廢勿論矣，唐大厤時，廢而復興。錢氏有國，令僧延壽起石幢，殿仍咸和覺皇之舊，後又建千佛閣、法堂、彌勒閣等處。其時尚沿東靈鷲、西靈隱故址，析而二之，宋景德間合爲一，改『絶勝覺場』爲『靈隱禪寺』。理宗時，駐蹕屢幸，又改『法堂』爲『直指堂』，嗣後廢興代嬗。明洪武、永樂、宣德間，若惠明、善才、良玠諸僧，先後增復勝槩，至隆慶三年，燬于雷火。萬厤壬午，僧如通説經募衆，始得勷堊有加。此勝代以前相沿梗概也。

國朝順治戊戌，大殿燬，僧宏禮鼎新之。康熙癸亥、癸酉及辛巳等歲，恭奉聖祖仁皇帝鑾輅，叠次南巡，御書『雲林』二字，改名『雲林禪寺』，賜金佛一尊、香金五兩，御書『禪門法紀』額，恩賚有差。雍正戊申，前制府彭城李公募修重整。蓋自宸章屢賁，香靄恒春，固足合蘭若甘膏，長沾衣盋也。今我皇上懋舉時巡，翠華之涖兹寺者，前後共七次，輝煌睿藻之隆，與日月湖山常瞻瑞彩，其視東晋以來，規模宏遠矣。惟是永澤期於宣化，而集福本諸善緣，余自乾隆癸巳春，奉命撫浙，閲今五載，幸時和歲稔，凡政治之導揚主德嘉惠民生者，謹次第修舉。歲乙未，雲林寺僧告以殿宇傾圮，援前李制府例，請加修葺。余諮于前署藩司徐君，命杭郡噶守，詣寺揆計度程。議既定，爰首率闔屬官僚，共捐廉俸七千四百兩有奇，僧又募輸千金，撰吉鳩工，官課勤惰，僧司出納，不擾不撓，孚忱趨事。於是御供金佛殿、御碑亭、駐蹕亭，與夫大殿、天王殿、大山門殿，及法堂、羅漢堂、春淙、冷泉、翠微諸亭，以次繕治。經始於乾隆四十年十月，至四十二年六月事竣，計工三萬餘，綜費九千二百餘兩。適當落成後，新承命移任兩湖總制，將戒程去，僧德照礱碑石請余記之。余惟浙人稟山川清淑之氣，士秀民淳，爲善最易，兹寺之修，豈惟崇象教哉！上以彰熙時宸翰之昭垂，下以慰瞻禮皈誠之衆願，殆亦善俗宜民之一助也，遂允所請而爲之記。巡撫浙江等處、陞授湖廣總督都察院右都御史兼兵部尚書、世管佐領三寶譔。布政使司布政使孫含中、前署布政使司按察使徐恕、按察使國棟、督理糧儲漕務道陸允、鎮兩浙江南鹽驛水利道噶爾弼善、分巡杭嘉湖海防兵備道梁鈺、分巡金衢嚴道吴恩詔、分巡温處兵備道楊漢、前署湖州府知府候補道巴國柱、杭州府知府邵齊然、嘉興府知府張紹元、湖州府知府楊成龍、寧波府知府徐崑、紹興府知府席椿、台州府知府衛詣、金華府知府凌廣赤、衢州府知府王士瀚、嚴州府知府吴微士、温州府知府鄭澐、處州府知府王榮勣、署嘉興府知府西防同知王燧，同勒石。候補道汪秉德，候補道汪立德，原任湖北黄州府知府夏瑚，直隸州加一級黄寧知州、撫轅巡捕謝士超，管理仁和埸蔣照，通判顧歧山，杭州府鹽鹺公商許南江、沈大進、王佩箴，仁邑典商衆姓，錢邑典商衆姓，錢邑金武錫仝男秉剛，助鐵栗木一枝。乾隆四十二年歲次丁酉孟秋吉旦。

兩浙鹽漕察院廣摺奏稿

十月十三日，奴才在京面奉諭旨：上年雲林寺失火，焚燒大殿，飭發運庫鹽課銀一萬兩，交該寺僧承領起建等因，欽此。仰見聖恩廣被，特發帑金，俾名勝古刹仍復舊觀之至意。奴才回任後，遵即傳到該寺住僧，恭宣恩旨，並于運庫征存鹽課内，動支銀一萬兩，備具彩亭，敬謹送往，合寺僧人焚香跪接，叩謝天恩。奴才復親詣履勘，查該寺被焚大殿一座，工程雖不甚多，而需用木料較大，未免難於購求，即經費亦尚須預爲籌備。奴才諭令該住僧，將承領欽賜帑銀，即速購備大號木料，以便興工。一面會同撫臣程，率同在省文武大小官員及商人等，分别捐輸，共勷盛舉。除俟捐有成數，陸續發交該住僧，自行經理，其不敷銀兩，飭令該僧捐募外，合將僧人感激悃忱，繕摺代謝天恩，伏乞聖鑒。謹奏。嘉慶二十三年十一月二十三日附片具奏。

兩浙鹽漕察院廣札

知照摺奏回任，并飭發起建雲林寺大殿銀兩，札鹽運司知悉：照得本院於本月二十二日具奏回任謝恩一摺，並附奏恭宣恩旨，飭發運庫鹽課銀一萬兩，起建雲林寺大殿一摺，候奏到硃批，另行恭録行知外，合先鈔摺札知。札到該司，即便遵照，並於運庫征存鹽課内，動支銀一萬兩，備具綵亭，敬謹送往，交該寺僧承領具報。毋違！嘉慶二十三年十一月二十七日下。

重建雲林寺碑

余奉命撫浙之明年，值雲林寺殿工告成，諸紳士請余誌碑，以垂久遠。按，雲林爲古靈隱寺，在會城之十餘里，襟江帶湖，夙擅形勝。晋咸和間，竺僧慧理始卓錫開山，因山署名，連建五剎。唐時，屢更興廢，四剎湮没無考，而靈隱獨存。吴越錢王飭僧延壽，恢拓舊基，規制較備。其後大殿一燬于宋，再燬於明，三燬于國朝順治十五年，皆甫燬旋建，克復舊觀。近於嘉慶二十一年八月二十九日，大殿復燬，延及行宫觀音殿。經前撫臣楊護循例入奏，仁宗睿皇帝恩旨，賞給運庫帑銀一萬兩，以資建復。於是前撫會同鎮浙將軍，率各僚屬，首先倡捐，得銀一萬一千兩有奇，存貯運庫。道光紀元，四所商人金肇新等呈請，以各憲仰體聖慈，捐廉勸助，今衆商咸願每引捐銀三分，共銀十萬七千兩有奇，隨綱遞輸，存庫備用，餘由住持儀謙虔心叩募浙東西及鄰省紳士之踴躍樂輸者，前後亦以萬計。閲歲凡六，經費乃裕。三年，運司宋如林請發存項，開工興建。前撫委令遴擇董事葉道傳、朱嘉猷、孫培、徐志震四人，副以徐沂，詳示規模，責成領款，搆選木石磚瓦各料，或分任，或專司，通力量才，悉心經理，遭燬之宇，以次營造。及歲久傾圮之天王殿、羅漢堂，俱一律鼎新，座補像裝，金碧照耀。其梁棟榱桷之修亘，瓴甋垣墉階砌之崇廣，悉準前式，勿侈勿媮。方鳩工時，頭山門又爲鄰火所燬，諸董事捐資重築，並買民居被焚地拓之，前繚以牆，旁界以衖，觀瞻之肅，視昔有加。是役也，用建造修葺數百十楹，首各殿堂，次經閣，次碑亭，以至客舍僧寮、庫藏庖湢之所，靡不一一完整，塈茨丹雘，赫然煥然。經始於道光三年七月初七日，落成於八年四月十六日，計用銀十三萬七千餘兩。工鉅費節，期速制堅，無損民生，有資象教。來觀者悟華嚴法界，如聖域賢關，不可磨滅，因起樂善悔過之心，厥功偉矣。獨念斯寺深藏林壑，遠隔市廛，而自宋以來，屢遭火燬，豈寺僧之不慎，亦有數存乎其間耶？繼自今，住持僧當思締造之艱，益矢護持之力，安禪鷲嶺，邀佑龍天，斯誠余所深望者。夫名勝之區，莫敢終廢，況寺爲列聖翠華之所臨幸，仁廟恩帑之所寵頒，墨寶儲藏，山靈森衛，余來適觀其成，是不可以無紀也。爰徇諸紳士之請，而叙其建復之端委，俾後之修志乘者，有所考焉。欽命兵部侍郎兼都察院右副都御史、巡撫浙江等處地方、提督軍務兼管兩浙鹽政、加一級紀録十四次劉彬士撰并書，道光八年歲在戊子夏四月初一日建。

具呈四所商人金肇新等爲籲請公捐以期仰副皇仁而資重建事切：西湖雲林禪寺，爲全浙古刹，創由晋代，擴自聖朝。鷲嶺岧嶢，實東南之勝境；蓮峰秀削，乃吴越之禪宗。恭逢高宗純皇帝六次南巡，屢沐翠華之臨幸，疊邀宸翰之輝煌。溯自雍正年間，前宫保兼鹽政李興修殿宇，整舊一新，志乘昭垂，班班可考。詎嘉慶二十一年，不戒於火，大殿被焚。時際大憲大運進京，面奉仁宗睿皇帝垂詢，荷蒙恩旨，欽發帑金一萬兩，令寺僧募建。現奉鹽、撫二憲，暨道、司、府、廳、州、縣、場所，捐廉勸助，除撥寺僧赴楚購料運回，以備工用外，惟是殿宇高深廣闊，總須按照舊時成式辦理，約計現在存買之料，只敷工需十分之二，其餘料物工作，不敷甚鉅。委是工程浩大，勸募爲難，若不争籌興建，則以前領帑購存木料，值常年露處雨淋，日漸朽腐，必致前功盡棄，經始無期。商等目擊情形，緣思該寺前因閣宇損壞，鹽務眾商曾經立款捐修有案，此次被焚，分别仰體皇仁憲德，共効眾擎之舉。爰是公同籌議等情，願專立林廟捐款，每引輸銀三分，即于詳准奏批之日爲始，無分綱分，隨卯起輸，以爲該寺建復之資，數足停止。所有工程事務，另容公舉誠實諳練董事數名，責成會同該寺僧，實心經理，一俟廟工銀兩捐有成數，即由董事會同請領，俾得即時庀材鳩工，以期速成善舉，庶旃越復沾聖澤涵濡，輪奂重新，共仰憲恩優渥。爲此，備情環叩，伏乞大憲大人俯賜鑒准，批司立案，誠爲德便。上呈，道光元年正月初五日呈。

批：據呈，雲林寺工料等項不敷甚鉅，該商等議請每引捐輸銀三分，以爲該寺建復之需，甚屬可嘉。應如所呈，無分綱分，隨卯起輸，俾成善舉。仰鹽運司即飭該商等，公舉誠實諳練董事，會同該寺僧，實心經理，務須工歸實在，毋得稍有虚糜，致干未便。

重建雲林寺記

朱嘉猷 菊溪

靈隱寺在今杭州武林山，距城十餘里，其山控湖拒江，有龍盤鳳翥之狀。東晋咸和三年，竺僧慧理至武林，見飛來峰而嘆曰：『此爲天竺靈鷲峰小嶺，不知何代飛來？』徘徊久之，於是結山水之因緣，闢僊靈之區宅，連建五刹。靈鷲、靈山、靈峰等，或廢或更，惟靈隱獨存。後因年久頹廢，寺燬僧散，復經永明壽禪師重爲開拓，殿宇一新。宋宣和五年閏十二月八日，正殿被焚，九年，住持曇瓚建復舊規，旋於前明隆慶三年，燬于雷火。萬厤壬午，住持如通開講説法，士庶雲集，鳩工庀材，百廢俱舉，越五年而竣事。國朝順治六年，住持具德和尚重加修整，殿宇一新。戊戌年，大殿遇災，至辛丑七月十七日，大殿與天王殿同日興建。宰官護法，檀越施財，貧者用力，役夫助工，不三年而各殿俱成。今于嘉慶二十一年八月二十九日，大殿又遭焚燬，沿及行宫、觀音各殿，當奉前撫憲楊附片奏明，奈工程浩大，建復綦難。住持儀謙堅金剛心，發勇猛力，不避風雨寒暑，沿街拜經叩募。兩載以來，誠心感格，上蒼護佑，于二十三年十月，奉前鹽憲廣大運回浙，傳奉仁宗睿皇帝恩旨，賞給運庫帑銀一萬兩餘，聽該住持自行募化，以資建復，旋荷各大憲首先創捐銀一萬數千兩。至道光元年正月，經四所衆商金肇新等，仰體皇恩憲德，呈請每引捐銀三分，爲建復之資，緣董理乏人，未及興建。延至道光三年，經前運憲宋誠心啟建，延董事指示規模，責成請領捐款。時葉道傳、孫培、徐志震及嘉猷，并外延幫理董事徐沂，購選木石磚瓦各料，雖分任其責，仍總理其事，督同各匠，實心經辦。於道光三年七月初七日，破土興工，承辦數載，不獨大殿建復焕然，悉循其舊，并兩傍之行宫、觀音殿，一齊復建。前至天王殿，及西戒堂下之羅漢堂五十四間，按查碑記式樣，逐一補裝，周圍佛像嚴麗，金碧輝煌，以補前建之不足。共計建造修葺數十餘進，自内至外，各殿、各堂、各樓、各亭、各寮、各舍，脱體更新，悉因大殿焚燬建復。詎於七年正月二十五日，頭山門又被鄰火延焚，幸大工未竣，經董事等復捐資，購買焚燬民地，添建照牆，併於山門兩傍置買餘地，建設水衖，又將山門建復一新，併得不連民屋，尤壯觀瞻，更避風煙，而資經久。皆仰天恩覆育，聖澤涵濡，得資興復如此巨麗，殆一時罕覯也。謹記。

重建雲林寺大殿記

梁田春塍

雲林寺建于晋咸和元年，代有興廢，今寺則國朝順治時，僧宏禮所募建也。康熙四十二年，曾遭祝融之災，越百餘年，爲嘉慶廿一年，復不戒於火，延及大殿，工費繁重，未能猝復。蒙睿皇帝賜帑金一萬兩，其時撫浙者黄梅帥公承瀛，鹺使則長白廣公泰，都轉則長白宋公如林，相與謀捐貲，並諭商樂助，未及舉行。俄奉命裁鹽政，歸巡撫兼治，而帥公適當其任，定議即於鹽課内每引捐三釐，得銀若干，商衆踴躍，遂以集事。擇於道光三年七月初七日興工，四所商人公舉董厥事者，而以田預其數，具呈院司允准，行札知飭。時田服初闋，將爲赴都計，力辭，不獲命。以中丞前爲大京兆，田曾爲屬吏，相待甚優，都轉在京第，又與田望衡對宇，過從晨夕，兩公皆以舊識，故樂田爲之贊襄也。董事五人，田之外，有葉君道傳、金君枝、朱君嘉猷、孫君培。後金君命其子世樟代其役，葉君旋病没，改舉徐君沂；金君世樟又奉派總杭所商事，復改舉徐君志震。諸董事各有專司，或工程，或出納，或購材木，或辨瓴甓之屬，蓋都轉宋公親爲之釐定，而以田贊襄之。於是鳩工庀材，邪許之唱聲，入雲際空山，猿鶴聞而爲之翔舞。得梁木於漢口，得柱木于南京，皆浙地所不能有也。中間山門復燬，拓地而崇大之，次第畢舉。珠梯鳳鐸，輪奂一新；花曳虹幡，霞連繡栱，固不待給孤長者之布金空地也。三十六相，復莊嚴而重飾之，四方過而瞻仰者，莫不贊嘆嗟異，合十膜拜無虚日。積五寒暑之勤，始告成功，實道光八年七月也。物力愈艱於前，宏規無減於舊，非佛慈之佑，曷能臻此？計前康熙建此，爲癸未七月興工，今復道光癸未七月興工，成於戊子七月，前後百廿載中，日月遥遥相應，洵有數存乎其間哉！田既身司其事，目睹其成，從此千百年後，聞替戾之岡，追溯今時盛事，安可無一言以記之？因叙其緣起，俾觀者識其大略如是。見能和尚入院後，重建飛來峰坊，續置山地數：率字號地五釐；率字號地五釐；率字號地三分八釐四毫二絲五忽；率字號地四毫一絲六忽。

重建大殿破土疏

道光三年癸未秋七月七日，重建大雄寶殿，興工破土，師執拄杖云：『太平天子正當陽，八載虔求佛放光。感動檀施過百萬，净除瓦礫下錢唐。古德云世尊昔日，隨宜説法，諸天圍繞，佛即以指指其地云：「此處可建一大梵刹。」爾時天帝釋即拈一莖草插其地，而白佛言：「建梵刹已竟。」佛乃宛爾微笑。這個妙義，有大因緣在，並非遊戲神通事。末法比丘，何能參究？本寺仰蒙皇上天恩，賜帑重興，一時地方各憲、縉紳、居士諸大善人，盡力捐輸，筮吉奉旨興工。是日，祥風應律，秋日清華，恭迎大中丞以下各憲，並諸大護法善人降臨。賴我佛慈悲，百靈效順，工作取裁合度，職司備辦咸宜，頓令首刹粵興，實仰被於皇仁帝德，大工經始，期不幸于檀度信施。今日雲林鳩工運木，與昔天帝拈草插地，是同是別？若道同，去凡聖差殊；若道別，似法門有二。果能道得此話圓，山僧與爾拄杖子。』良久云：『圓機入妙道昌隆，薦領能教隔礙通。刹刹塵塵興梵刹，都緣佛一指圖中。』即開工。

附：謝土疏

道光八年，歲在戊子，大工告竣，謹擇於四月十五日謝土。先期起建水陸道場，上報國恩，並酬檀信。次則延羽士另結華壇，崇宣寶笈，爲謝土安神法事。奉請十方真宰靈祇，本寺十八伽藍，當境諸大侯王，齊登法會，雲馭與芻靈共獻，香花偕肴核並陳，回向先申，證明此意。百司隸責，不失保持，六載趨工，誠非容易，落成首刹，端賴神庥。念經費之浩繁，幸邀蕆事；宜奉安於座次，下鑒愚忱。住持儀謙謹具。

鑄鐘疏

開爐鑄鐘，師拈如意云：『載筮載祝，告備告虔。五金積地，重離耀天。古德云般若似大火聚，所以大末蟲處處能緣，卻不能緣於火聚；世間心亦處處能緣，唯不能緣於般若。山僧看來，火聚即是般若。不見善，則參見熱勝婆羅門，輒令先入火山，隨後相見。善財時有所悟，躍入火中，忽然通身解即開鑄。

脱，偏體清涼。目前之事，卻與古人無二。』舉如意云：『頑金待鑄，聲徹山中，發界清涼，智慧潛通。』

駐蹕軒上梁説法

師執拄杖云：『聖跡昭垂後，山林永不磨。會當天藻現，下賜野僧和。』一卓云：『此是高宗純皇帝，於乾隆十六年仲春之月，翠華臨幸，爾時聖心悦豫，下示一偈：「雲居十笏暫徘徊，翠柏蒼松及古梅。何必山僧門外立，嵩呼且向个中來。」飭令或和句，或答轉語。時我三峰第四代上巨下濤果祖，即頃奉和，恭呈御覽。僧出，問請和尚：「這轉語如何下？」師云：「不見道咫尺天顏，毋敢隕越？」恩許拜颺入門。』匪粹進云：『這是七八十年前事，與今日事不相交涉，舉此何義？』師以杖指梁，偈云：『頌聖題樑因緣，是一世有三朝天，無二日上昇。』

重建觀音殿上梁説法

師以杖叩樑一下，問大衆云：『有聲否？』衆答言：『有聲。』師拄杖良久，復問大衆：『無聞否？』衆云：『無聞。』師云：『爾衆盡皆隨語生解，不向這裏尋求。聲無聲有，是彼聲塵。或有或無，豈爾聞性？』復以杖叩樑而作頌云：『仰荷鴻施檀度力，層層法宇遵前式。山僧非是善尋求，若計有無翻徧仄。』

三尊主佛開光説法

弟子荷蒙皇上天恩、地方各憲縉紳居士諸大善人鴻施之力，俾大功告蕆，莊嚴三尊主佛金相，選吉開光，奠安寶座，敬謹醮筆恭誦：『手胼足胝十三年，血汗通流佛見憐。今目青蓮華目現，三峰家事少安全。』諸仁者，山僧從爐錘裏煅煉一回，終然濟不得個恁事，不過紀恩紀事而已。大展三拜。

梵宇

山門

『飛來峰』三字。恭摹宸翰，重鐫。

『雲林』二字。恭摹宸翰。

『禪門法紀』四字。恭摹宸翰。

『鷲嶺龍宮』四字。恭摹宸翰，重鐫。

『涌翠披雲』四字。恭摹宸翰。

春淙亭

瀑來亭

道光乙酉，菏澤何斌書，舊名『瀑雷亭』。

冷泉亭

甲子冬日，梁同書補書，時年八十二。

翠微亭

道光乙酉，長白松齡書。

天王殿

最勝覺場。錫山龔傀書。

大殿

大雄寶殿。重建，高十三丈五尺，道光八年四月十六日落成。

法堂

高提祖師。杭州等處織造陳秉正書。
解脱佛法。雍正四年孟冬，浙江巡撫李衛書。
正法眼藏。王時敏書。
如來正印。

方丈

慧力重光。乾隆丁酉秋九月，撫浙使者、陞任湖廣總督三寶書。
直指堂。

客堂

仙嶠雲歸。巨濤書。

梵香閣下額

名山慧業。晉陵錢維城書。

看月樓

巨濤書。

青蓮閣

『華嚴閣』三字

雍正九年歲次辛亥孟夏，宫保尚書李衛書。

嵩華翠嶺。乾隆二年丁巳四月，西川胡瀛書。

水陸堂

天香法界。乾隆己酉嘉平月，徐觀政書。

曇花深處。同上。

普賢閣

正等覺。何咸書。

静寄。

聯燈閣

雲林經藏。嘉慶庚午，吳門石韞玉書。

大悲閣

雲隱書藏。嘉慶十四年阮元題。

千佛閣下額

千江明月。浙江布政杜官清書。

萬峰直入。浙江學政潘世恩書。

伽藍堂

功參亭毒。雍正八年，住山沙門智廣書。

鷲峰屏翰。雍正八年，王國賢書。

祖　堂

偏界香浮。梁同書書。

塔院

慧日塔院。射州宋曹書。

永鎮靈山。弟子王時敏書。

功垂寶地。康熙三十四年季春，浙江總督朱宏祥書。

慧日高懸。康熙七年戊申，原總兵周方蘇書。

法壽堂。忍山道人書。

經書寮。晦叟書。

補梅軒。阮元題。

守正樓。徐觀政書。

補雲軒。了緣頭陀題。

禪堂

選佛場。王時敏書。

祇園房

松靄。梅昌言有『松篁發春靄』句，取以爲額，竹垞居士朱彝尊八分書。

紫竹林。海寧陳世倌。

法施勝因。董其昌。

施無畏。九沙萬經。

棲雲軒。趙仲穆。大小皆篆。

妙應閣　三字華亭陸祖修書。

香積度門。九十五翁陸樹聲題，華亭董其昌書。

浄業堂。三河孫隆書。

祖席重恢。儀部郎黃汝亨題。

古香堂。夏時書。

九蓮堂。無所住菴丁敬書。

借秋閣。華亭陸祖修爲匡友、顧海二道丈題。

緇流狷者。湖山長、雲間沈匡濟題，爲無新上人。

敕賜雲林寺募化重建大殿緣啟

釋律明德慧

浙杭西山北高峰，即《郡誌》所載武林山者是也。山之麓，有慧理道場，古靈隱寺在焉。粤自東晋咸和間，慧公由西竺至此，讚山水之奇絶，與西鷲相似，遂名。案，山爲飛來峰，意若西竺之小峰飛來住此，故名，遂建茲寺。歷唐、宋、元、明以來，人物之代出，寺院之興廢，不可詳舉。至我朝順治間，寺景蕭條，舊僧不忍棄置，商同鄉紳耆老，請我具德祖和尚來寺。寺雖中興，功實重建，迄今殿宇崇高，佛相雄偉，誠大江以南一名勝前刹也。疊荷翠華臨幸，宸翰頻施，凡車轂往來，無不登臨游覽焉。詎於嘉慶二十一年八月間，因殿西側觀音閣不戒於火，致將大殿一時燬去。當蒙撫憲大人楊附片奏明，仍著寺僧上緊募建，以復舊觀等因在案。伏思雲林爲浙江之首刹，而正殿乃全寺之要區，兹經燬燼，切歎坵墟。既不特晨昏功課、朔望祝釐之無所，凡官憲士民瞻拜者，亦悼其失憑。衲律明延逢至此，分應遵飭，上緊叩募，争奈僧盈五百，與往來挂單食指浩繁，謀食不暇，特派同儕各路分募，俾襄大舉。尚望十方善士，五福貴人，慨賜矜全，咸捨珍財，共成善果，佈金錢于勝地，解厚槖以多施。庶令鳩工庀材，經營有日，行見岧嶤紺宇，仍還千古之舊觀；卓偉金容，復焕一時之新相。謹疏。嘉慶二十二年。

敕賜雲林寺重建大殿募緣疏

釋儀清聖川

蓋聞大地山河，本四輪而常轉；普天日月，歷萬劫以增輝。經馱白馬，記洛下之伽藍；相衍青鴛，説須彌之蘭若。巍峨金刹，炳焕琳宫。結緣願者，因創始既垂不朽；樂成功者，力更新敢憚維艱！浙省雲林寺者，古名靈隱之山，夙昔叢林之首，東南都會，惟此稱雄；西北浮雲，於兹集瑞。真欲界之仙都，塵寰之浄域也。詎意歲當丙子，月届中秋，忽遭熒惑之威；星馳電激，倏盡如來之界。霧歇煙消，衲儀清畫傷大廈之焚如，痛憫諸天之闃若，計其建造朱提，非十萬而難完；算彼功程白鏹，豈錙銖而能積？惟有虔誠叩募，立志重興。溯維昭代之初元，亦被炎精之肆烈，時則住持僧宏禮殫心力之勤，發人天之願，頓成華構之觀，大啟靈山之鎮。聖祖仁皇帝、高宗純皇帝，鑾輿屢幸，賜物頻頒，御札飛毫，動雲霞之氣象；天文表額，焕星斗之昭回。遂歷千古以常新，咸仰三垣而快忭。兹則禪心映月，年年頌帝道之遐昌；海水澄波，歲歲祝皇輿之鞏固。雨成多寶，信佛力之無涯；雲護重輪，合天心之有眷。兹於二十三年十一月，荷蒙皇上賜給大殿工料銀一萬兩，爰作建修之費，誠爲極大之恩。聚億萬姓，黄頭白首而歡騰；會十一郡，鄉宦紳耆而舞蹈。但藏工則尚期佐助，故帑項暫請存司，駕海爲梁，重建香雲之宇；成裘集腋，大開甘露之門。積十萬外之金錢，復二千年之院宇，惟望大邦貴宦，省會名賢，作喜捨之檀那，成樂輪之護法。爾昌爾熾，願分布地銀沙；立德立功，樂灑彌天玉雨。竚見龍鱗棟起，居然花散維摩；雀目窗開，依舊風清羅漢。謹疏。

續修雲林寺誌卷三

檀越

錢塘趙夢祥《捨田碑記》曰：予兹年六十有五矣，憶自幼就博讀書，稟資椎魯，比長，習舉業，弱冠後始博一衿。斯時父母俱存，予切思稍得寸進，榮我父母，庶不負生育教養之恩。無如困躓場屋，偃蹇半生，俯仰之餘，愧怍良不淺也。父卓齋府君，於乾隆乙卯歲四月見背，予仍偷生人世，日惟以不得顯揚府君爲己恨。嘉慶丙辰春，予即敬謹擇地，歲之十二月，卜葬於留下大嶺金鐘山之麓。母黄太孺人，歲在甲子，時年七十有七，予常瞻依色笑，竊見其精神康健，飲食如常，因欣然援例太學，思就北試，不期事未果而母病，目且失明，遂至抑鬱成疾，壽終於丁卯三月。噫！予之隱痛，無窮期也。戊辰冬，即合葬於先考之墓，由是功名之心淡然矣。予娶婦章氏，身多疾病，生一女後，遂無所出。父母在日，屢廹予置妾，以爲後嗣計。予私自嘆曰：『我不能顯親揚名，已爲不肖，予即有後，亦安望其賢且能也？』是以惟唯唯應命，而終不果從。歲癸酉十月，予婦亦殁，予亦急爲之葬焉。至此，而子息之心更淡然矣。既而思之，無名不彰，無後不孝，罪重孽深，將何以逭？因思予自兼經營數十載，稍有積蓄，予婦殁時，將所有己貲，集胞姪十餘人，一一酌量分與，無忘一本，餘則留置田畝，以奉祭祀。惟是置田一事，非誠實精明者，未敢輕託，是以曠延時日。今春三月，有同里徐公宗魯、於公誠天、何公聖懷，皆先考莫逆交，不期而遇，談心永日，見予鬱鬱而問焉，予即剖其心腹之事而告以故，遂即長跽請託。此三人本樂成人善，而又憫予志之肫誠，皆慨然諾。何幸默叨庇佑，不一月，竟得紹興府蕭邑二十白都露塘邱家橋同在『制』字號内民田三十五坵，計田九十二畝三分零六毫，急來告慰。予欣然拜謝曰：『予之素願遂矣，微三君子之力，亦安能玉成其事耶？惟念向日所留存者，因他用而不能滿數，予乃傾其所有，以付齊田價，當即過户完糧，投納契税，共計制錢肆千捌百千文。竊思田畝得之固難，守之更難，是以立願將此田，永遠捐於西湖雲林禪寺常住，際此年豐歲稔，每年得收縣市斗晚稻租米壹百零壹石伍斗柒升，以供大眾一粥之助，伏冀方丈屈予考妣及予婦生歿忌日，不忘超薦，無負予志，聊以報生育教養之恩於萬一云爾。嘉慶己卯四月八日，夢祥記。

禪祖

在瞻元禪師，蘇州震澤縣人氏，自幼喜聞母氏口誦佛號。至七八歲時，亦能侍誦，真宿具善根，人所不及。年十歲，自願出家於龐山妙智寺，依西嵐老宿爲師，嗣受具于雲林巨濤老人，并傳心印，千七百則公案，一一深究。于乾隆十八年繼主法席七載，蒙高宗純皇帝幸寺，賜紫衣一襲及香金等。師兼善唫咏，詩稿、語録若干卷，皆未付梓，世壽詳於塔銘。塔建北高峰麓，名曰『耐亭塔所』，同門弟宣信爲之銘。

禹傳源禪師，海寧州人氏，出家于本州崇教寺。幼而頴悟，究習儒業，博通釋典。年甫弱冠，蔬食布衣，誓爲佛子，父母許之，後捨俗出家，即持戒律，從巨老人咨受禪理。於乾隆二十四年主持方丈二載，退居静室有年，終日禪課之餘，吟哦爲樂事，嗣法者十餘人。所著諸稿，弟子俱欲付梓，師怏怏然曰：『昔初祖東來，不立文字，我等如許饒舌，恐爲後人覆醬瓿耳。』遂不果其事。乾隆某年秋，忽示徒曰：『我所願歸安養耳。』飲食頓減，至旬餘，書偈畢，彈指而逝。

印圓泉禪師，湖州府烏程縣沈氏子，出家于雲林祇園房，年滿二十受具。後心專戒律，日益精究，惟蒲團竹椅作爲消磨歲月工夫，巨祖延爲首領。乾隆二十五年，推舉直指堂頭四載，退居本房，壽得古稀，結跏而逝。

玉山琳禪師，蘇州府吴江縣人氏，出家于全福寺，受法于巨祖。凡寺中首領，一一綱維，機鋒迅利，得巨祖奥旨，可稱入室弟子。乾隆二十八年春，雲林虚席，蒙浙江撫憲熊公并文武各憲、闔郡紳縉洎兩序大衆公舉主席，據室云：『者是我乃祖乃父，拈烏豆子换人眼目，憑他道德，力挽頹綱，重光祖道之所。情知今日迴避不及，又被業風吹轉，露頭露面，承伊嫡派兒孫，不敢改腔换調。若是依樣胡盧，一向目視雲霄，從不辜負自己。』拈主杖喝一喝，云：『試看拔劍攪龍門。』下座。三十年閏二月十二日，蒙高宗臨幸，寺中迎鑾，并賜物件。時奉各憲兼任法喜寺，師以事繁辭院，閉關習静，三間茅屋，七破蒲團。于三十七年夏，法兄淡山和尚告退院事，兩序大衆復請主持兹寺三載。嗣法徒十有餘人，著有《玉山語録》行世，世壽得花甲餘，塔建本山。

淡山昆禪師，南京江寧府上元縣人氏，出家于萬壽寺，工詩書。參訪名山，至雲林，適巨祖上堂垂釣，師禮畢，遂問：『鷲峰既能飛來，因何終日不動？』答云：『等個人來。』進云：『何時飛去？』答云：『大事未明。』又進云：『初祖一葦航來，不立語言文字，今日和尚有何法説？』答云：『提起提起，放下放下。』遂禮謝云：『天人一切皆歡喜，晝夜六時恒吉祥。』即侍巨祖，爲記室數載，得盧行者舂米工夫，巨祖授衣鉢真傳，爲三峰五代孫也。篤意釋典，暇攻儒術，於乾隆三十五年，住持方丈三載。一日，索筆書云：『生也空來死也空，不知南北又西東。泉臺不論貧與富，只問陽間六字功。』擲筆而逝。

燦光照禪師，湖州府人氏，出家于仁和縣滿月菴。少游京師，乾隆五年，蒙高宗開建皇壇授戒，師遂圓具也。嗣後出都，至雲林，巨祖授職多年，凡詩書佛事，皆出師手，即爲囑咐。乾隆三十九年，主席方丈，至四十七年，重修大殿，而辭院事。嗣法徒三十餘人，未祝髮徒皈依雲集，後得無疾而終。

顯微慧禪師，嘉興府石門縣董氏子，出家于杭州府仁和縣下水陸寺，依徹源老和尚脱俗，受大戒于雲林燦祖。于禪、教二宗，參訪殆遍，遂得燦祖之衣鉢，職任班首。乾隆四十七年，主持方丈，至五十一年，退院本寺，静養有年，無疾示偈曰：『兩拳打破塵埃擾，一杖曾挑芒履歸。』結跏而逝。

大千禪師，諱重照，號竹堂，海昌許氏子也，披薙於永福寺。乾隆丙午，主講雲林，得法于澹山昆禪師。庚戌年，恭逢高宗純皇帝八旬壽誕，奉撫憲奏明，進京祝壽，敬禮無量壽佛懺，欽賜藏香、福字、黄緞等物。辛亥孟夏，退居滴翠軒，圓寂於嘉慶十二年六月十九日酉時，距生於乾隆甲子年十二月二十五日午時，壽六十有四。

振修瑞禪師，海甯州人氏，出家于蕭山縣關帝廟，得在祖心印。於乾隆五十六年，主席方丈，至五十八年，退院辭衆，念佛而化。

元瑞密禪師，嘉興府秀水縣人氏，出家於真如寺記蒴玉祖。自幼一目數行，穎慧過人，本分以外，兼工書畫。乾隆五十八年，兩序大衆恭請主席兩載，凡筆墨不輕爲人作，世故罕見。壽得七十有三。嘉慶六年秋，偶得微疾，月餘，具浴更衣，書偈曰：『父母未生以前，不知何形何迹。父母既生以後，今日臨命呼吸。任他黄金尊貴，總不如南無阿彌陀佛。』書畢，趺坐而逝。

德恒恩禪師，嘉興府石門縣蔣氏子，兒時聰慧異常。稍長，父母願捨，出家于杭州仁和縣仙靈寺，依師肄業，常於經懺句中，深領妙旨。年壯，至雲林受具足戒，留常住，授頭首之職。暇惟静坐觀心，故凡所作，絶無輕忽，因嗣印祖之法。于乾隆六十年，憑衆推出爲法王座主，在位未及一載，因其專任治生，故多勞悴，遽忽示疾，抹浴更衣，索筆書偈曰：『一三五七九，生死如翻手。去來無所從，蝦跳不出斗。』書罷，擲筆而逝。

志安秀禪師，浙江湖州府歸安縣人氏，出家于本縣正福寺，依師即現僧相。年二十餘，來雲林受戒，發明毘尼大義，自甘苦志，不忍踰矩。留於常住執事，多年無犯，得禹傳老人導其入室，親爲印證。于嘉慶元年，主持方丈三載，嗣退養於千佛閣。師深心渾厚，本分之外，不加毫末。老回正福寺，遂終於二十二年，壽年五十有九。嗣法衆門人，迎龕歸雲林，塔建北高峰麓。

道隆覺禪師，嘉興府桐鄉縣王氏子，從幼出家杭州錢塘縣雲林寺祇園房，依師習禪。歲壯，在本寺圓具，因人才出衆，心志不凡，遂得禹祖付受心印。於乾隆五十年，適上天竺法喜寺虛席，蒙各憲點充此任。至嘉慶三年，兼攝雲林方丈，至四年示疾，年壽六十有四。

心安中禪師，浙江湖郡烏程縣翔翱村王氏季子，生於乾隆九年九月十六日子時。甫生三歲時，喜趺坐合掌，有韜光位三師過其門，見而異之，謂其父曰：『此子大似佛門種子，他日定爲梵天之精進幢也。』父曰：『稍長，當捨出俗。』至年八歲，果來從位三師出家，至十八歲除染，依師講習有年，僅明心地。俄承外護崇奉，重新韜光寺貌，尋受戒于報恩寺弼山和尚，歸受雲林顯微老人之法。至嘉慶四年四月，衆推主席兹寺方丈，後仍退居韜光。於十一年正月二十一日，沐浴更衣，命門人輩焚香點燭，趺坐合掌念佛。至戌時，奄忽而逝，世壽六十三歲，僧臘五十六歲，龕葬於龍門山。

德山如禪師，湖郡歸安李氏子，出家於邑中寶寧寺，依性榮老宿。薙染後，住雲林，參顯微慧禪師有年，遂嗣授記莂。於嘉慶四年夏，蒙大中丞玉公舉主兹寺方丈，輪奂重新，禪門振作，後退居本寺。至道光元年十二月十六日，偶染微疾，旬餘起，作偈云：『六十六年飄蕩，前後中間一樣。若道今歸何處？龜鼈緣牆而上。』擲筆而逝。嗣法者十有餘人，塔建於龍門山麓。

性宏□禪師，心在和尚法嗣，嘉慶十年，主持方丈半載餘。

净一禪禪師，浙江嚴州府桐廬縣人氏，出家于環翠菴。受囑大千照老人，于嘉慶十年，主持方丈三載，退養於觀音殿，示疾于二十二年。

若水來禪師，江南徽州府歙縣劉氏子，壯年厭棄塵俗，願入空門，來依雲林元瑞密老人薙染，即於本寺具戒。自肯深研律中義味，故每誦戒不輟，而兼潛心宗教，即承密老人之咐囑。于嘉慶十二年，大衆請接雲林方丈之位，初則堅辭，三請而後，勉然從之。無何，嫌住持事繁，心向外應，恐失内照之功，十四年即退而養静於慧日塔院，晝夜精修，湥得念佛三昧。嗣因身力漸衰，自知幻軀將應脱落，遽于道光元年辭世，壽六十有六。召門弟子遺囑後事，羣弟子問曰：『師今棄此何歸？』答曰：『無明暗處。』聲絶而逝。

品蓮月禪師，號藕船，江南揚州府江都縣徐氏子。一十八歲出家，年滿二十，來雲林求戒。戒相既圓，堅持無犯，窮研教典，竟入悟門。其所工蘭竹，湥得所南翁之旨，時與筆墨交者，惟揚州八恠之一吴貫之名唯者是也。師兼精琴理，其所作詩詠、書法，别有逸趣。依志安秀老人而獲證也，於嘉慶十四年，衆舉主持方丈，於十六年退養於千佛閣，禁足禮《華嚴經》。禪課之餘，惟翰墨鼓琴爲樂耳，且得禪理功深，心多解脱，故所有詩句語録，均不收集，瀟洒一生。臨終談笑而逝，壽年六十有六。

惠周慈禪師，浙江嘉興府石門縣王氏子，出家于本縣羔羊寺東房，依師修學。尋至雲林，受具足戒，即任寺職。苦志清心，煉磨有日，徹悟無生之座也。師條陳得緒，導衆有方，其風範之規，真堪紹隆三寶。旋即退居，於十八年惟日以禮誦，亦解吟咏，時能覓句自遣。于道光五年示疾，召門弟子曰：『吾欲化去，爾曹切勿悲傷。』口音纔絶，撼之不動，而已逝矣，壽六十六歲。

朗緣和尚，諱律杲，德恩老人法嗣。於嘉慶十八年，住持方丈三載，現住法喜寺方丈十餘載。

定蓮凝禪師，浙江杭州府餘杭縣嚴氏子。自幼出家于本府錢塘縣集福菴，依師講修懺法，而兼及經教。年餘二十，來雲林授三壇大戒，遂留職事，一心勤慎，絶無掛誤，餘閒神留宗教。一日静坐，忽嗅鑪香，恍然而悟，曰：『者個元在這裏。』得法於惺一初老人。於嘉慶二十年，紳耆洎兩序延請，而登茲寺方丈位也。于二十一年，登座説法，辭衆化去，壽五十有六。

研菴和尚，詳後。

德慧明禪師，江南常州府宜興縣劉氏子，幼喜清浄。二十二歲，父母雙亡，捨俗出家於本府荆溪縣六峰菴，親師五載，稍會禪理。具戒于鎮江府丹徒縣金山江天寺，歸即辭師，來雲林挂搭，遂授職多年，嗣承大千老人之法，參叩緜密，頓明心地，旋陞座。于嘉慶二十一年間，蒙撫憲楊公命，任住方丈。僅於本年冬，身亦無病，將知涅槃，召衆示偈曰：『唯此一事實，心迷難着跡。餘二則非真，塵空無分别。』壽年六十有六。

聖川清禪師，浙江嘉興府桐鄉縣沈氏子，幼依本省杭州府錢塘縣昭慶寺經房性謙師出家。既壯，詣雲林學律，忽悟三千威儀、八萬細行，均從律起上來，諸大祖師無不以此精進而得成道者。自此醉心律部，雖力殫神疲，不改初志。俄因若水泉老人知是法門龍象，授與衣鉢。于嘉慶二十一年大殿被災後，方丈虚席，迨於二十二年春，蒙各憲之命，而任方丈之職，自此日夜周章，計建大殿。師行疏叩十方，于二十三年冬，蒙内庭恩賜帑銀壹萬兩，欽命重建，又感趙檀越，願捨齋田九十餘畝。其志固在復興，身任過勞，日漸減膳，誰知大願難酬，竟於二十五年冬，病入膏肓，而召大衆説偈辭世，曰：『者個原無名相，能爲法王大將。面南觀北工夫，此日始知方向。』説畢，右脇而逝。

心在□禪師，印圓老人法嗣，於乾隆五十一年，住法喜寺方丈五載。

心一□禪師，大千老人法嗣，於嘉慶四年，住法喜寺方丈四載。

友三戒禪師，顯微老人法嗣，於嘉慶七年，住法喜寺方丈十一載。

竺軒安禪師，道隆老人法嗣，住安隱寺方丈數載。

寳林鑑禪師，浙江嘉興府人氏，幼通儒釋之典，壯則負笈來雲林具戒，依玉山老人座下扣決心要，而得通明一切，遂承嗣也。餘閒工寫梅蘭，親受一泉老人指示，而得畫名。後於乾隆五十五年出世，主持勝果寺方丈，至嘉慶十年退院，壽七十歲，將衣鉢付與品高。

品高峰禪師，兼命繼主其席。師俗杭州陳氏子，承師之學，亦善畫梅，故得師資道合，真所謂明月梅花，師若弟子也。於嘉慶二十五年退院，即于道光元年，患疾不起，服藥罔效而終，世壽五十七歲。

道先悟森禪師，松江府華亭縣陳氏子，性多静默，雅喜坐禪。師與懷清老人參論個事，頗爲稱理，遂受記莂也。旋將遠近同志，知是禪門飽學，内外首領，無不紀綱。辭懷老人，參訪名山十有餘年，嘉慶二十年間，復來雲林，延爲首座之職，凡冗中佛事，皆師秉拂也。師静養於普賢閣，除佛事以外，終日杜門不出，著有詩稿、語録若干卷。忽于道光九年九月四日，索筆書偈曰：『這一隊無用漢子，在人間六十六年。將千七百陳爛葛藤，覆去翻來，言三語四。咄！今朝撒手歸西去，兩袖清風明月回。』寂然而逝。師法嗣見初，號懶堂，精篆刻晶玉，陳曼生司馬甚契之。

體純大師，諱潔，號粹白，江南吴江縣柳氏子。自幼出家於雲林妙應閣，依昇達象禪師，脱白後，隨師主席京都方丈，日結詩社，與名士大夫往還唱和。至道光初年南還，養静本房，凡故舊出京過訪，辭不納，惟鎮浙將軍薩宥阿常許過從，而請决禪要也。然師與小顛學誠相埒，顛師詩酒生涯，著名寰宇，師則性心無擬，枯寂空山，世誰知之哉！于六年夏，減膳旬餘，遂作偈曰：『卌年功德兩茫然，想被前程業識牽。今用金剛王寳劍，一揮斬絶死生緣。生來死去總分明，老病猶能自遣情。忽地一聲參已透，便應一一了無生。一點向人瞞不得，石龜脱殼事何如？可堪常□光中樂，定裹身心了幻虚。

萬事雲烟槃聒眼，百年榮辱不關心。平居自信塵緣净，久約慈航直到今。靈明湛寂家中寶，罔象撈空海底針。紙上任君拈頌得，圓機逗徹意何深！松鬣驚風鳴萬壑，梅梢得月影逾幽。緣心若不離緣影，何啻虛空釘橛頭！』偈畢，泊然而逝，年六十有六。

古塔

巨濤果禪師。塔在寺中慧日院。
在瞻元禪師。塔在天聖院東側耐亭塔。
禹傳源禪師。塔在青龍山麓聯輝塔。
印圓泉禪師。塔在龍門山。
玉山琳禪師。塔在青龍山麓聯輝塔。
淡山昆禪師。塔在青龍山麓聯輝塔。
燦光照禪師。塔在龍門山麓聯輝塔。
顯微慧禪師。塔在龍門山。
大千照禪師。塔在龍門山。
振修瑞禪師。塔在青龍山麓。
元瑞密禪師。塔在方丈後山。
德恒恩禪師。塔在龍門山。
志安秀禪師。塔在龍門山。

道隆覺禪師。塔在龍門山。

心安中禪師。塔在龍門山。

德山如禪師。塔在龍門山。

性宏潤禪師。塔在龍門山。

静一禪禪師。

若水來禪師。塔在青龍山麓。

品蓮月禪師。塔在青龍山麓。

惠周慈禪師。塔在龍門山。

定蓮凝禪師。

德慧明禪師。塔在青龍山麓。

聖川清禪師。塔在青龍山麓。

有三戒禪師。塔在龍門山。

惺一□禪師。塔在龍門山。

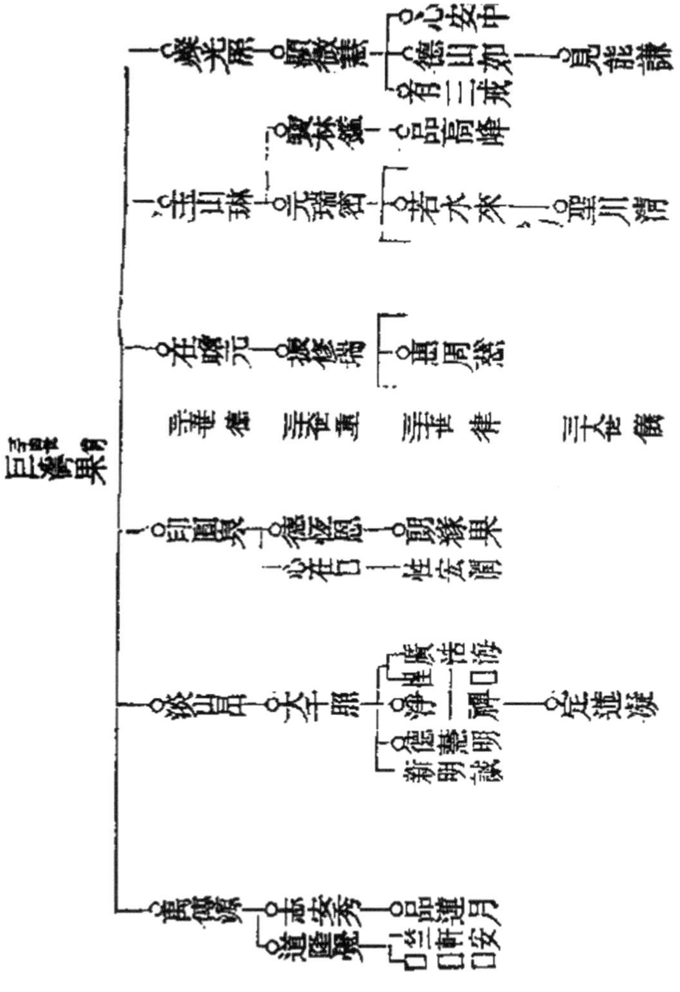

世系圖

釋達受六舟

三峰支派，爲漢月藏禪師由江蘇之虞山三峰至雲林自立之門户也，故曰『三峰家』。自藏祖以下法派，孫、厲兩《志》已載，各有失收，因世遠年湮，無從細詢備載。今從巨濤和上之下，始分爲六支。定例充此任者，由六支議舉六人，拈鬮以定甲乙，輪流繼主是席。此世系圖，凡直綫下者，俱是六支正宗。綫之偏傍下者，或分出别院者主席，或寺所屬院者主席，以及將來俟鬮者，此三等，皆書小字别之。凡同儀字輩，頃就知者録入，餘俟再補。

住持年分

巨濤。雍正十年接，乾隆三年復住，十八年退。
在瞻。乾隆十八年接，二十四年退。
禹傳。二十四年接，二十五年退。
印圓。二十五年接，二十八年退。
玉山。二十八年接，三十五年退。三十七年復接，三十九年退。
淡山。三十五年接，三十七年退。
燦光。三十九年接，四十七年退。
顯微。四十七年接，五十一年退。
大千。五十一年接，五十六年退。
振修。五十六年接，五十八年退。

元瑞。五十八年接，六十年退。
德恒。六十年接，本年退。
志安。嘉慶元年接，三年退。
道隆。乾隆五十五年接法喜寺方丈，嘉慶三年退。本年接雲林寺方丈，四年亡。
心安。四年接，本年退。
德三。四年接，九年退。
性宏。九年接，十年退。
静一。十年接，十二年退。
若如。十二年接，十四年退。
品蓮。十四年接，十六年退。
惠周。十六年接，十八年退。
朗緣。十八年接，二十年退。
定蓮。二十年接，二十一年退。
見能。二十一年接，二十二年退，二十五年復接。
德慧。二十二年接，本年退。
聖川。二十二年接，二十五年退。
素風。二十五年接，本年退。
以上諸方丈接退年分，係查萬年簿并碑記，以此爲准也。

續修雲林寺誌卷四

語　録

五代清聳禪師法語

杭州靈隱清聳禪師參法眼，眼指雨請師曰：『滴滴落在上座眼裏。』師初不喻，日後因閲《華嚴》感悟，承眼印可。上堂曰：『十方諸佛，常住汝前，還見麽？若言見，將心見，將眼見？所以道一切法不生，一切法不滅，如是解，諸佛常現前。』又曰：『見色便見心，且喚甚麽作心？山河大地，萬象森羅，青黄赤白，男女等相，是心不是心？若是心，爲什麽卻感物象去？若不是心，又道見色便見心，還會麽？祇爲迷此而感顛倒，種種不同，於無同異中强生同異。且如今直下承當，頓豁本心，皎然無一物可作見聞。若離心别求解脱者，古人唤作迷波討源，卒難曉悟。』見《指月録》。

豁堂法語

釋正嵒

靈隱具和尚讚

鐵硬手，鋒快口，放行則倒岳傾湫，變幻則移星换斗。直得四海翻騰，五湖奔走。四殺雄大振門風，三玄要丕揚家醜。不惟開已之瓊花，且復留欲謝飛之靈鷲。夫是之謂聖恩諍子，叢林魁首。

靈隱重建鐘樓募疏

竊以耆闍小嶺，原從天竺飛來；靈隱禪叢，始自理公拈出。煙雨樓臺，六代之規模未墜；晨昏鐘鼓，諸天之號令長新。其間雖遭刼火，暫輟空雷，幸蒙張冢宰之宏持，得延通法師之載造。争奈家賊難防，復飽蠹蝨之腹；門寘共弔，徒貽燕卵之憂。苟非機先一著，准備方將，必至末後數椽，郎當不少。雖閻羅老子殺人刀，猶難自免；則地藏比邱活人劍，何用渠爲？據屋裏事，原該我輩關心；縱路上人，也要大家出手。但糧逐軍興，須有胸中完竹；法隨緣起，安能舌底生蓮？若欲功期可必，無如事擇易行。要知步步皆金，只在針針見血。始得大地春回，再發已枯之木；空山雲起，重吟久卧之龍。至乎秋高響落，根塵之境一空；夜半敲殘，夢覺之關兩破。則不離耳目之間，直透威音那畔，可謂種麻得粟，不唯贈李還桃。所願見聞隨喜，一枝纔動百枝摇；大小相融，少許亦如多許福。事到意來，凡有熱腸難坐視；拳堪落處，幸逢好手共彰名。

書冷泉送別詩後

憶在癸未之秋，温公于石以進士選徽李，南歸就道，訪舊于杭之北峰，余酌冷泉而餞之亭上，贈之以詩。別去二年，公以大義死於官，至甲午秋，去與公別者十二年，去公死者十年矣。時余在三峰，適閒居檢稿，見中有『行將觀子太平業，可勿疑余謫墮人』之句，殊大不類。蓋唐之李公長源，見懶禪師於衡陽；宋之錢公若水，見陳希夷及老僧於華陰。懶師、老僧各以二十年宰相許二公，更加錢以太平之記。李夜聞懶清嘯，先悽激而後怡悅，曰：『師必謫墮中人也。』夫李公天下士，不必懶師始識，老僧雖不知何如人，然以希夷，信亦不必錢公始識。惟懶師非李公，老僧非錢公，皆不能識也。余庸人也，安得公之如李而識之？俛而深惟，竊有似之者，惟一懶耳。然此又余膏疾，即愛我如公不能療，此豈公所取我，敢望以謫墮見目乎？是公不余識也。至若李公，太平不及錢公，功業過之，今温公不惟無李公之功業，并非宰相；不惟無錢公之太平，返歿於禍難，是我不公識也。余詩用事，豈不悖乎？既而歎曰：『使公不遇禍難，與錢相反，則公之大義，亦何從而並李不朽耶？』雖然，使公不死，必隨所處之治亂，皆當各有可觀，即爲太平宰相，亦自有不同時人之泯泯汩没于榮利者。余因有以慨。夫今之出世者，既棄其所最親極重，而不事其實，從朝至暮，思千計百，惟喧熱是務。陽則假題法門，陰則實爲榮利，以此視彼，俗士不若，況能以道自任耶？然終其身無倦者，惟勤有餘耳。以余之懶，較彼之勤，其所成就，固遠不相到，然其塵勞苦惱，庶得有以少息，如放翁所謂『天欲放閒先與老，人因見懶誤稱高』之句，則公之所以識我，將無是歟？則余與公之相識，得果之味而略果之色可也，事何必確。

靈隱月用禪師塔記

爲靈隱書記月用禪師靈骨入塔。湖著聖明，山飛龍鳳，地靈斯效，人傑是生。恭惟明寂月用禪師斐公，少挺拔俗之韻，十五年高視横山；早負絶倫之才，數千里喧騰藝苑。持論惟公，不以喜怒爲毁譽；投分非黨，不以附離爲親疏。濁流清流，二俱不足以溷真；是指非指，一往無勞乎置辨。把臂入林，半是狷者狂者；無心合道，豈問儒耶釋耶？良由胸中無物，故能腕下無塵。善泄嘻罵爲文章，時吐性靈爲吟詠。礪坡叟石公爪牙，褫剥班馬之優孟；鼓謫仙放翁罏炭，捉敗漢唐之汞銀。但行空天驥，非芻棧之可羈；不世祥鸞，惟雲霄之是舉。且夙有奇情，願言秃老；爰就魔宫，以揮智劍。從鬼國而入慈門，方藉鋒開筆陣，直掃邪宗；湯沸研池，深溝法塹。奈何數不待期，天不衛道；致使若人云往，有識興嗟。所賴名無僞立，得建歲寒霜雪之標；交不苟同，能感有道死生之誼。往者曾爲嵩明教祖塔，捨舊山以歸永安；今則竟就古先生西鄰，卜寂土而近靈隱。可謂覩果知花，報施不爽；舉函索蓋，人地相宜。惟是千生鑄就一具富貴性底舌頭，雖饑不喫宿食；百刼帶來兩隻貧賤相底手掌，寧困不使他錢。把無孔籥炊烟，現乾闥婆半空樓閣；將無粒米煮飯，撒維摩詰平地珠璣。這箇希奇物件，古怪東西，即今落在顯寧手中，要且向何處馳騁神通，展施伎倆？不見道，你有拄杖，奪卻拄杖；你無拄杖，與你拄杖，你還甘也無？以拂子作圓相，送入骨具，云：『龍得水時添意氣，虎逢山勢長威獰。』

與許借庵居士戊子

靈隱法席，賴妙師唱導，頓令千秋祖令，一旦斬新。所謂臨濟法道，大行吴越之間者，不基是乎？

竊惟萬峰老人，平生爲法之心，於此足以仰慰，居士夙宿宏護之願，亦足以雅酬矣。更喜入門一著，居士即以甫田爲福田，使一切人落在第二，尤屬快舉。但妙師慣用借句，明公竟致平日膏肓，攢簇不得。然致病之由，山野實不能巽責，愧無神力，變大地作黄金，使之花開枯木，只索遠請晋陽之師，望爲答一轉語，庶不死在句下耳。

復靈隱剖玉首座

鷲嶺珠泉，相去無幾，乃越夏徂冬，促膝之緣甚寡，時方以此爲悵。既復杖笠飄然，益使追晤無從，其割情之刃，抑何勇乎！雖道人行徑，如火消冰，非世間刺刺臨歧者可擬，然座下有千里之行，動成累歲之别，曾未一具威儀，入告方丈，恐座下於此，亦未有安，則區區省覲，似不能闕然。於新歲也悲今法季，塚狐竊北斗之光，沐猴登衣冠之場，左右當老人屬望，乃能獨立遠引，其高節謙光，固足以媿末流而砭增慢。第據我輩本分，自有可行可止一條聖賢大道，其視負青天、揭白日者，猶硜硜乎其小哉！矧紛紛齷齪輩，曾屑與之争白黑乎？靈隱法道日隆，正恨成褫乏人，座下豈能高枕，竟以一紙之使，以塞衆望耶？

奉靈隱具老和尚

頃違杖侍，久失候敬。竊惟和尚爲衆過勞，似宜攝養，故凡得已之文，概就節簡，不敢加煩。無已之思，惟願和尚安隱少惱，以堅法幢，使直指祖堂，一新兩浙，聖恩道化，獨振諸方，則某冷舍廿年，籌紆置壘；破堂七載，守類抱關，其深衷密願，於是乎爲不虚矣。故雖背中非人鬫室之戈，身遭異己排牆之壓，亦所甘焉。小子璨，生叨溉秀，末荷噓枯，嗟乎！業重福輕，志長年短，固云死生無憑，彭殤妄作，其如玦珮之器未就，以致追琢之功罔酬。感念交并，慚歉莫寫，謹此布意，并代面頌。

賀晦山法弟新住靈隱

頃蒙垂照，不擇污潢，已見真公之于南老，非他人可及，兼洒楊瓶濡我，魚陸誼甚，原鴒諷咏何極！靈隱祖庭，故五大禪刹之一，山川人物，實甲海內。蓋自晋理公而歷一十五朝，五焰更暉，如日月燈明，傳光無盡，餘列十科而登《高僧傳》者匆算。奈於成宏以降，法運頽瀾，非止參士無歸，即雲水簞瓢求一食，了不可得。愚童齡入山，每覩餐風藉草之士，念昔憮今，輒思所以安之，而力莫能逮，愧歎無已。後見天山老祖於浄慈，便能簡點玉石，謂此勝場非得正法眼有力大人，不能起二百年墜緒。已承檀護寺衆，謬以破堂見委，因假此守静，以待賢者。致感山友鉉公，及諸耆彦雅意，萬峰恭請，雲門和尚至期赴院，連雨忽晴。法座纔敷，喜登靈鵲，一時瑞應，道俗喧傳，由是湖海浩歸，鉢指動以萬計；爐鞴宏開，室籌莫數。群材效用，信施雲臻，未幾，百廢一新，傑出浮幢海刹。但恒情所慮，多謂物極必變，太盛難繼，或引天童之寮宇，迄今空者什幾，日久雨雪，磚瓦補易猶難，況近省會，其間供應接待，交際徭役，守成之難，不更倍於開刱耶！然天人之應，既有其開，便有來者。昔吾弟方首衆時，杭之紳掖，共得我心之同，早有成望於座下。故今一十九年，果應期而得環錫，雖在人則積修之依報，在地則當興之嘉會。惟是歷代祖庭，獲傳吾宗正脉，讖應滹沱，道行吴越，以副愚平生願望。故方處憂患，不禁合掌北高峰下，稱慶莫能已也。兹緣還山未即，先命下執事，代爲布意。萬惟爲法爲人，省節餘勤，以專錘鍛，無任祝切。

晦山法語

釋戒顯

濟顛本傳敘

維摩云：『菩薩住於生死，不爲污行。』而布袋濟顛，酒仙蜆子，竟爲污行者何耶？良以既證果人，欲度執相凡夫，不得不隱聖現劣故也。濟顛本天台羅漢，示跡塵中，出家靈隱，繼遷净慈，蹤跡最爲奇特。予嘗謂因中、果地二種行事，迥不相同。果地中人示爲污行，便顯神通，貌混凡夫，旋彰靈異，決不與癡闇愚夫，同一顛倒而迷惑也。今以因中人冒果地相，不過獅蟲狐種，敗壞僧儀而已，何足爲正人所齒録哉！近世有等魔禪，口説宗教，妄餐酒肉，以爲吾學濟顛也。此雖可學，而濟顛來蹤去跡，種種奇特，能學否耶？濟顛示夢太后，口吐金佛，乃至觸境逢緣，現種種神通三昧，能學否耶？濟顛錦繡蟠胷，出口珠玉，盡大地儒釋，皆讓一頭地，能學否耶？此不能學，而徒學其餐酒肉一種，真泥蛇學龍，必至全身敗露，識法者懼矣。濟顛行實，杭地則有小説，語雖近俚，事事皆實。余門人碨堂刪其俚俗，彙成本傳，以流通道俗，則又爲靈隱、净慈增一段佳話也。

臨濟正宗第三十三代顯甯梵音詠禪師塔銘

臨濟法道，至太白而重興。嗣太白而令行吴越，大振海内者，厥惟三峰。三峰下十二人，皆宏揚濟宗，負大聲望，子孫步武，繼繼繩繩，獨顯寧澹予坦老和尚，嗣法無人。靈應先師具老人，性敦友愛，誼重繼絶，力鍛二人續其後，一曰仁菴義、一曰梵音詠兩兄。梵音兄初與余同參先師於顯甯，繼同省悟於秦郵，又分外針芥，相契最深。師逝六載後，法姪祖韶請余銘其塔，情與誼，其可辭乎？

按，師諱真詠，字梵音，武林仁和籍，俗姓白。幼依象光寺祝髮，年二十，稟具戒於白雀笠菴和尚。初依顯甯澹老人，迥無入處，未幾，老人將遷化，以衣拂託先師，令擇器付授，亦猶太陽之託浮山也。先師住顯甯，師充維那，董堂務外，苦心參究，亦未有省發。丙戌冬，隨先師至高郵地藏菴結制，時先師道望，傾動大江南北，龍象雲擁。先師令參無位真人話，晝夜發猛，三七後覺身力稍疲，值煎藥次，忽見藥涌沸，五岳兄鼓掌高叫云：『梵兄要會無位真人話，向這裏薦取。』師廓然開悟，頓見臨濟棒喝用處，隨進方丈呈解云：『咬碎楊岐栗棘蓬，杖頭吐出威音毒。拋向人前知不知？咄！』先師乃曉夕徵詰，師酧對無滯，蓋用心最細，而悟處最真也。嗣後侍先師至佛日、靈隱，溫研密諗，承事數載，透盡法中堂奧。先師因念澹和尚末後遺囑，惟仁、梵兩公係曾親炙，克圓前話，乃以所託衣拂，付授兩兄，即令仁兄住顯甯，師充普化，克符輔佐三載。乙未春，受普寧請，進院次，殿宇傾頹，僧堂闃寂。師往未半載，學侶輻輳，檀護欽崇。師提持佛法外，復營土木，叢林大概，奂然改觀矣。時方多故，土寇内訌，顯甯祖席幾罹兵燹，合院耆宿、通郡緇素敦請師住，師堅執不允。靈隱老人曰：『叢林有難，忍坐視耶？』師不得已，移錫進住。後二虎朝夕環繞，哮吼一月有餘，盜氛方息，衲子漸集，虎亦絶跡矣。住持六載，四眾歸投，道風徧洽。

癸卯秋，忽示微恙。圓寂前三日，鼻中流出一珠，大如豆，作琥珀色，光爍四表，眾爭求供養，師索云：『待老僧自驗看。』纔接過，復投入口中，泊然坐化，時八月二十六日也。師性最慈忍，素不與人牴牾，同代調和，水乳無間，所至料理叢席，識大體，謹細務。又入文字三昧，深穩精到，能穿貫經史，法語偈頌，皆超出尋常。頌麻三觔云：『洞山直撒縵天網，信手三觔不用秤。無面金鱗轟霹靂，盲龜只顧定盤星。』頌龐居士參馬祖云：『馬師一口西江水，吸盡龐公萬頃家。拈得笊籬無活計，諸方眼裏慣淘沙。』頌浮盃淩行婆話云：『盡道遭他陷虎機，橫身虎口有誰知？若還不遇趙州老，哭到如今没了期。』尖新徹透，手眼出格，諸方傳誦。師與仁菴兄後先唱導，響振松堂，不負靈隱代囑，真臨濟睡虎也。師壽六十，僧臘四十有幾，嗣法弟子四人某某等，以某年月日，奉全身塔於本山鉢盂峰下。銘曰：

滹沱一派，吴越今行。松堂圓智，爰闢祖庭。於太師塢，厥號顯甯。澹予坦翁，崛起再興。澹翁西歸，梵兄繼美。虎吼賊消，山門固壘。法説雷轟，僧歸雲委。磐石斯安，頌聲肆起。六年行道，鎮静不撓。擊塗毒鼓，發王庫刀。兩浙左右，道望日高。何期一旦，覺樹花凋！舍利流珠，堪留供養。一口吞卻，何處近傍？鉢盂峰下，法身無相。更問如何？滔天白浪。

請天衣乾和尚住靈隱啟

伏以逆風飛鈍鳥，自慚拙者占先；大海趁遊龍，應識後來居上。高才捷足，喜在伯仲之間；人傑地靈，佇看風雲之會。難逢快便，驗在目前。恭惟老兄石城間氣，白社畸人，久受印於先師，稱入室之真子。五千衲之光孝，表顯奇能；十一載之天衣，發明利器。弟以無能，妄肩靈隱，愚不知分，類飛蠓之負山；位過其才，笑醯雞之飲海。兹以因緣既滿，老病相尋，瓜期久過，苦覓代以無人；虎背難騎，每興懷而欲下。謬將重任，累及老兄，非出己私，實邀神聽。六人而首膺大器，三祝而獨攫高標。稟佛祖之至公，力争之不得；由伽藍之暗點，天定者勝人。喜衆志以和同，實天然而端正。愧弟如聾如啞，久撑順水之舟；仗兄新令新條，一整皮寬之樹。能别施其照用，庶有補於桑榆。匍匐虎溪，肅迎象駕。

復靈隱兩序諸兄啟

竊以靈山祖席，震旦禪關，老人騁蓋代功勛，海内推潑天門户。絶盛難繼，蟭螟焉敢負須彌？自見稍明，鰋鼠安能吞巨海？伏承兩序諸兄，徹底婆心，多方援手，連章累箧，呼回演若之頭；異口同音，扶上香巖之樹。顯也才慚樗櫟，日薄桑榆，二十年江右楚天，頭童齒豁；七八區殘山破院，拽耙拖犁。征塵已倦於津梁，隻影惟甘於燕息。何期老人成功，不處喬遷雙徑之巔；重以諸兄推轂，惟勤勸返冷泉之席。因緣既定，推託無門，自知進步以非時，只得全身而就父。直指堂前之三拜，怪萬壑之栽根；丹陽道上以重宣，笑南屏之拍掌。歸歟此日，業在其中。父子聚頭，重問三生之石；弟兄促榻，相依九里之松。會面非遥，肅函布復。

復靈隱衆護法啟

夙仰衆護法閣下，金粟前身，匡廬應跡，掌擎佛刹，譽久響於毘耶；力衛燈傳，望夙高於公美。預靈山而承付囑，推願海而矢金湯，藉藉高賢，稜稜間氣。唯冷泉巨刹，赤縣雄瞻，百四十代祖山，雲蒸霧擁；三千餘衲舊席，鳳繞麟翔。況加老人挺蓋代之宏勳，闢彌天之法海。蟬聯雀起，須遴過量之人；豹變龍驤，應待拏雲之客。山野樗櫟庸姿，鐺瓢朽質，浪棲江楚，分老巖阿。何期衆護臺推多年之社誼，懷我好音；屬再至之簡書，星言夙駕。自憐鈍駑，勉試鉛刀，久爲窮子以迷家，喜聽德言而就父。藉兹鶴和，長瞻有道之光；望以嚶鳴，更賜如天之翼。削函先復，領誨非遥，謹啟。

復靈隱各房耆宿啟

竊以靈隱巨席，列祖覺場，海日江潮佳話，千年現在；三千八百靈山，一會儼然。喜遘老人，功高再造，鯨鐘鼉鼓，雷霆響徹乎神州；畫棟飛翬，金碧光浮於赤縣。欲求繼席，須用搜奇，豈意匪材，謬加推轂？萬壑公之三拜，刺腦已入膠盆；妙應閣之苦留，蝦跳何曾出斗？久居窮子，復返家鄉，雖師命以難違，實衆情之過沃。時云既至，勉爾趨前，謹復。

復武林衆文學啟

夙仰衆護法大居士門下，儒宗威鳳，法苑祥麟。竹椅蒲團，久受靈山之囑；青鞋布襪，共推蓮社之賢。乘金粟之願輪，作冷泉之宏護。竊以聖湖雄刹，歷祖洪基，文喜宗風，冠曹溪而傑出；瞎堂道望，空少室以横行。百四十代之雷轟，珠回玉轉；千七百年之電閃，虎驟龍驤。况經老人巨靈再闢，蓋代無雙；雙徑重登，成功不處。欲得拔萃超羣之作，須俟金聲玉振之人，豈意匪材，謬承俯採？津梁已倦，愧飛蠓之負山；分量難容，笑醯雞之飲海。辭之弗護，勉爾請前，望魯縞而思穿，顧馬鞍而再盼。藉瞻有道，一聞金玉之音；喜遇新知，永固宗雷之好。謹復。

在廬山復靈隱衆護法啟

葉舟西渡，時懷鷲嶺之春；片紙南來，頓發匡廬之彩。正爾金輪坐斷，誰知琅簡鶩傳。五老峰頭，笑藏蹤之未密；三峽磵口，訝問津之有人。湖海相存，雲天知戴。恭惟靈隱衆護法，人倫喬嶽，法苑祥麟，竹椅蒲團，夙受靈山之記；青鞋布襪，久推蓮社之賢。矢心牆塹祖庭，赤手金湯法窟。冷泉鐘鼓再振，事豈小緣？雲門法道大光，端繇眾力。茲者念三生之舊好，辱千里之郵筒，久隔知音，儼如覿面。就巖中而晏坐，豈拒天花？聞大地之琴聲，自應起舞。止以禪扃幽邃，法海淵宏，自慚榆枋之姿，難翥扶摇之翼。丹崖翠壁，望雪竇以遥辭；松食荷衣，慕大梅之棲隱。孤峰度德，絶壑捫心，鏌鋣之劍無成，能離素匣；神仙之藥未就，敢躍金瓶？是用破壁孤撐，雲瓢高挂。月明彭蠡，如聞六橋風雨之聲；翠倚香爐，恍見九里松杉之色。況兼蘭社，重以瑶華。然而垂手入廛，自知非分；種田博飯，正合今時。身衣薜荔，雖讓西山之座主；目朝雲漢，暫同南嶽之閑僧。癖匪痼于煙霞，跡且儕於麋鹿，聊云藏拙，豈曰養高？目前匡頂眠雲，伴千巖之瀑布；有日泉亭攜手，聽萬壑之奔雷。時可則決若江湖，人遠而心同水乳。遥瞻紫鳳，敬謝青猿。

天童三峰靈隱三代老和尚贊

堂堂三代，法中之王。鵬翻虎踞，創闢禪荒。或一條白棒，而開疆定鼎；或五家宗旨，而四刹雄强。至我靈山，則機神鐵鶻，用驟龍驤；潑天門户，高跨大方。若非乘仰山夙願，誰能使滹沱冷竈，如雷霆之震，而日月之光？咦！祖孫鼎立非兒戲，撥轉乾坤在一堂。

靈隱老和尚像贊

奮鐵鶻眼，攪毒龍湫，釘嘴鐵舌，鬼哭神愁。雖没頭腦，卻有機籌，靈山大會，太煞風流。湖海浩歸，座擁五千之衲；付授不苟，名高四百之州。大可笑者，吾輩老弟兄，人人自謂機能陷虎，氣可吞牛。被者老漢穿卻鼻孔，把住繩頭，蝦跳何曾出得斗？咦！除卻簸揚家醜外，更於何處雪深讐？

靈隱禪堂募重新翻蓋大雄寶殿疏

靈山殿閣，聳出雲霄，體勢嵯峨，金碧瑰麗。成浙地通天之名勝，增武林莫大之輝光，不但東南雄鎮，誠爲海岳崇瞻，實先師老人蓋世之奇功，不朽之盛業也。但以昔年輻輳因緣，成功太速；亦由匠工蓋法鹵莽，不得真傳。以致筒瓦削薄，雨久而泥水侵椽；柳杉太長，雪壓而瓦鱗脱節。苦四圍之發漏，悲聖相以沾淋。三十二大士之湧壁，立見損傷；二十四諸天之寶容，漸憂圮坼。佛像偕菩薩像以俱危，大殿與天王殿而同病。若不早圖翻蓋，後此愈費經營。爲此特具因緣，敬告十萬檀護：昔也初經焚蕩，平地上湧出寶坊；繼殫勤勞，一隻手擎來佛國。而今也覩前功之漸壞，豈不寒心？知急救之有方，大家着力。伏乞尊官長者、大力檀那，遇兹勝事，慨發喜心。傾湘水之家珍，布祇園之金地，因風吹火，補漏未遲。望大殿以圓成，并石臺而鋪就，現天宫之妙麗，滿佛國之莊嚴。登廣大之門庭，還修廣大之福；瞻奇特之殿閣，更收奇特之功。種大因于華藏海中，定受記於靈山會上。有緣到此，盡請當機，切莫躊躇，當面錯過。謹疏。

募化絫石增靈隱山門景致疏

靈山勝境，海内奇觀，怪石堆青，繡出崑岡之骨；冷泉漾碧，噴來雁蕩之湫。秀絶天然，豈待人工點綴；花鋪錦上，何妨幻景莊嚴。文卿姚居士，眼底煙雲，胷中邱壑，具南垣之妙手，蜚東海之高名。過浙地觀光，到靈峰叫絶。擬於迴龍橋之古逕，冷泉亭之四周，築成分外峰巒，添出游人坐磴。春郊雜遝，香會奔騰，大啟茶亭，廣施甘露，俾緇素雲歸，盡得停笻而憩賞；輪蹄霧擁，不妨晏坐以盤桓。誠法窟之奇緣，屬名山之韻事。顧高山流水，有待知音；白雪陽春，還期屬和。但得同心解佩，便裝成廬阜溪橋；衆手移山，立現出虎邱石座。允闢好事，諒所樂聞。

募老和尚塔引

先老人法運方隆，慈幢忽仆。天崩地陷，愴窮子以何依？日隱月沉，歎群蒙之失照。龕歸靈鷲，應圖堅固之藏；帷供法堂，宜卜安貞之吉。敬輸血淚，用告同人。疏山一文二文，價未酬於往日；雪峰七尺八尺，驗乃在於目前。有漸源之肩鍬，雖白浪滔天，正好着力；請國師之塔樣，倘黄金充國，拈出當陽。潭北湘南，並作靈山之佳話；天長地久，不愁雙樹之潛輝。凡抱泰山梁木之悲，共出隻手；苟懷孝子仁人之痛，請作前茅。咸盡乃心，以襄厥事。

碩揆法語

釋原智

靈隱普覺房回禄後募化重造屋宇聖像佛櫃供器等疏

靈隱寺，開山於慧理尊者；普覺房，得名於獨孤禪師。從晋至元，有靈隱，則獨孤續慧理之燈；自元及明，無獨孤，故普覺分靈隱之爨。釋迦南面，韋馱北面，彌勒與伽藍，居然别開生面；翬飛主房，鳥革羣房，朱檐映碧瓦，共稱大好禪房。奈造物之多忌嶔，於辛酉歲，悉火其廬。幸肯構之有人，旋於壬戌年，聿新其廢。但浮圖必聚沙以就，而大厦非一木可成。若要屋其屋，佛其佛，復還舊日規模，必須財施財，力施力，共勸今朝勝事。文徵主人，難於向誰開口；碩揆長老，是以代其勸緣。倘得佛堂完，佛像完，更有佛櫃要完；伫看一人善，一家善，還與一國同善。

靈隱庫司房化建準提閣禮《華嚴經》疏

靈隱除禪堂接待十方、同鍋喫飯而外，另有二十四房，爲子孫世守之業，自立煙爨，庫司其一也。然餘皆居常住西偏，相距或一箭，一牛鳴，惟庫司房在其左，與常住之羣廡，肘腋相連。其房之主人曰：『亮宗齒德並茂，日以禮誦《華嚴》爲課，六時不輟，信僧中之精進幢也。』但其屋宇隘陋，往來喧囂，頗妨清修，謀欲另搆精舍一所，兼供準提大士其中。但慮所費不貲，未敢擅舉，而索余一言，爲之緣起。余曰：『華藏莊嚴，初不離當人塵勞業用，但能一念精進，破卻此塵，所謂三世諸佛所同證，十方菩薩所同修，大千聖衆所同仰，法界衆生所同具，當處現前，不從他得。況又濟之以佛母準提之靈，瓊樓玉殿，當下圓成，不過一舉心動念間之事耳，何慮此心之外，有一不具足之法哉？雖然，理上到，事上不到，非華嚴境界。但能利己，不能利人，亦非華嚴境界。亮公此舉，是欲圓卻理事，以利益十方檀那者也，便請檀那下一轉語，使此話大行。

靈隱蒙堂菴化造白衣大士殿疏

語云：『一莖草上，現瓊樓玉殿，決定有此事。瓊樓玉殿爲一莖草，蓋卻莫被他熱瞞。』嗟乎！天下不被其瞞者，幾人哉？夫慳草也，貪草也，愛欲草也，營營逐逐，只顧直前，而不肯回頭一視，皆草也。今有人焉，大聲疾呼，且將返其一向所熟者而生之，而掉轉之，而喜捨解脱之，非從一莖草上，現出瓊樓玉殿乎？然天下誰是有呼則應者？有則百千諸佛在汝身内，更不消另起三間，安著他有像底一尊。其或未然。蒙堂主人名然謨，宿德也，擬造白衣大士殿一座，又從何處現出？請檀那另下一轉語。

靈隱澗西菴募建藥師閣疏

道無居必求安之道，一把茅，儘可蓋頭；身有眾不可寡之身，三間屋，何以容䅟？澗西移暉麟上人久矣，欲窮千里目；靈隱碩揆志道者，勸其更上一層樓。不徒是位置自己，金繩界道，專爲奉藥師如來；從此先福利他人，綵縷結名，故來叩賢奉長者。資解重橐以相成，何消費中人十家之産；基指初地而再闢，只要損大檀一草之功。

拈花天境靈璽兩禪師頌古合刻題辭

『一葉扁舟泛渺茫，呈橈舞棹別宫商。雲山海月都抛卻，贏得莊周蝶夢長。』此妙總發明婆生七子之頌也。噫！婆子被巖頭一橈，伎窮力盡，將懷中兒子抛下水中，據實而論，大似不奈船何，打破戽斗。雲山海月雖則抛卻，而觸目傷懷，前途更有事在，何嘗得帖然安眠？而妙總謂其『贏得莊周蝶夢長』，何哉？蓋總爲丞相蘇公頌之孫女，早裂塵網，皈事空王，一旦於大會棒頭，徹見本有，回視世間可愛可欲，如水一漚；百年倏忽，如晝一夢，故曰『雲山海月都抛卻，贏得莊周蝶夢長』，不過借婆子鼻孔，出自己之氣耳，何嘗膠膠然説公案哉。拈花天境、靈璽兩禪師亦然。其在俗爲懿親，在揚爲華族，厭世出家，同參天寧恒和尚得旨，遂嗣其法。於是同堂切劘，互舉公案，作爲頌古，曰《拈花合頌》，共計若干首，以呈閲於余。余讀畢，不覺置卷長歎，此妙總之遺響也。有時一句不著，而古人之公案在其句中；有時著在一句，而眼光在公案之外。且也塤篪迭唱，殊路同歸，孰謂今人不及古人哉？雖然，言裁錦繡，語製雲霞，天下説禪者，非無人焉。至於行在説處，誓以身命報佛祖恩德，求之儔輩，今罕其匹，謂非乘願力來扶此一方法門不可。吾故於題句之外，表而出之，此亦靈隱頌兩侄禪師之頌古也。

重建靈隱大雄殿疏代

買地布金，給孤之功超鼇海；投標建刹，賢于之智過補天。崇隆大化，古既如然；佐揚正宗，今豈不爾？惟兹靈隱禪寺，浙右名藍，歷國朝一十五代，坐知識八十四員。首創宏基，爰自西天慧理；中興正法，實賴此土瞎堂。錢武王遺名勒石，豈獨炳焕梵宫？宋孝宗命駕入山，且圖發明心要。松杉百萬，雙徑猶遜雄圖；樓閣三千，五山推爲右出。良以法運久沈，獅絃絶響，大檀不作，金碧何依？蒼苔長而古道封，西風起而聖僧冷。某祖庭是念，慧命惟心，勉奉諸勤宿之召，不辭負山；恐辜衆紳士之誠，尤爲履錯。九年躑躅，固不逮臨濟栽松；十載驅馳，庶幾效三平拽石。其如一簣方崇，諸緣未續，繩牀纔據，萬指來奔。雖群廡小構，粗成庇衆之規；而正殿既頹，罔售重新之願。嗟梁棟之傾危，蟻殘鼠嚙；痛垣牆之腐落，日炙霜摧。思昔三車曲誘，慈父之愛子既然；顧今片瓦不修，衆生之報德奚在？有力不竭，誠典守之責也；見義不爲，復何人是望哉？恭具短疏，普告大方，變世界作黄金，一任擎來掌上；現瓊樓於莖草，佇看運出毫端。文彩未形，難施好手，面目現在，請注芳名。

募靈隱法堂地平大方磚疏

買園償太子之金，隨地布地；委髮承然燈之足，見泥掩泥。此諸佛建法之本因，豈人天莊嚴之小果？第理由事顯，而古與今殊。誠欲使兒孫腳下，立處皆真；還須向萬行門中，逢人即出。近施力，遠捨財，不妨衆手齊舉；工磨棱，匠合縫，佇看一片打成。雖曰凡聖交參，争容抛潔浄毬子；要且龍象蹴踏，未可著眼裏塵沙。舉步知方，入寺觀額，把來親切，何須更問那三般；道得分明，便請驗取者一塊。

江西景德鎮化靈隱供衆碗盞疏

喫粥先問鉢盂，趙州端貴知有；點茶蓦舉盞子，文殊且論投機。此佛彼佛，既扳例而行；千人萬人，亦少他不得。第物各有主，而水必溯源，苟不從本地薦取，安能使日用現成？是磁底，是瓦底，全憑信手拈來；或哥窰，或弟窰，切忌一模脱出。非是鷲嶺家風，設化都無揀擇；見説西江法道，器量貴應方圓。木蘭舟裏，但使功德歸山；金牛堂前，好看龍象應供。

靈隱寺重建大悲殿疏

大悲佛具一千手眼，無寶刹手眼不彰；圓通門足八萬福田，有檀那福田始備。變糊餅爲饅頭，聞聲既可悟道；化荆榛爲寶所，見色又好明心。莫問舊壇場回禄之日，佛在何方；但看新殿宇重建之年，恩歸何地？梁有梓，柱有楠，不更買祇陀之樹；地無理甎，天無瓦，只索布給孤之金。總大匠散工而完未了，費必千緡；計雕甍繡闥而告成功，期以三月。衆手那移，固非小可佛事；一肩擔荷，愈顯奇特丈夫。

靈隱寺化供衆食油疏

叢林開門七件事，油次其三；檀那種福八邱田，財爲第一。即此因，獲此果，要求將來調鼎和鼐；以其有，濟其無，但從今日供佛及僧。豐則請羅山辨主，一任銅鈔鑼裏滿盛來；儉亦送投子還家，也索磁州瓶子傾得出。莫道吃底化了，點燈又化；須知今年來過，明歲還來。

靈隱寺化齋僧錢糧疏

鷲嶺在南北兩峰之間，曾開祖席八十九代；靈隱冠吳越諸剎之首，現有大衆千二百人。安居於伽藍之内，年年四季參禪；剗草在佛殿之前，期期三壇説戒。五湖龍象競頭奔，入門都言訪道；一日鉢盂兩度溼，無米何以爲炊？要求七朝褒寵之地，常轉法輪；須投四事具足之鄉，以告長者。衣服卧具醫藥，非敢一槩有所希求；紅粟白粲黄粱，不妨衆手擎來布施。莫謂檀那粒米，須彌山喫了，作何消受；試觀衲僧此口，香水海填滿，是什東西？

靈隱重塑四天王像疏

靈隱寺天王，四尊法身，久已摧剥；先老人補處，五子常住，各有增崇。吾以尠德，而謬繼諸昆，但問那件事情可緩；衆皆異辭，而同出一口，都道者鋪功德宜先。木换骨，泥换胎，既已大集工匠而動之；金其身，玉其面，焉有不告檀那而成者。在秦爲秦，在楚爲楚，在吳越莫道吳越，匪承他力；修福得福，修慧得慧，修菩薩要知菩薩，即在爾躬。

靈隱寺募化重建華嚴閣疏

靈隱寺大厦三千，惟華嚴閣稱雄壯第一；具老人法嗣六十，獨碩揆子爲迂鈍無雙。頗怪丁巳之歲，所謂雄壯者突罹劫灰；次至辛酉之年，謬責迂鈍者來爲補處。覩梵剎東南之半壁，忍使前人締搆之艱，鞠爲茂草；納藏海理事之四重，敢乞檀那身屋之潤，再整靈山。金非千鎰，良未易還其舊觀；人聚一沙，抑何難成此大事。造法界于一心，豈止善財童子？在目前可驗，開樓閣於彈指，伫看彌勒菩薩，從別處入來。

靈隱老和尚讚

乃祖大臨濟之門庭，一棒到底；乃父高臨濟之牆塹，棒推向裏。爲渠親孫，爲渠嫡子，安得右與左互祖其肩？有時建立，有時埽蕩，何妨權與實相闡其美。三十年縱雲門鐵鶻之機，四百州飛冷泉蠱毒之水，死者不飲，飲者必死。此老胡一宗，所以不滅于天童三峰之龍争一珠，而滅於靈隱之虎收二尾歟！

靈隱禮和尚像讚師到乍浦陳山寺主人慧賢長老請。

我在雲林，師辭不過。月歷酉丑，師在者裏等我，乃有五年之久。若非法乳在在能周，似泉出於地；誰令吾心頭頭得達，如子得其母。非得母，龍湫之主、翁之孫，我説法要他稽首。

復證南法姪及靈隱兩序

遽聞堂頭師兄之變，殊爲惋歎，然天下豈有不陞覩史之祖佛哉？顧其所分之身何如耳。新廣孝行在説處，諸方口碑，曾不間於宗黨之所期，是吾師兄猶在也，何必歎？至靈隱繼席之招，揣蚊之力，苟可負山，豈宜故爲推避以市名？但念尼山氏栖栖列國，非不求仕也，及于衛，則又曰：『必也正名。』均名也，可以市，可以無市，何難定孔子之去就；應當正，應當弗正，其權又在衛國之君臣矣。靈隱方丈，顔曰『直指堂』，宋孝宗爲瞎堂遠公贈也。重建直指堂者，具德和尚也。於直指堂額外，另爲一額，而南面其中者，乃具和尚輪守方丈之法子號某者也。子守父堂，不數年一换，居然高揭名號，南面於方丈之中，前不見有師長，後不見有弟兄，名之不正，孰大於是？ 在彼一人，毋足論也，使有高明如張詠者見之，謂具和尚之子若孫，總是不曾讀過《霍光傳》，則將何辭以對？ 三年前，於雲居别業，蓋嘗與吾姪論析是義，蒙阿師謬賞其説，許爲别正，别後又不之講。 即此一言，尚不能求斷金於同心之人，所繼者何席？ 此吾之雖欲報命，而不能自主者也，吾姪其必有以處我矣。 若曰待汝叔和尚進院正之，我於三峰爲祖額而退院，今又於靈隱爲父額而進院哉？

上靈隱老和尚

離崑雖以遠避狂人，其實與私願合，故不俟稟命，而遂乘此抽身也。 臘底，抵潤州，方擬江楚買舟，不謂揚人越江來，以上方見招，其主事僧則志之桑梓舊知也，其蓄意蓋出自彼。 第志之素心，切於山水，又淮南人，初無意淮南住。 會巨兄和尚與凡相知者，皆贊成之，曰：『此揚之名刹，又古聖賢應化地，即遠邁，將恐大方充塞，無地投閒。 且道人行處，無可不可，何必捨波濤而求源泉乎？』志然其説，遂許之，已於二月二日進院矣。

寺據蜀岡，去城約四五里。 岡下有輦路里許，路盡有橋，曰月明鎖之橋，南更半里，則大河矣。 山上有泉通蜀，味極甘。 舊名禪智寺，上方蓋隋朝改敕也，但頹廢久矣。 故事陳迹，十没七八，所存惟殘碑剩殿，與新搆寮屋數楹，殿亦復改建也，獨喜其無房僧舊住耳。 應用什物，百無一有，往來應接，悉隨家之豐儉，而入院施設，姑謝絶之，蓋不敢草草效嚬，博一時熱鬧，以驚俗眼，玷師道也。 若乃隨宜啟導，不負參隨數十百衆行腳本志，是又素所蓄積，而不敢他委者。 原志所樹，不及先德，有願不爲今人，而早自離師，不能盡諳天下事，又不欲便安輭暖，與草木同朽腐。 一旦肩此荒院，謬爲人師，誠知力不勝任，私竊藉此爲勉進地，用副師長之望耳。 前路誰何，利鈍悉付之龍天，亦不敢置成見於心胸也。狂兒遠遁，猶恃父慈，敬遣客司侍僧，代申頂候，具白前事，伏惟老和尚必另賜教督也，不勝激切懇禱之至。

上靈隱老和尚

曾兩以書白住慶雲之由，皆未得回示，今復有所請，敢悉布之。蓋此地自仁兄遷化之後，看守者惟一自達，而檀越又二三其議，故虛其席者，一年有奇。從甲辰至乙巳秋，乃彼中緇白，忽以補住之任舉及原志。志訊其故，則曰：『一請開之兄不就，再請天甯，天甯又不就也。』其時自達已有不能立腳之勢矣，適值禁僧之變，欲一遣人稟白而不能，惟念老和尚發軔之所。春秋大夫出疆，事有利於國家者則專之，竊附此義，遂勉應其請，意者以爲雖不告猶告也。

又，先是，仁兄至武林，自達乞假他往，兄度其勢不可留，乃以手書相託於志，其致詞有曰：『後堂達公頗自愛，雖質性稍魯，然肯用心參究。昔聖門以魯得參，故是上品流亞，素慕兄英特，令親椎拂，百日義歸，結夏當來邀之。昔死心晦堂與三佛學者，彼此交參，味同水乳，今人人我攖懷，互相攫攘，甚矣！古風之難復也。想我兄與義同心復古拯時，惟勿吝鎚拶。』此仁兄手蹟也。觀其詞旨，是終欲成就此子，惟恐原志不遣其歸也。及兄於慶雲化去，而遂不及自達者，非必謂其出於所付諸公之下，以其猶在上方故耳。故原志應其請，且半爲自達私意須，其他日有一線之長，然後稟命老和尚，亦如老和尚之於仁兄，以不負其生前之託耳。此志之隱衷，而未即告人者也。不圖此子奄忽化去，則是原志所以費許多起倒之本，皆於私心相刺謬矣。不然，上方一片地尚在荆榛中，二三學者莫非新集，豈有餘力分身兩處，且分一班執事爲兩班哉？

事已無可奈何，然則今日不能不請命于老和尚矣。或同門昆弟中有願住者，隨指一人，志當轉達檀護延請之。不然，則有仁兄之子指菴公在。聞其剃染時，早定爲仁兄之嗣，以祖之命，繼父之統，而原志又從而周旋之，以其不得施於自達者效之，此公指一快舉也，不識老和尚以爲何如？或渠不欲遂爲叢林主，姑令其任一職以隨志，俟一二年間，寺中大差畢，志當一爲料理之。志竊計此有四利焉：一則可以分老和尚爲指公之勞，二又償志之所以待仁菴兄，三指公不合以杭人而即便居杭，四原志索居江北，舉目無可共語，不啻牧羊之蘇武，誠得如指公者一人，相聚年載，或不無彼此之益也。總此四利，開設兩端，或即命指公繼席，或姑令同門赴請，一聽老和尚裁斷之。志不惜曲陳底藴者，恐竊議之人，謂當日住持何不呈白，而乃於今日呈白也。

與靈隱願雲和尚

向以拙録稿三册求教，想已塗抹矣，特專侍頂拜，冀即擲還，是處不是處，急欲見鏟削證據之所在，改轍易路也。説法古無定格，而欲期盡衆生之性，譬良醫不自炫我有神丹，而以瘳人之疾爲良，馬師、百丈、黄蘗、臨濟是也。興化而下，海會而上，或用硝黄以瀉穢，而無法與人；或用參苓以補元，而爲物作則，莫不通變臨時，愈出愈奇，較之前者，又一更新，初無規規之式，使人可步躋而至。迨《昭覺録》出，是藥者採將來盡大地之病，於是乎生，非妙喜善述變其劑，用其方，幾以山堆嶽積之物，掩其殺人活人之效。後之刻鵠求飛者，圓陀陀，露堂堂，猶然金科玉律，遵不敢違，起死回生之術，固如是哉！弟心不人然，而不能逃人之不然，亦所説到此，而所行不必到此也。海會上其人，可法而法之則難；昭覺下其人，易法而於法不屑。先師既遠鍼艾，無聞思一，悱我憒我者，落落無所適從。和尚法中長兄，内外典之飽學也，幸以一言開我昧昧，其惠不小。

與靈隱晦山和尚

和尚託鉢出門，弟有要語欠與和尚一商，不日道詳下。當事諸公，將送弟還山矣。弟意頗欲乘此交代，但交代之法，須稍用權宜，而交代之人，又必須與弟同一性命，念非和尚不堪此任。非弟獨私於和尚也，與八十五箇老子合夥，面上不慚；儘百千萬雙眼睛相著，心裏不怕，豈是兒戲事？且和尚嘗有意返江楚矣，與其向天上雲居，爲兒孫理百年家業，曷若在天下徑山，替祖宗挑一日擔子哉！時至勿失，先聖名言，脱使和尚住靈隱不三年，弟不敢啟此口也；必欲和尚謝脱靈隱而住徑山，弟亦不敢啟此口也。住定彼山，遲遲尋替手交割此山，在和尚轉換處，討許多便宜，於先師常寂光，亦增許多聲價也，豈不可喜？和尚未出門時，不即面爲懇請，緣府案未白，懼以疑事摇旁人之舌耳。今白矣，特煩睿公通其悃欵，望垂允諾，弟當預爲料理之。言所不悉，睿公可代悉也。

與雲林廿四房耆舊

某福淺人也，尸位靈隱一十二年，自顧無纖毫好處，有益廿四房耆舊。乃辭院之後，荷蒙道誼之厚，種種出於情，謂中心藏之，何日忘之？九月初十，重進三峰院，此地雖愚舊曾住過之席，又經一十六年，數更主法，壁壘旌旗，大費整理。又值去秋失收，前人所遺官錢私債二百餘金，措置無所，坐此之故，幾欲專人一展謝私而未遑，以致愆期至今也。歲序更新，竊惟雲林廿四房老幼少長，皆我故人，亦皆我之法屬，諸惟精進辦道，使人稱天下名山所出身之人，宛爾不同，即此便是雲林再造之秋也。南望額手，言不盡意。

與户部王阮亭侍郎

從乙巳七夕，至今歲丁丑暮春之閏，計與先生別三十三年矣。總此三十三年，祇於辛酉春草小札，託蛟門汪比部，一候食息。時以從三峰應請維揚善慶之便，故有此寄也，不半歲，即有杭州靈隱之役。此剎爲先我而住者，一敗於訟，再敗於火，某收合餘燼，誓以身命，前後一十四年，始得復還先師具德老人創建之舊觀。所可傷者，自汪比部謝人間世，遂無從藉手再達鄙私於大人先生之前，哀往思存，不能不臨風悵結耳。癸酉春，以不甘受無故殺士之辱，復從靈隱抽仗，來憩三峰。回思禪智山堂，夜集名人一十八位，賦詩贈行，曾幾何時，今觀其姓字，赴天上修文者過半，惟新城阮亭王先生，德與位皆巍然如魯靈光，屹立天以下，爲名教主盟。入世出世之士，一被顔色之接，不啻登龍門而受華衮之賜。顧某與先生有石上三生之緣，反如慶喜見阿閦佛國，一見更不再見。由禪智而徑山，而三峰，而五州、善慶、靈隱，今又從靈隱而再住三峰，七處八會，作驢作馬，每誦『浩刦西來重會合』之句，既會合矣，又成別離，豈能無歎？竊惟先生爲坡公後身，坡公又五祖戒和尚後身，然則是阮亭先生現身，宰官不過出於偶然遊戲，其扶救末法之真悲夙願，則在吾佛世尊之雙手擘拳處也。今法運之衰，如百川東頹，先生登岱一呼，有萬山響應之勢，獨不可以其全響爲蒼生，以其餘響作一分佛事，施之吾儕，成千古佳話哉？

三峰乃先師祖漢月和尚得道開法之初地，上下百年，『三峰』二字之名，雖布在天下，而殿宇堂寮之規模，尚屬草創。先是，某從徑山來，謬補其處，曾有經營締構之願而未逮。今又重承其乏，三年以來，勉力拮据，規模稍稍就緒，意欲結集一往名公鉅卿之文字，成一寺志，昭示後來。心竊自惟，顧安所得天下第一，如我阮亭先生其人者，賜以片言，爲鎮海明珠，豈非三門之幸哉？抱此妄想，申請無階。會有冬月桃花之開，成七言律詩十首，一時屬和者，饒有其人。八十六歲之錢湘靈陸燦，七十二歲之孫赤崖暘，其首列者也。兩公曰：『江、黄、滕、薛，非不南面，自稱爲小國諸侯。若乃執牛耳以登壇，則葵邱、城濮更有人在。』愚問：『人爲誰？』兩公曰：『阮亭先生，儒林之齊桓、晋文也，不有其作，何以得話行天下？』愚耳此言，不覺心眼爲之一開，前所謂申請無階者，忽而有階可進。敢因嚴進士寶成家報郵遞之便，附此以候，即求命筆，賜以和章。嚴進士寶成、汪司成東川，某於兩君，皆有物外襟期之雅，并聞原倡求塗抹，所懼巴里之謡，不足邀引商刻羽，一應其請，則慙惶無地矣。諸惟爲國爲民，善自珍攝，曷勝北望頌禱之至！

復錢塘仁和遲衛兩邑侯請住靈隱啟

恭惟仁、錢兩大護法治下，蒼生父母，白社金湯，西天鷲嶺，久標散花持杵之功；東土靈山，不忘額手擎拳之囑。指西湖作西江，何消一口吸盡？扶南終于南土，真成兩鏡高懸。齋心作宰，龜鶴隨身，學道愛人，絃歌溢耳。參徑山柏子之禪，直同張侍郎格物；入匡廬蓮花之社，不比陶彭澤攢眉。以異政應金甌之卜，佇見簡在帝心；鎮名山棄玉帶之留，還期不違本願。原志耳盈五袴之歌，久欽叔度；心懷兩歧之麥，跡阻漁陽。方悔盛時，未親治化，何期靈隱補處之符，謬及廣陵遐陬之士，聞命矍然，發函惕若。乘招手金地之緣而瞻有道，固所願也；取執除糞器之人而繼寶位，可不諒哉！但念王臣宰官，猶然記佛敕而不忘；豈可釋子沙門，公然置祖庭而不問？僶俛趨前，端爲缾幪之厚；徬徨就道，總恃化育之仁。謹復。

復武林縉紳諸護法請住靈隱啟

伏以佛選三千，非彌勒敢補世尊之處；天圍百萬，惟大梵能扶正法之幢。獻一花如來，弟子流花一通；施三拜達摩，兒孫傳持三拜。大事因緣，既不越王城四部之請；小可禪道，何以當靈山一會之招？恭惟諸大護法閣下，儒門山斗，法苑金湯，身依紫闕，萬姓佇霖雨以遂生；心係名山，諸方倚光明而布席。與陶、謝、宗、雷，結蓮花之社；合蘇、黄、楊、李，參鐵鷂之禪。四大掀翻佛印，也留玉帶鎮山門；一拳識破黄龍，不怕鐵蛇横古路。談妙談玄，等同遊戲；作屏作翰，流出真誠。志才非世間之倚馬，每恨不識韓荆州；賦讀方外之佩韋，久願一交李商老。徒以拄杖腰包，離師太早；遂致吴山楚水，思德滋深。方愧文殊草履，未蹋毘耶；孰意長者琅函，遽投石室。呼猿洞口遺薪，期我負荷；冷泉亭上積水，要我激揚。聞命以驚，發函而懼。先師之靈骨猶在，持鍬何難上法堂？小師之塔樣未諳，寸木豈容支大厦？取貌似聖人而師事之，已欠斟酌；以生從佛口而位置焉，可煞慚惶。但念名教大人，猶然秉佛敕而不忘；何況釋氏兒孫，豈可望寶所而自退？勉策駑馬，用試鉛刀。承先起後，敢云有一法與人？讓主推賓，更望舒衆手庇我。謹復。

重刻《字彙》題

《字彙》一書，宣城梅氏酌古準今，以二百十有四部，統三萬三千一百七十九字，以該三教諸書，而釋典殊難綜核。然審音會理，大端不逾此，誠後學之津梁也。嘗見世俗嘲人不識字，則必勃然怒，不知讀書難，識字尤難，魯魚亥豕，毫釐之差，謬以千里。且字，心所歸也，徒精六書，不稟方寸，字日以增，心日以減；字日以真，心日以僞，夫如是，反不若一丁不識者之爲得也。嘗思上古畫卦之始，止一奇一耦，自無而之有，雖三萬三千一百七十九字不爲多；自有而之無，雖一奇一耦不爲少。庖犧老人多此一事，轉使後人混沌，曰鑿墮文字禪也。老僧不識字，故胷中無一事。雖然，一奇一耦之始，即儒門之達磨宗也。達磨言：『不言文字，不是不識文字。』諸人又不可以老僧之不唧嚁藉口也。茲緣本山重鏤此板成，司刻者請題卷首，書此付之。時康熙戊辰浴佛日，靈隱碩揆道人原志題并書。

諦暉法語

釋慧輅

住杭州靈隱禪寺

康熙乙卯年秋七月二十一日，徑山五嶽和尚同闔郡紳衿文學居士、本寺各房老宿、三竺集慶諸師，洎闔院新舊兩序執事，恭請和尚主持靈隱。丙辰夏四月十三日，進院兩序諸執事諸陞座，師云：『身在至化中，當宜第一義。』便上香，云：『萬歲證明，祇如東宮殿下、檀護宰官，時向者裏得何三昧？得何受用？』又上香，云：『瑞氣彌新，本寺各房老宿、隣山諸位耆英，即心即佛；常住新舊兩序兄弟，非心非佛，便恁麽去，且道是一義，是二義？』再上香，云：『面目現在。』復舉香，云：『看看雲居師兄燒在雪裏，天衣師兄燒在水裏，徑山師兄燒在火裏。新長老今日從雲居天衣則是，從徑山師兄則是。』乃炷香罏中，云：『莫道雷同，阿耶阿耶，恰恰觸着先師鼻孔。』遂噴噓一下，云：『小子識之，徑山和尚白椎已。』

僧問：『靈山一座，大衆雲臨，正令開張，何人及第？』師云：『大清國裏只三人。』進云：『恁麽獅子吼時芳草緑，象王行處落花紅。』師云：『兩個被你道破，還有一個作麽生註腳？』進云：『一番提起一番新。』師云：『大似撞彩。』問：『門庭施設，祖令當行，和尚將甚麽表示？』師云：『聞風買扇。』進云：『一句迥然開祖印，三玄三要整蘩林。』師云：『只恐三玄未會在。』進云：『相續一句，千古奇逢，舊店新開，是何面目？』師云：『俗氣不除，乃云遠放近收，絶滲絶漏，先師之心也。』乃左顧云：『可是真的，一啐一啄，或威或慈，先師之用也。』乃右顧云：『可是真的，人能用得是心，方堪入此門户，立個宗眼。不然，總屬依草附木，影響異流。』喝一喝，云：『新長老之心也，用在甚麽處？』又喝一喝，云：『新長老之用也，心在什麽處？』又復喝，云：『點頭者一任點頭，吐舌者一任吐舌。』復舉云：『昔日知聖住靈樹時，二十年不立首座，鄭重如山，常曰我首座生也，我首座牧牛也，我首座行脚悟道也，誰不恁麽？一日聲鐘，令山門外接首座，衆出迓，而雲門至，若合符節。靈樹曰：「奉遲久矣，即請爲首座。」一衆皆驚。最後封一函，令知事呈廣主劉大王曰：「人天眼目，堂中上座，靈山授記，未必如此。」復云：「爲物作則，事非草草。言不合乎靈樹之心，行不得乎雲門之髓，而稱佛祖兒孫，終爲忝竊。」還知此二老傑出肝腸，古今不墮道理麽？』乃點胸云：『終不敢辜負乎此結椎。』竟便下座。

結夏陞座，僧問：『如何是透徹一着？』師云：『指天指地有誰知？』進云：『可謂驚天動地。』師云：『試驚天動地，看僧擬議。』師便喝問：『盡大地是個禪堂，教學人向那裏坐香好。』師云：『上座貼單也未？』進云：『牽累人不少。』師云：『還是你自累。』問：『説玄説妙，指東話面，設有不受羅籠的來，和尚有何相爲？』師云：『我不指東話西。』僧擬議，師便打，進云：『明知和尚有此一棒。』師云：『猶嫌少在，乃云拶着痛處，彼此不饒，爬着痒處。孰不意消，我王庫内無如是刀。是故黄龍向手脚間設關，臨濟於料揀處作主。若要驗龍蛇，辨得失，猶未可在。秖如古人道：「道得也三十棒，道不得也三十棒。」還能喫此也無？重賞之下，必有勇夫。』

實相監院仝道一大德，領瑞雲、德宏二禪士設齋，請陞座，僧問：『四大本空，五藴非有，請問和尚，以何接待衆流？』師云：『言前須薦取，末後意難詮。』進云：『個中消息蒙師指，物外新光意若何？』師云：『試道個中消息看。』僧喝，師云：『除卻喝，别道將來。』僧擬議，師便喝云：『只解争先，未能奪後，乃云向上轉去，烈日應寒；向下轉去，薰風成醋。折中而論，破得佛見，堪與文殊爲師，劍爲不平離寶匣；破得法見，堪與普賢爲師，藥因救病出金瓶。若是没量漢，聞靈隱恁麼舉，便解遇塵破塵，遇垢破垢，遇誵訛破誵訛，遇虚幻破虚幻，通身轉轆轆，通身活卓卓，不爲分外。正恁麼時，文殊畢竟何處安身？普賢畢竟何處立命？』便鞠躬云：『此去江干不遠。』

解夏日，兩序執事請陞座，僧問：『夏末秋初，諸學人東去西去，直向萬里無寸草處去。如何是萬里無寸草處？』師云：『上座還曾走過麽？』進云：『走過。』師云：『何勞再問。』僧擬議，師便打，云：『話墮阿師，乃云本分着子，不是冠上之纓，亦非腰間之帶，又非葛藤椿子，是非鞨靼，將什麽作結？將什麽作解？若言有結有解，徒勞捏目而妄生花；若言無結無解，争奈滴水能興丈波。』舉雲門大師云：『直得盡乾坤大地，無纖毫過患猶是。』舉句師云：『地動也不見一色，始是半提。』師云：『弄泥團漢，有什麽限直得如此？更須知有全提時節。』師云：『喉中着骨，非賤性之所能忍，諸兄弟若向者裏分疏得下管帶，得行十方世界，一任獨露全身。若有纖疑，不但出門便是草，即不出門亦是草漫漫地也。珍重。』

道證、雪嶺二禪德同戒香上座，領衆信爲惟一監院入塔，請陞座。師云：『鳥無羽而不飛，人無骨而不立，要展横翔捷出之翮，而欲立其所立。』喝一喝，云：『斷斷乎少他不得。所以在天，則天爲之驚，在地，則地爲之震，還委悉麽？若以三十五日以前求之，溪邊樹凋葉落；若以三十五日以後求之，檻前山深水寒。正當三十五日之際，又作麽生？』良久云：『若到多寶塔前，捉敗迦文老子始得。』復喝一喝，云：『實不敢欺。』

師五十誕日，遠塵禪德領餘杭衆檀越設齋，請陞座，問答不録。師云：『山僧未出母胎以前，撞着個興教，以其肝膈不異，便與之性命相許。及出母胎以後，又撞着個高峰，亦以其肝膈不異，而又與之性命相許。已往不論，即此五十年來，或通或塞，或順或逆，或是或非，或曲或直，總不敢背興教而黨高峰，背高峰而黨興教，呑聲飲氣，秖要保者鼻孔，而一大家出氣。今日舉示大衆，且圖兩得相見。』顧左右云：『撲落非他物，海底泥牛啣月走，縱横不是塵；崖前石虎抱兒眠，山河及大地；鐵蛇鑽入金剛眼，全露法王身。崑崙騎象，鷺鷥牽其中。有一句能縱能奪，能煞能活。』復顧左右云：『靈隱到者裏，不得不全身擔荷，而爲萬世之下滅狐種族者，立個宗眼。』便下座。

覺先、得敬二禪德領紹興衆檀越設齋，請陞座，師云：『行不在足，解不在心，一回相契，千花競秀。可笑天下人，都盧只向足上着倒，心上稱量，所以一失足無以立，一忘心無以言。當知此事不在内，不在外，不在中，聞不見雪竇道：「閉門不造車，通途自寥廓？」汝若瞎得衆生眼，要透法身邊事，有什麽難？ 汝若瞎得佛祖眼，要透法身向上事，有什麽難？ 拄杖頭上更有一眼，汝又作麽生？』驀攛拄杖云：『一任諸方貶剥。』

義方禪德領富陽衆檀越設齋，請陞座，師云：『飛來峰石磈磈，是佛解遮護者，唯有孤雲冷泉亭水，滴滴是珠。解啐啄者，唯有野鶴。且喜紅葉從旁忍俊不禁，勃然作色，欲向佛頭上着彩，珠影裏争輝，即使隨風飄流，亦片片不落在别處。若人識得者片紅葉落處分明，要着者件袈裟也不難。』

結制日，息微禪德領杭城衆檀越設齋，請陞座，示衆問：『鍛煉聖凡，鉗鎚佛祖，請師曲垂方便。』師云：『上座還受鍛煉麽？』僧呈坐具云：『佛祖未興時，者個在什麽處？』師云：『山僧卻疑。』進云：『蒙師指出波心月，躍海魚龍意自殊。』師云：『鍛煉且緩緩，乃云透脱一路，只在諸人咬嚼不行處，然一生心動念，即便白雲萬里。山僧今日亦無別説，只將小釋迦之圓相作汝頭，雪峰之木毬作汝足，雲門胡餅作汝心，吹毛劍作汝骨，浮山九帶作汝肝腸，靈雲桃花作汝手，破沙盆作汝口，乾矢橛作汝眼，拄杖子作汝鼻，踞地獅子作汝爪牙，青州衫庭前柏作汝耳，通上徹下，無毫髮許，不是佛法心髓，還迴避得麽？推委得麽？其中着得悟麽，着得迷麽？着得自己麽？着得非自己麽？不妨伶俐好。』喝一喝，云：『我但一串穿卻不愁，汝承當不下也。』

啟戒日，靈超大德設齋，請陞座，問：『如何是離四句？』師云：『掩耳有分。』進云：『如何是絶百非？』師云：『承當無路。』進云：『如何是祖師西來意？』師云：『不必重言。』問：『既是飛來峰，因甚不飛去？』師云：『前人曾道破。』進云：『冷泉水因甚只去不回？』師云：『把住不得，乃云佛是心之垢，心是拄杖子之讐，如不滅得是垢，安能殺得者讐？』驀卓拄杖云：『若是靈山種草，自解恁麽提持。金翅鳥無端高叫曰：「感伊不徹，感伊不徹。」水潦鶴放生大笑曰：「説甚感伊不徹，直是恩大難酬。」』復卓一下，下座。

解制日陞座，僧問：『打開布袋頭，放出溈山水牯牛，放去且住。當時水牯牛，溈山作麽生收？』師云：『叱叱。』僧擬議，師云：『畜生退後。』僧云：『通生無影像，處處絶行踪。』師云：『轉見不堪，乃云掀翻得列祖窠窟，方堪獨步稱尊，所向無礙。不然，行被行礙，坐被坐礙，用棒則棒礙，用喝則喝礙，遇江湖則江湖礙，遇天日則天日礙，即使有個自己，而亦爲之礙。山僧一冬以來，行坐處與諸人方便，棒喝時亦與諸人方便，江湖天日間，無不與諸人方便，惟其自己分上，不敢加一毫方便。何故？莫是識法者懼麽？非也。莫是再犯不容麽？亦非也。不加一毫方便，意在甚麽處？』便起身云：『知恩者少，負恩者多。』

稽修五居士薦嚴設齋，請陞座，師云：『枯木裏龍吟，血脈不斷；銀碗裏盛雪，分别不得。前念即是後念，金聲有餘；後念即是前念，玉振無盡。一不得則異，異不得則一。此雖人人本有之常，其如一回舉示一回新也。伶俐漢一聞舉着，必不作世諦流布之想。然而居之不疑，行之無倦，還有其人麽？』揮拂子顧左右，云：『我佛我祖，斫額相望久矣。』下座。

玉山琳禪師法語

乾隆三十年閏二月十二日，皇上駕幸雲林，臣僧德琳率眾恭迎聖駕進佛殿，拈香拜佛，臣僧擊磬。拜畢，臣僧叩首，皇上問云：『你是住持麽？』回奏：『臣僧住持。』皇上問云：『十六年的是甚麽人？』奏云：『十六年的義果，是臣僧的師父。』皇上云：『你就是義果的徒弟麽？』回奏云：『是。』皇上問云：『二十二年的聻？』奏云：『二十二年的德元，是臣僧的師弟。』皇上云：『你還是師兄麽？』回奏云：『是。』皇上又問云：『那二十七年的聻？』回奏云：『二十七年的德泉，亦是臣僧的師弟。』皇上問云：『德泉哪裏去了？』奏云：『已經退院去了。』皇上又問云：『你是哪一箇舉的聻？』回奏云：『臣僧是蒙撫憲熊大人舉的。』皇上云：『你就是熊學鵬舉的了，狠好。』臣僧謝恩。皇上進行宫用茶，臣僧復進新茶，皇上笑云：『知道了。』供佛罷，即起駕到飛來峰，命侍臣吹石洞，吹響了，皇上一笑，即起駕，臣僧率眾送駕出山。十三日，皇太后駕幸雲林，賜住持德琳飯，賜香金五十四兩，皇后賜香金五兩。十四日奉旨，到宫門領賜香金五百五十兩，衣緞八疋，藏香八束，唵叭香四封，石刻佛像一軸。十五日，皇上駕幸天竺，臣僧德琳率眾恭迎聖駕進殿，拈香祈晴，臣僧德琳擊磬。拜畢，臣僧謝恩。皇上問云：『你是雲林的住持？』回奏云：『臣僧是雲林住持，奉各憲兼管法喜事。』皇上云：『好。你是甚麽字輩？』回奏云：『臣僧是實字輩。』皇上云：『你是實字輩的，可參禪麽？』回奏云：『參禪。』皇上云：『參甚麽話頭？』回奏云：『參萬法歸一。』皇上云：『即今一歸何處聻？』回奏云：『大清國裏聖天子。』皇上云：『莫這便是你的見處麽？』回奏云：『南無無量壽佛。』皇上微笑，命賜法喜寺香金一百兩，藏香八束，唵叭香四封，石刻佛像一軸，即起駕回宫，臣僧率眾送駕出山。十九日，回鑾，臣僧同諸山方丈在武林門外送駕，皇上看見，云：『雲林和尚也在這裏了，回寺去罷。』臣僧謝恩回寺。

二十日，雲林、法喜兩寺大衆恭謝皇恩，請陞座，問：『祖師西來即不問，聖駕來山意若何？』師云：『步步不離皇上。』進云：『世法應用，個個向前接駕；佛法商量，人人退後歸家。還是向前好，還是退後好？』師云：『家活隨時用，安排便不真。』進云：『聖明天子於萬歲牌前，有何話會？』師云：『日面佛，月面佛。』進云：『萬歲供佛及僧，和尚陞座酬恩，畢竟如何祝讚？』師云：『一爐沈水千聲佛，用祝我皇億萬年。』進云：『一枝無孔笛，共慶太平年。』師云：『時逢堯舜世，自合樂無爲。』問：『聖恩叠霈，即不問當陽一句，請師宣。』師云：『芳騰六合，香噴大千。』進云：『翠華臨幸，和尚相見如何？』師云：『雪覆萬峰青不露，一枝春綻野梅花。』進云：『恁麽則蠻夷戎狄分，諸國盡在我皇化育中。』師云：『知恩始得。』乃云：『聖皇應世，萬國歸心，草木禽魚咸沾恩澤，僧居山野共沐皇恩，真得處處仁風偏野，人人喜氣盈眸。所以一人有慶，萬民賴之，大衆，此恩此德，人人頂戴，且道作麽生酬報？』遂炷香合掌云：『紫煙籠帝闕，睿算等天齊。』

乾隆三十七年四月十二日，前住淡山和尚同闔院大衆、兩序諸師，復請主席據室鷲嶺、雲林古杭名刹禪門法紀：『聖祖格外殊恩最勝覺場，諸方推重殷心，敢云廣大宗風，實乃潑天門户。山僧前膺灑掃，今又全墮裏許芭蕉，云你有拄杖子，奪卻你拄杖子。還是與底是，奪底是？』拈拄杖卓一卓：『選佛若無如是眼，宗風那得到如今。』

江南蘇州府吴縣福田菴運慈大師設齋，請陞座，拈香：『此香紫摩金色，光照乾坤；玉髻青螺，氣吞宇宙。祝延當今佛心天子，龍馭萬年，此香堅愈岡陵，量等江海。恭祝滿朝文武、本省大僚、當道尊官、紳衿檀護，本寺兩序、同門耆碩，共維法化，扶竪網宗，此香恩宼難酬，報復難泄。兹當二回拈出供養，即此堂上先師巨老人大和尚，珊瑚枕上兩行淚，半是思君半恨君。就座垂問絲綸，收拾未多時。今日無端一竿持，應向煙波深處裏，金鱗銜波莫來遲。』問繁，不録。

續修雲林寺誌卷五

藝　文

冷泉聽猿賦

明　釋銘古鼎

暮秋九月，天物凜瘁，林氣淒薄，余寓冷泉佛舍，時夜風挾雨，橫更四鼓。鼓三點，風雨一斂，如戰勝逐北，賈勇初足，起闖玉宇，披豁呈露。忽聞有響，莫知其形，始疎疎而流暢，復圓圓而引吭，不雜不遝，如端如莊。厲飛霜以肅韻，掣傾泉而揚清，非八音之吼調，如翕繹而有成。情安慮消，憤泮氣平，若彰婉孌，若耀娉婷。或斷或續，以聯以縈；或決以駛，或幽以明。耳以聰而司聽，心以静而察靈。類劉琨之奏笳，潰賊圍于遠方。比韓娥之黯喉，發嬌音乎繞梁。奚必孫登朗嘯，雜金石之鏘鏘？

予撼几待曉，詢鄰壁叟曰：『何聲之若斯哉？』叟曰：『子不聞少陵之詩，巫峽聞猿者乎？吴筠之賦，雰嵐嘿而共昬，風雨霽而争吟者乎？噫嘻，悲哉！此猿聲之出於高林，而咈吾人之心也。』葢猿之爲物，色或黄而或黑，慣緶緣乎叢木，通背脛身梯柔，倏雲花餐果食，逍遥自適，狖猨猘猱，莫之與儔。《抱朴子》記：『周穆南征，一軍盡化，君子爲猿爲鶴，小人爲蟲爲沙。』物理縱誕，變化無涯。天地四時，物隨氣而鳴者，非一鳥鳴，春雷鳴，夏蟲鳴，秋風鳴，冬遞喧迭響，甯論厥終？伊猿之吟，將渾乎同。若乃道經三峽，路出巴東，千巖轇轕，萬樹蔥蘢，露濕枯草之候，雲疎日薄之空，鰥夫寡婦之思，遷客騷人之衷，觸愁肝而欲裂，迸酸淚而濺胸，人悲猿耶？猿悲人耶？曷不知其所從。鍾儀抱南冠之恨，莊舄懷舊國之思，班超感停燭之坐，蘇卿嘅雙鳬之飛，此世之大丈夫，有不得而不爲，豈皆冒猿聲以悽愴，囿猿聲以歔欷？其因物悲而我悲，因物喜而我喜，静爲物役，動爲物移，受聒于外，易撓於中者，婦人女子也，豈丈夫之事哉？叟不見荅，予不復論。俄有大風拔屋，流雲如奔，朝暾既埋，聲亦塞聞。

卧雲樓賦

明 仁和 沈仕

楚有無稽生，謁吴之廣虚子而言曰：『爾沈默守静，與物無犯，若將高蹈遠遊，狎征僑駕，靈羽永息於遐山曠海之間，雷霆不能動摇，鬼神無可叱咤，並壽堪輿，流芳世代，何其烈耶！迺以卧雲自託，則吾未之知也。夫雲者，藉坎爲體，應需爲用，其象不專，其勢常動，細而察之，與爾所爲，大相天壤矣，豈非謬哉！或有説焉，可得聞乎？』廣虚子曰：『可。僕存精養氣，于兹幾三十年矣。凡物之巧拙，根於有，生于有，殺者皆無所取，未若雲也。雖載乎色而不泥於色，雖見乎形而不滯於形。或聚或散，或晦或明，變幻無方，周流天地，亦猶人能以太乙真氣，隨機應化，驅陰返陽，逃於死生之外。縱則彌六合以無垠，斂則纖阿耨而爲懷，有有無無，常存不息，是以託焉。』無稽生曰：『記固若也，卧何以耶？』廣虚子曰：『卧之義妙矣哉！非易言也。』無稽生曰：『願略以喻之。』廣虚子曰：『唯唯。若余棲生於澒洞之間，以風爲匠，以氣爲材，峻結層宇，牖户自開。左俯廬敖，右凌鹿臺，招摇伏于南坎，單狐倚於北隈。上入重霄，下際闇海，日月二道，陰耿若糾纏；江河衆流，細如髮纖。於是衾霞枕霧，閉日嘘煙；皎然于靆靉之内，豁爾於縹緲之前。氣綏甯而體逸，光晃耀而志全。若遊太始之境，經爰皇之界，超混沌之先，出穹窿之外，擴莫可拘，邈無所礙，赤龍噴焰以自滅，白榆吐花而何侵？杳杳冥冥，相無其相；虛虛寂寂，音無其音。委蛇之間，克周遐邇；恍惚之際，聿超古今。所謂宇宙在乎手，萬化生乎心者也。』無稽生囅然而噱曰：『有是哉！臥雲之妙也。吾今而後，願與同遊，日臥雲中。』

飛來峰賦

吴穎芳 西林

石氣騰上，漭漭沆沆；鴆英發靈，千彙萬狀。灕廔欐連，狠戾倔彊；窺冥顛攢，跳透迭逷。回穴相寤，阡丮相向；配藜趺于，糅擾孟浪。疇劖鬼斧，玷揣天匠；獰頫盱咢，孰可名象？其大勢也，若雲若霞，若濤若波；壘嵲戢沓，矗側污斜；倏起瞥滅，咫屈尺拏。其於物也，若案若几，若篋若匭；若積阜塊，若斫棄柹；無根若菌，有綴若蘂；若無形模，不成方員；巨細廣狹，隨意而然；貌出想外，防理自聯。其在人也，若仰若俯，若立若卧；若揖若翹，若顧而坐；若負兩嬰，若挾一个；若生若死，若耄若稚；菵胡其面，反蹠其趾；齵若墮齒，孿若卷耳；盎饔瘻疣，髡刖馘耵。其擬於飛走也，鹿奔猿接，熊經豕立；喙伸鬛駊，爪攫角䩥。故其升於高也，若逐羣排隊，撵其尾尻而遐登于霄。其俛於低也，若遊娱顧命，踠其肘蹄而下飲于溪。其肅穆，則若列陳營兵，銜枚無聲，悠悠旆旌。其燦爛，若琥牙圭璧，會朝羣辟。是以始至猝眄，醜惡刺眼，撑腸拄腹，顛倒瞑眩；久而自得，神奪意轉；幽情來餉，懷抱申展；忘疲破昏，塵氣如洗；晷刻莫計，欲去難遣；無言内娱，莫定所善；藥我褊狹，空妙取儁。若乃躡梯峻登，則又坦衍壇漫，左右肆玩；衆山屏圍，拱揖宵漢。其或尋歷巖洞，則谽谺豁張，嵌空玲瓏；石室石户，窈窕四通；稍進偪側，肩背不容；傴僂僅達，跼步蟻同；若出無徑，顧無户窗；仰勢盡壓，石稜如峰；天開小明，穿漏日光，側首而睨，有石欲舂；上聞驚聲，險情自訌；忽出洞底，泉鳴秋瀧；震動崖谷，進退莫從；亦有龕佛，千身一形；銘勒櫛比，僅辨百名；鍾乳融積，繡爲古花；上成波譎，蚪蟉龍蛇；水脈沮涇，移晷一滴；老禪如尸，靡見而覛。洞有三出，一人地底，極視深黑，敢以身試！嘗聞地道巴陵洞庭，誰爇炬火幽尋仙靈？若此奇妙，有山無之；天何孕育，地何設施？巧奪意搆，戴目共知；雖樂其妙，終莫名其奇。有西域胡師，睹之而眙曰：『此身毒耆闍崫山也，胡爲乎來哉？』迺卓錫於兹山之陰，謚名『飛來』，用是神物，設供道場，金刹大開。爾後近二千祀，爲我寶法護持。若乃覈其方域，綴述嘉蹟，天竺峙其南，韜光互其北，稽留、蓮花，殊號共脈。康樂翻經之臺，圓澤長歌之石。許邁之室已荒，葛洪之川未塞。上有神尼之浮屠，下有理公之塔婆。兩間瀧瀧，圓梁竝馳；西源斜徑，匯於其涯；清澄冷泉，翠光蕩摩；五亭餘一，崢嶸駕波；面峰面水，喧静得宜。徒觀其魚鳥娱戲，草木茀離；古榦横度，日月蔽虧；根著寸泥，抱石合皮；幾轉冤抑，怒發不羈；懸藤糾纏，人工指摩。巢鳩唶叱咳嚄，若爲倒漾漪淪，妄生嵯岈，儵遊影中，咂緣運渦。鬼嘯蘿亂尖風凄，而非仙佛者，曷能狎斯？昔白公暨蘇公，竝以絶德魁能，函彙造化，美月桂之夜落，玩跳珠之晝瀉，流連登涉，每憩遊駕，所爲謌詩，氣概天下。迄今寂寥，風流迢遥，探索而模似者輩屬，然而蟬嘶蛩唱，曾何補於風騷？不揣庸陋，布之辭條，謹接末唱，系而長謠。謡曰：靈鷲名峰插天起，神物西來幾萬里。飛時合送扶揺風，絶迹道過望洋水。一墮南州不計年，蒼山卧老埋雲煙。媧皇若假巨靈手，煉取能完半壁天。

豁堂禪師語録序

馮溥

豁堂禪師祖三峰，而高曾龍池、太白，獅絃所震，狐外潛蹤，雖太白諸嗣子，無不折行輩，自以爲不及，無論緇素歸仰也。三峰與太白，法乳相承，密印别傳，不啻克家之子，顧以從上宗旨，貽書往復。蓋太白機鋒迅利，如太阿鋩刃，剸鍾無聲，而三峰慈憫導引，法雨沾濡，欲令人人自得，故密雲、漢月之辨論，無殊為仰父子之唱酬，虛空逼拶，落草盤桓，有何分別？而愚者妄指淄澠，自忘鹽水，至今猶惑。試讀豁公語録，而後知函蓋之地，截斷衆流，二老婆心，無不爲之呈露。南屏曉鐘、西陵夕照，亦似無不爲豁公提唱也。豁公天才敏異，其詩與西陵諸子相贈答，説者以爲晝公再出，世諦文字，瀾翻犀穎，皆足以表裏黑白，故士大夫往往從之扣擊。余友高念東，謂豁公著述，夐出寂音尊者之表，然要以迦葉慶喜，拈花倒竿，心心相授，遠至臨濟，於今又三十餘傳，而明星不改，海印依然，則公語録具在，不愧嫡裔，而又豈近日諸方所能仿佛也？余未及見豁公，讀其書而慕之，嘗欲延之都門，豁公不可。聞其性愛山水，雖卓錫之地，四衆坌集，常輕衣曳杖，獨買小舟，於六橋之側，嘯咏移日，是殆不可强致，故不復更申前請，而豁公今已示寂數年矣。侍者定悉以余之嘗知豁公也，裒其生平語録，總爲一編，以乞余序。余往從檇李覓化城藏板，留供善果寺中，間時輩所附，痛爲汰去，非敢妄意稱量也，欲使醍醐出乳，都無雜味。若豁公之録，此真足繼古德，以續佛慧命，固余向之所皈慕而不勝贊歎者也。世有達太白、三峰之旨，以追印世尊之正法眼藏者，當不河漢余言矣。康熙己未初夏撰。

又序

王澤宏 昊廬

葦菴禪師持其師豁堂語録若干卷，自錢塘走京師三千餘里，屬余序。予未習佛家言，而葦菴余鄉人也，又嘉其意不能辭，乃爲之序曰：夫學佛者之有語録，猶夫學儒者之有集云耳。自穆子三不朽之説並立言於德功，而後之學者，莫不鉥心擢腎，瘁畢生之力，以蘄成一家言傳後世。然間攷前史，《漢·藝文志》所載，至隋已亡十六七。歐陽修稱唐之學者自爲之書，多至二萬八千四百六十二卷，宋存者僅十三。以今日所見，求之宋元，亦復如是。嗟乎！是皆世所稱能言之士也，其文往往汪洋奥美，足震動一世之耳目，世之好奇愛博者，往往慕説稱道之，而數十百年間，已凋殘磨滅不可勝紀。彼其説雖未必盡合聖人，然類多依本孔孟之指以成其説，然猶不能傳遠如是，況乎虛無澹泊，如浮屠氏之言者歟？　聞浮屠師有達磨者，以爲三藏皆筌蹄，不立文字，而後世學其學者，顧喋喋咕咕，欲以信今而傳遠，毋乃惑歟？　雖然，吾夫子欲無言矣，而又謂無行不與通其説者，則彼達磨氏以《楞伽》印心，與吾儒文行忠信之四教垂範後學，古今一貫，所繫以不朽也。　豁堂爲臨濟宗，其傳自天童以下，遠有端緒，常與今相國益都馮公交，相國欲延之京師，豁堂堅謝，既示寂，相國銘其塔，予爲作《重建浄慈寺碑記》，今又序其語録大略如此。　若夫師説之淡奥，與其傳之久遠，已詳具相國馮公序中，固不待余言而後信也。　康熙十八年孟夏撰。

又序

武林張文嘉仲嘉浄慧

古德有云：『出家乃大丈夫事，非將相之所能爲。』夫功業被乎羣生，勳名流乎奕世，至於將相稱極盛矣，而猶似不屑爲，則此所爲大丈夫者，豈非全乎道德之風，遠去凡陋之迹，體高亮之弘姿，挺孤奇之雅操，上足以合乎佛心，下足以拯乎含識，確然足爲人天師表，照耀古今者乎？　乃去聖逾遠，人心雕斲，主者俯仰以取世資，學人隨波而溷保社，佛法下衰，漸有江河之勢，此妙喜、竹菴二大士所以有寶訓之作也。　夫二師當程、朱倡明儒學之日，方容矩步，所談者正心誠意，所辨者義利公私，其于釋氏真若寇讎然者。　然今觀所列，自明教嵩而下諸大尊宿，見地超卓，踐履真實，非惟僅能固其藩籬而已，而又能使勳業若富鄭公、趙清獻，文名若蘇子瞻、黄魯直，道學若胡康侯、張子韶，其他名公鉅儒，無慮數十百家，莫不皈敬投誠，入壥垂手，即程子亦從而歎曰：『三代禮樂，盡于此矣。』朱子亦有言：『顧盼指心性，名言超有無。』其意雖欲折之，而卒無瑕隙可指者，則非特諸君宿透悟之微，宗風之盛足以杜其口，即其臨事施爲之際，崇道德，厲廉隅，遠榮名，抑利養，光明正大，實有以大服其心也。　向使趨炎附勢，逐利鑽名，或貢高我慢，背蔑師友，破碎大道，紊亂先規，問其名則巍然知識之稱，而綜其實有出于庸俗之所羞爲者，亦何以紹隆佛種，主持正法，令世之賢人君子無所議其後乎？　即世或爲所蒙蔽，而清夜思之，甯不内愧於心耶？　故夫二師是編，扶衰起蔽，足與儒家《近思録》諸篇相表裏，誠釋門之龜鑑，而衲子之楷模也歟！　顧其書雖行，頗患殘缺，乃東吳善師補綴于前，而雲棲建師音義于後，可謂全矣。　然音義雖具，而獨本單行，飜閱不便，余故與叔刪其繁蕪，增其未備，酌爲定本，各附註于本條之下，以便觀覽，惟願有志于爲大丈夫者，自學地以至于出世爲人，日手此一編，以作韋弦之佩可也。

武林西湖高僧事略序

莫子文

人生五濁，惡世根塵，濡染昏沈，著其能出離火宅者蓋寡。　至於剪髮披緇而爲僧，固已高於衆人矣。　然僧之爲僧，豈若是而止哉？　識心見性，超出生死，精持戒律，真積力久，詮演教法，垂範將來，百千萬僧中，間見一二，表表偉偉，卓乎不可企及，舉世佛徒，莫不宗仰之，此高僧所以有傳也。　作者有人，讀者有人，修之者又有人，然未有思其人，追其踪，想像其高致，即其曩昔經行宴坐之地，崇飾傑閣而嚴奉之，紀述行業而偶贊之，圖繪頂相而瞻敬之者，瑪瑙講師元敬節菴乃克爲之也。　閣始刱於前主僧了性，工未就而遷住他刹，節菴實踵成之。　始會萃名宿嘗駐錫於錢唐者，得二十四人，命東嘉僧元復摭其事實而繫之贊，續訪求又得六人焉，節菴併述而贊之，圖其形，置之閣。　又虞不能流布四方，乃合而成書，名以《西湖高僧事略》，鋟梓以惠學者。　噫！　佛法盛於東南，異人輩出，前人既爲所高，俟燈燈相續，傳佛慧命，將使後人而復高後人，深有望焉。　寶祐丙辰長至日序。

碩揆和尚語録序

楊雍建

西湖諸山，最高者南北峰。峰之下兩寺，浄慈、靈隱，而北峰靈隱尤著。始東晋咸和元年，西天僧慧理爲靈鷲飛來之説，因挂錫造寺。嗣是以後千三百有餘年，世爲佛土，爲東南最勝道場。康熙辛酉十二月，碩揆禪師自廣陵善慶來住是寺，寺中百廢具舉，飛樓傑閣，干霄壓山，朝鐘暮鼓，弟子如雲。靈隱山水既擅東南之勝，師梵行高劭，名播遠近，四方車騎來西湖者，必過靈隱，送迎往還多繁劇。師苦喧耽寂，恒欲去之。丙寅冬月，應三峰請，刻期將行，藩臬諸當事洎今宫詹邵公戒，三入山固留。又三年，值乘輿南巡，頒賜御書，雲章爛然，輝映金碧。於是海内人士，無不裹糧重繭，來拜雲林新額下，瞻仰踴躍而去。夫名山古刹必得其主，然後人天歡悦。誌公飛錫，感動帝王，法欽禪師坐石牀之上，素衣老人願捨地結菴，辯才復歸天竺，山中百物皆有喜色，故語云『人傑地靈』。師即欲舍喧趨寂，擇宴坐之地爲勇退計，吾知其不能遂也。且喧、寂兩境，生於其心，日惟營逐，雖閉門荒山，坐馳萬里，兀然灰槁；精明静妙，則身居城市，不異山林。况此白雲蒼松，清泉恠石，煙霞滿眼之靈隱哉！庚午十月，師以語録如干卷，問序於余，則皆自丙寅以後，海内緇素問答機緣。余故知師，今讀是録，知益詳，用不辭捉筆，借以頌師之賢，而道諸公所以欲留之意如此。若其中予奪之機，殺活之用，開示後學，爲功匪淺，自有宗門老宿擎拳竪拂者，宣揚讚歎之，余復何贅！康熙二十九年歲次庚午仲冬望日謹序。

又序

錢陸燦

自孔子生而以儒設教，而世世孔子爲儒宗；自釋迦生而以佛設教，而世世釋迦爲禪宗。儒與禪，猶日之與月，不能相無者也。而日不自日，月不自月，儒家之論無極爲太極，太極生兩儀，則日月到今，而太極不自今也。謂孔子以前無孔子乎？則中古堯、舜、禹諸聖人，何以與於道？然則泝中古而上之，至於未始有，而儒之道未嘗亡於未始有也。於釋迦以前無釋迦乎？則莊嚴劫毘婆尸、尸棄、毘舍浮諸聖人，何以與於道？然則泝莊嚴劫而上之，至於未始有，而禪之道亦未嘗亡於未始有也。千萬古此道也，千萬古此日月也，此不能相無者也。宋儒有曰：『我學佛，然後知儒。』至哉言乎！夫儒自儒，禪自禪，乘流示現，門庭施設，各自爲宗，此其分也；學佛然後知儒者，此其合也；儒中有真禪，禪中有真儒，此其所以合而不能相無也。當其盛，儒盛則兼禪，禪盛則兼儒；當其衰，無真儒故無真禪，無真禪故無真儒。昔者王荆公問張文定公曰：『孔子去世百年，生孟子亞聖，而其後絶無人，何也？』文定曰：『又有援孔子道者，江西馬大師、汾陽無業、雪峰巖頭、丹霞雲門輩是也。蓋自儒門澹泊，收拾不住，皆歸釋氏耳。』荆公久之歎服其言。福州陳善又曰：『馬大師輩，在孔孟門下，今不必論。然自馬大師之後，釋門又復澹泊，收拾不住，而後又無多人合當復生。吾儒中，近世歐文忠、司馬温公、范蜀公皆不喜佛，然其聰明之所照了，德行之所成就，豈復在馬大師下？不知諸公後數十年，當復生釋氏中何等人？』合此二條論之，則知儒、禪不可相無，而迭爲盛衰其勢也。

今天下之無真儒久矣，無儒而有禪。遠不具論，我三峰堂上藏祖一傳而靈巖儲祖、徑山禮祖；靈巖再傳，如先師黄山檗老人；徑山再傳，今雲林上碩下揆和尚。此諸大老，皆以儒起家，而得法於禪，親提正印，扶植綱宗。三峰、徑山、靈巖諸會語録，流布諸方，何其盛歟！諸老人遄歸覩史，祖庭秋晚，何其衰也！今惟我新雲林法叔一人在耳。雲林之道，三峰、靈巖、徑山、黄山之道也，即釋氏莊嚴劫已前，歷諸祖佛之道也。此陳善所謂『聖人復生釋氏中，中流砥柱，一髪千鈞之時』也。廿年以來，龍天推出雷霆鐘鼓之音，訇琅江南北，浙東西諸方仰之，如毘盧遮那大佛頂首，詳見靈巖、黄山前二序中，非他人所容贅一詞明矣。惟雲林業以一身横當吾道絶續之關，力接佛祖父師之命。己巳，今上皇帝南巡，首垂訪道，讚嘆稀有，敕改靈隱新額『雲林』，湖山傾動，鴻朗莊嚴，諸會諸法已經侍者記録，將來入藏轉輪，一字一句芟薙不得矣。語録自世尊説法以來，名山宿德，因所説之法，編以成書，始號『語録』。學者結習，纏繞名義，達摩不得已而救之，故取『拈花微笑』之旨，此一化導之法門也。釋迦云：『吾誓不爲二乘聲聞人説法。』又曰：『住世四十九年，未嘗説一字，非謂四十九年所説之法皆爲剩語。』陸放翁之序拙菴曰：『拙菴之道，棟梁大法，無語可也；拙菴之語，雷霆百世，無録可也。』序佛照曰：『未見妙喜，大事了畢，豈有住山示衆之語，可累簡編？若不投之水火，無有是處。』即先師前序亦曰『一爐爇卻，免至遺殃』，認爲實法早立背後。此皆爲學者句上生根，言中覓響，故與截斷衆流，收歸上科。然而出格卒未易得，因病予藥，沿波拯溺，不得不藉語言文字。即是孔門之教，窮理盡性致命，精義入神，顔卓、曾唯之外，門弟子先後問仁，仁豈有二？迺若答樊遲，不再設於子張；謂顔淵，不復陳於仲弓。列在學宫，未易披簡，即游、夏諸賢，議論異同，載入《禮經》，無容割裂。況法王位中，金口所宣，第一句，末後句，無字句，不謂少；廿句，百句，千句，萬億句，不謂多。先師恐人認語録爲實法者，又豈可認先師語句爲實法哉？余同門兄弟雪罏冶、童樹蔭、眼還明，親承罏鞲，遺歸黄山，相次記莂，法門骨肉，彼此成褫，諸方欽服，公心大心焉。先治奉師命，委燦作序，第三篇曰：『靈巖猶父，黄山吾兄，得燦子而三世。』自顧何人，濫竽斯典？今治兄又侍先師數年矣，明兄來自新雲林，申責前諾，粗於罅縫中，窺見光明一線。先師序謂：『上方初參徑山時，已私淑靈巖，探其法奥。』又曰：『志師兄以法自任，心心不置靈巖，而靈巖亦特以祖庭補處屬之。』燦迺恍然。吾碩師叔心心不忘三峰以來從上一脈，傾倒於靈巖父子，辱收燦備員中郎虎賁也，遲之又久，謹書所得東西兩聖人之旨，附於兩先老人之末簡，苟不藉此因緣，何敢聲欬真人之側哉！康熙二十九年庚午正月，三峰下法小姪鐵牛居士錢陸燦法名道燦盥手書，時年七十有九。

辨魔須知録序

錢陸燦

宏宗也，闡戒也，二者我佛門之大綱也，雖化儀不同，然溯其派所從出，各有父，各有祖。孰爲父，孰爲祖，其不可抹殺抵讕而毁滅之則一也。南磵，天竺禪師，秉具戒於頂目徹和尚，目徹戒則三峰漢祖所傳也，故祖以宗門眷屬視南磵，特一從法姪耳，論戒則南磵實三峰之嫡孫也。不知其近因何故，突假古南牧雲老人之名，捏造一書，名曰《叛師五論》，謂漢祖爲天童弟子，而與童持論宗旨爲叛師，其中有曰：『三峰憎師嫉師，蓄有逢蒙之心。』吾輩讀至此，不覺駭然，心骨俱悚。使南磵於佛教中，甘自蹈於一闡提，不畏三塗之人，爲此逆天害理之語以毁三峰，則不必揀辨其非。或於世教中，甘自外於綱常倫紀，而願爲禽鹿之人，亦可以爲此逆天害理之語以毁三峰，則亦不必揀辨其非。若猶靦然面目，欲厠於爲人師範之一數，則三峰祖也，南磵孫也，以孫毁祖，佛法王法宥之乎？夫以三峰爲其得戒之祖而毁之，則磬山天隱和尚爲其得法之祖，庸知不毁？夫終身所藉以爲設教誨人之具，曰安禪説戒耳，今代之設身處地而極其勢，不盡起而毁滅之不止矣。魔高十丈，殃祖及宗，大可懼也，懼斯揀辨之矣。

或曰：『宗門之所以重世系也，在禪不在戒。南磵雖毁三峰，未嘗毁磬山。』余曰：『否。悟道爲禪，守道爲戒，苟以爲戒不足重，則莫如不受。既外假受戒之名，陰乃敗檢逾閑以犯之，因犯戒而并犯其傳戒之上，以此爲禪，以此爲繩武於磬山之禪，轉相傳授，自悮悮人，不揀辨則人不知也，非必爲南磵揀辨，不可不爲天下之説戒參禪者揀辨也。且南磵非不説戒也，非望其受戒者不更有戒子也，又非望其戒子之子，他日亦爲此逆天害理之語，以報南磵也。我爲人戒子之子，則爲毋食其人之梟獍；人爲我戒子之子，則望其爲不我反噬之祥麟，此猶種蒺藜而思得甘露也，非愚即悖耳。矧三峰以抗論宗旨，而不協於得法之師，便以逢蒙名之。南磵以無端而血噀其得戒之祖，則又以何者名之？人亦有言：「無施不報。」此楚珍闍黎所以有《辨魔須知》之刻也。其意以爲法丁秋晚，師門淆亂，佛此面，魔亦此面，其難於辨則有不容髮。必欲辨其何者爲魔，須知有以孫滅祖，如天笠一流之沙門也。若乃《雲居語録》、《靈隱轉語》，又其次焉。」

或又曰：『南磵不病狂易，必無無端揑成一書，希冀毁滅。其得戒之祖者，其事無憑，未可盡信。』曰：『古南之孫，現在雪鑑和尚、秀峰和尚，及爲其所誤之西資即果得，親賫此板至吾虞興福，集合邑紳士耆舊，禮佛懺悔，劈板付金剛燄訖，庶幾不遠之復。是日之會，余實與焉，戊辰五月二十三日也，非憑而何？』先是，報國和尚告本宗書，天寧和尚普説至報國，所遣侍者道復云：『刻者西資，助之金者南磵。』是日，適於興福架上翻得《嬾齋四悉書》六卷，果得識其後曰『賴同參南磵大和尚校訂，續謀梨棗合璧』等句。《四悉》之刻，果得既推南磵首功，今五論之續，南磵又嘖嘖以義膽忠肝自詡，此處無金三十兩，毋乃南磵親言出親口歟？既毁板之後，余嘗札報許青嶼兄曰：『是役也，非爲三峰奮螳臂，正是爲古南拔隹箭耳。鄭人爭年，先息爲勝。』又有兹刻者夾山復檗巖一書，召之有父有祖。從上事重，楚珍不得已也。康熙二十九年歲次庚午浴佛日。

玉山和尚語録序

錢陳羣

香山云：『東南山水，餘杭爲最。就郡言，靈隱寺爲最。』何最乎爾？則以飛來峰、廻龍橋、春淙亭、冷泉、石門諸勝盡萃於是，是以地得之而爲勝地，心得之而爲妙道，東安參禪之窟，無此名區；江右選佛之場，遜兹寶界。宋元迄今，品第禪院，獨推靈隱爲浙省第一祖庭，定不誣也。況乎南嶽青原而後，五宗迭興，靈隱皆得而有之，即如真觀之爲曹洞，文喜之爲溈仰，延壽之爲法眼，契嵩之爲雲門，瞎堂、佛智、密菴諸人之爲臨濟也。五宗之賢聖，指不勝屈，靈隱皆得而有之，靈隱真靈矣哉！如是而欲紹三峰之絶傳，接黄蘖之逸響，先以聞解信人，後以無思契同，于廣大林中，插標結界；衝繁窟內，敷座談真。萃五千衲子之緣，拈百億瓊花之偈，是非上根大器，莫能擔荷先德。今我玉山和尚禪風凜然，道氣徹骨，以山海爲胸襟，視道俗如一子。不超寂滅，安居之座，變現釋梵龍天之宫，初究本來面目，從窺鏡處照破娘生皮骨；復研向上綱宗，於扁擔頭悟得自家活計。辨鐵石身心，爲人天師表。蒲團夜梵，闢第一之元機；麈尾高揮，廣不二之法旨。遂使癡猿捉月，悉解苦輪；渴鹿馳煙，頓明覺路。徧塵徧界，普利含生；成始成終，得全善逝，固已非空非有，唯識惟心矣。惟時兩登法席，屢易裘葛，將出其語録付梓，問序於余。余聞夫真性妙空，竝無一物者，謂之清净法身；具一切莊嚴萬行者，謂之圓滿報身；隨機設教，善利無窮者，謂之千百億化身。以觀和尚提宗攝教，借教詮宗，權實雙融，有無互徹，袪守默之癡禪，埽尋文之狂慧，所謂千百億化身，曾何缺陷耶？若云老夫爲他點出光明，令教照天照地去也，則我豈敢！唯是人以地傳，地緣人顯，靈隱山川之奇，和尚道法之勝，同符千載，迥絶恒蹊，庶幾頓超十地，寄無言於有言；悟彼三空，歸有法於無法者歟？是爲序。乾隆三十八年歲次癸巳十月既望，嘉禾壽民錢陳羣合十題，時年八十有八。

又序

張光

余常徧禮諸尊宿，絶不肯之見，其我相重慢幢高，所謂忍辱精進者，未易幾也，況所稱大善知識，語空衆妙，機透重元者乎？時序遷移，宗風消歇，不有大覺，孰證迷津？憶自丁亥客居龍川妙智禪院，始得交於前住平陽方丈文山和尚。和尚爲文覺禪師之肖子，冲淡樂道，意泊如也，盡大地儒釋，皆讓一頭地。越六月，其徒孫今住環翠實林和尚，來禾一見余，相視而笑，莫逆於心。即之終埋，光鏟采絶，不露圭角，唯極稱其法。和尚現住靈隱，方丈玉山和尚平實學道，本色住山，以臨濟七事鉗錘衲子，入室者甚衆不置云。余猶以爲得見文和尚，而不得見玉和尚也。歲辛卯，赴試省城，從間往參玉和尚，視其貌凛然豐頤，眉目慈秀，所謂歡喜地菩薩，福慧兼修者非與？聆其言，如岱宗出雲，層層動蕩，滄溟浴日，轉物光華，又所稱一真歸源，萬幻咸空者耶！繼又出其語録相示，讀之如河懸瓶瀉，綺互波瀠，稱性吐露，迥奪望洋，深辨來風，窾綮洞中。至普説大篇，如長江萬里，巨浪千尋，擬諸大慧中峰，庶幾生瑜生亮。蓋和尚既讀百家書，又透向上一著，故横説豎説，用鈎用錐，蜜果葫蘆之移换，萬頃百折之汪洋，宗門極則事在是，直指人心見性成佛之機，亦莫顯著於是。余聞六祖住曹溪，卓錫泉湧，贍足大衆，東坡有銘曰：『問從何來，初無所從。若有從處，來則有窮。』和尚之説法無窮，和尚其有從耶？無從耶？抑聞具老和尚常云：『諸方是講底綱宗，我是用底綱宗，故鍛煉稱方内獨步。』和尚真用底綱宗耶？何據座説法，悉徵從上作略也？當與靈山之《宗鏡録》、《三教篇》、《鐔津集》、《内典集》暨《禪門鍛煉説》十三篇，竝垂不朽矣。閲歲既久，篇帙益富，將登梨棗以壽世，而屬序於余。余不知瀌要，唯記其企慕之情、相交之意如此，并寄文公暨實師，以爲何如也？歲在癸巳十月十六日。

冷泉亭記

李鐸

夏日舒長，炎風正熯，思得清涼之地，以滌煩襟。有告我者曰：『雲林之間有亭焉，幽人所棲，雅絶塵俗，曷往遊之？』遂歷其所，徜徉彌日，塵襟頓舒，乃枕石藉裀而卧甚酣，豁然有朗曠之致。仰而視之，則蒼蒼者天也；近而玩之，則青青者林也；傾耳聽之，則泉流之涓涓也；嶔崎嶄峭，則怪石之玲瓏也；杳然陰翳，往來莫定者，則無心之雲物也。山樹高而禽鳥啼，山徑幽而猨狖嘯，萬物熙熙，各得其所。逍遥乎此，若夢若迷，予其仙耶？僧耶？樵耶？予不自知。而此山之爲何山，此亭之爲何亭，予亦不知也。心爲之曠焉，神爲之怡焉，混兮其若虚，茫乎其若失，融融焉自有其樂，而樂之所極，則予又莫能言。嗟乎！人或百年，其遇不遇，數也。遇則爲出世之懼，不遇則有負俗之累，煙波之釣叟，江湖之散人，彭湘之漁父，皆得乎此者也。是以少伯有五湖之遊，子陵有羊裘之樂，彼自有所得于其心，故能相從於汗漫也。子曰：『飯疏食，飲水，曲肱而枕之，樂亦在其中矣。』又曰：『一簞食，一瓢飲，人不堪其憂，回也不改其樂。』今日之遊，溪流可以飲，野蔌可以茹，煙雲竹樹岩谷禽聲，可以賞心而快意。予以非仙非僧非樵者，忽焉而飄飄其若仙，寂寂其若僧，詡詡然其若山間之樵父，則不能自言之樂，又何可不以語人也。爲記記之，是曰《西湖之冷泉亭》。旹康熙三十三年閏五月初五日，鐵嶺李鐸記。

濬雲林冷泉碑記

釋重照

飛來之峰下，有名泉曰冷泉，唐元藇築亭其上，而香山居士白居易記之，所稱『雲從棟生，水與堦平』者。既歲久不治，則蕪漸塞，流漸淺。至政和中，本寺住持雲公等始濬之，廣逾其舊者三，然後斯泉之勝，獨擅名山。至於今又數百年，泉之草生沙壓，秋冬水落，其流如綫，無復舊日之觀。夫形家者言：『山停水蓄，則生氣居旺。』況雲林乃五山十刹之首，徒衆數千指，爲檀信祝福之名藍，不尤藉形勝以爲外衛者乎？前此吾祖巨公，亦曾築三壩以蓄泉，然其流淺直，終以無濟。乾隆甲辰，有樂善居士數輩來遊亭上，慨焉興重濬之志。於是集料鳩工，倡成勝事業，費工數百，緡錢一百三十餘千，而泉之規模已約略可觀。無如土皆石砂，水能浸潤，旋以細流漱齧，積久成源，穿梳石罅，注洩而出，泉又不能停蓄。重照承乏兹山，遑敢弛善士之勝績，用是於戊申之秋，復踵告於諸君子，乞完盛舉，以奏厥成。因復董工集事，運畚鍤，輦土石，清其閘趾，去其砂磧，其中加以横亙之石棧，壘以縝密之複垣，填以三和之膠土，築以千工之椎杵，俾堤腳堅似鐵城，則去流不復穿成乳竇，而泉乃蓄矣。至冬十月告竣，計又費工千餘，緡錢三百千有奇，而游者疏，流者聚，涵青貯緑，湛若無底，與其上之蓮花峰，紺碧交映。方廣盈池，倚亭俯瞰，可鑒毫髮。其瀾渺彌浮鬧，環穴而出，則又源源汩汩，雷奔雹激，過於合澗，入於平湖，曠然不知其所往也。靈山名勝復還舊觀，不可謂非時節因緣，從此合形聚氣，洵足爲檀信之福，奚止林下緇流，蒙其潛利陰益也哉！重照樂於功德之成，不敢忘所自，謹爲勒珉，以紀善蹟，以告來者，知有考焉。謹將樂善檀施芳名序列於右：俞南筠、朱文珊、金蓬山、黄名揚、王赤懷、吴子祥、何廣輿、范玉麟、俞名敬、范莘耕。乾隆五十三年冬十一月吉旦，雲林住持重照，監院重瑞、重倫謹記。

杭州靈隱書藏記

阮元

《周禮》：『宰夫掌官契以治藏。』《史記》：『老子爲周守藏室之史。』《藏書》曰藏，古矣。古人韻緩，不煩改字，收藏之與藏室，無二音也。漢以後曰觀、曰閣、曰庫，而不名藏。隋唐釋典大備，乃有開元釋藏之目。釋道之名藏，蓋亦摭儒家之古名也。明侯官曹學佺謂釋道有藏，儒何獨無？欲聚書鼎立，其意甚善，而數典未詳。嘉慶十四年，杭州刻朱文正公、翁覃溪先生諸集將成，覃溪先生寓書于紫陽，院長石琢堂狀元曰：『《復初齋集》刻成，爲我置一部於靈隱。』仲春十九日，元與顧星橋、陳桂堂兩院長暨琢堂狀元，郭頻伽、何夢華上舍，劉春橋、顧簡塘、趙晉齋文學，同過靈隱，食蔬筍，語及藏《復初齋集》事。諸君子復申其議曰：『史遷之書，藏之名山，副在京師；白少傅分藏其集於東林諸寺；孫洙得《古文苑》於佛龕，皆因寬閒遠僻之地，可傳久也。今復初齋一集，尚未成箱篋，盍使凡願以其所著所刊所寫所藏之書藏靈隱者，皆裒之，爲藏也大矣。』元曰：『諾。』乃於大悲佛閣後造木厨，以唐人『鷲嶺鬱苕嶢』詩字編爲號，選雲林寺玉峰、偶然二僧簿録管鑰之，别訂條例，使可永守。復刻一銅章，徧印其書，而大書其閣扁曰『靈隱書藏』。蓋緣始於復初諸集，而成諸君子立藏之議也，遂記之。嘉慶十四年夏五月庚申朔。

條例

一、送書入藏者，寺僧轉給一收到字票。

一、書不分部，惟以次第分號，收滿『鷲』字號厨，再收『嶺』字號厨。

一、印鈐書面暨至首葉，每本皆然。

一、每書或寫至腦，或挂綿紙籤，以便查撿。

一、守藏僧二人，由監運司月給香燈銀六兩。其送書來者，或給以錢，則積之以爲收書增厨之用，不給勿索。

一、書既入藏，不許復出。縱有繙閲之人，但在閣中，毋出閣門。寺僧有鬻借霉亂者，外人有攜竊塗損者，皆究之。

一、印内及簿内『部』字之上，分經、史、子、集填注之，疑者闕之。

一、唐人詩内複『對天』二字，將來編爲『後對』、『後天』二字。

一、守藏僧如出缺，由方丈秉公舉明静謹細知文字之僧充補之。

觀世音菩薩三十二應身畫像記

錢塘　吴錫麒

慧海居士以真實力，行利濟心，愍念衆生，思所以救度之者，而禮導師焉。于是其友王春波，爲指畫觀世音菩薩三十二應身像，以證明之。定慧互嚴，悲智兼運，上合諸佛，下合羣生，隨順根機，以手代舌，大矣哉！凡慈悲勇猛，皆傳之圖繪中，而締此勝緣也，可不謂之無量功德哉？按，諸經所釋觀世音言者，圓悟、圓應之號也，於音言觀者，以觀智照之，不以耳識聞之也。其有三十二應身者，猶是虚空應物現形，本是虚相，豈云實形？因所利益，隨通説法，亦仍是心之所感而已。故求諸義諦，如《首楞嚴》以人非人爲二應，而闕迦樓羅普門品；八部有迦樓羅，而以人非人總八部，其名或有參差，要知現身説法時，即是身，即無是身；有滅有生，何生何滅，又奚必於跡事而起對執哉？然則春波此畫，以畫觀可耳，即不以畫觀亦可耳。往時凱頭陀傅雯，嘗指畫是像，流傳京師梵刹中，四方來瞻者，咸加敬禮。今春波復倣爲之，每幅皆具丈六身，偉麗雄奇，真力彌滿，實能於盧伽楞、尉遲乙僧外，另立一刹竿者。聞其畫成時，十指皆秃，亦可爲慘澹經營者矣。今慧海裝治完好，將施之西湖靈隱寺中，以爲普同供養，而屬予記之。予謂菩薩誓願普度世人，豈有我輩而不欲登之種覺者？然則慧海具大願船，行不住法，手雨七寶，掌出雙金，此菩提種也，當得最勝果者也。春波申五輪掌，開三昧門，此精進幢也，當傳無盡燈者也。若僕者，打論議鼓，説杜撰禪，不無罪過。然聞人施捨，輒生歡喜心，以此因緣，度亦不失爲豪薜荔而已。爰説偈曰：

頂禮觀世音，具足妙相尊。本來無一相，乃有諸相見。慈眼視衆生，欲拯一切苦。來入微塵國，現生而説法。宏宣海潮音，方便令解脱。猶恐後來者，末由共瞻仰。爰有大導師，一一爲分別。佛身梵王身，長者居士身。以及於八部，天龍人非人。各放大圓光，各現菩薩身。匪唯菩薩身，亦見菩薩心。是唯大神通，一念一菩薩。故令蓮華中，定水湛然滿。是唯大神通，五指五獅子。故令妙莊嚴，頃刻自騰涌。樓臺虚空起，音樂諸天接。以非思議故，至不可思議。復有大長者，禮足生歡喜。護以祇陀林，供以般若味。如彼功德雲，徧滿乎四海。而來入丈室，亦復大自在。花雨飛曼陀，寶綱覆瓔珞。福聚海無量，念彼觀音力。

香雪山南侍者吴錫麟合十撰，古香林學人石韫玉書丹。

觀世音菩薩三十二應身畫像跋

陳預

佛，人也，則所有者，亦與人同也。乃空諸所有，以明心見性而一歸於無，是自有而之無者也。惟佛既妙於無，則無定在者，實無乎不在；無所有者，亦無所不有。故精心奉佛之人，積想成緣，因緣成象。凡慈悲莊嚴威猛之容，昭明洋溢，得心應指，現之圖繪，使夫緇素瞻仰，迷悲悟擗，此佛在人心，即心即佛之義，又自無而之有者也。則今慧海居士指迷之功德，春波示現之願力，不均爲無量哉！居士與予誼故，其劬躬濟物勤矣，然不自己也，復施此圖於祇園，以資救度。惟寺僧敬奉而謹守之，毋怵誘於勢利，以贋貿真，俾此圖不至自有而之無，則居士之功德，與寺長在可也。居士既請穀人太史爲之記，又屬予跋其後。太史精内典，其言皆證上乘法，予未能也，而以贅語附其末，是所愧爾。嘉慶甲戌八月，宛平陳預識，丹徒蔣廷贊立石，鄞縣陳權題額。

梁簡文帝賜靈隱石像記辨

杭世駿

簡文此記，《咸淳臨安志》及成化、萬厤《杭州府志》，及白珩《靈隱寺志》均未載。孫治宇台遂謂侯景立帝，在太清三年，明年爲大寶元年，逼帝辛西州者再；又明年，幽帝永福省，大懟在側，尚欲賜沙門田爲之作記，當非人情，疑爲晋簡文帝，而非梁。愚以爲治特未之考也。簡文屢參御講《般若》、《涅槃》諸經，參迎佛像，從舍利入殿禮拜，並侍皇太子元圃園講頌，在藩時作唱導發願諸文，從幸同泰、光宅等寺，蒙華林園戒，預懺直疏，各有詩紀事。高祖嘗以金銅苦行佛并佛蹟供養具等，賚使供養，又賚錢二十萬，白檀、薰陸、機香各十斤，供造善覺寺塔露槃。又使吕文强賚柏刹柱一口，銅一萬斤，供起天中天寺。又使監作舍人王景明、材官將軍沈微、御仗吴景等，監看善覺寺起刹，帝皆有啟申謝。帝亦以錢一百萬奉阿育王寺，并爲人造丈八夾紵金薄像。當時藩獻若湘東王、廣信侯，比邱若正教、慧琰，皆手書慰問，宏闡宗風，所謂論辨青豆之房、遣惑赤華之舍者，殆無虚日。石像之記，雖不見於《集》中，舊乘指爲帝作，必非無據。治以爲晋簡文帝舊爲會稽王，與支道林往返，賜田賜像，或有其事，此直臆度揣測之辭。錢塘無會稽王之蹟，靈隱非支道林所棲，舍確有證佐之梁簡文，而從漫無影響之晋簡文，是何饒舌也？治又以晋簡文帝未嘗爲文章，尤誤，《七録》有帝集五卷。見《道古堂集》。

靈隱經藏碑

石韞玉 琢堂

將執文字以求佛，可乎？曰：文殊問維摩之疾，會意而忘言；達磨安神光之心，迎機而縣解，學佛不可執文字也。將離文字以求佛，可乎？曰：佉盧造字，釋迦亦傳習多師，博達多聞；慶喜爲總持，第一學佛，又不可離文字也。是故龍威授簡，九流著于藝文；鳩摩譯經，千佛標其名義。雖華裔分域，儒墨異流，而問迷途者，必仗神鍼；遊覺海者，先尋寶筏。彼大士假圓通説法，非教何宣？中華由聲音入觀，捨經奚悟？昔之尊宿，六如觀幻，四諦徵空，入精進之林，則手書貝葉；轉嚴華之藏，則舌吐蓮花，非偶然也。

靈隱寺者，西湖之上刹也，兩峰映帶，四衆皈依。佛開法會，飛來嶺鷲一峰；帝賜嘉名，敕賜『雲林』二字。然燈座下，習四種之威儀；卓錫山中，授十方之供養。游觀者無金狄之譏，受持者有木叉之戒，真東南一大道場也。惟是舊藏經文，不戒於火，珠林秘笈，遽化秦灰。石室曇章無存，魯壁九譯莫詳。其文三寶，竟闕其一，將何以闡揚聖教，接引學人？余寄公樂土，訪道名山，適若水、品蓮兩禪師先後住持方丈，每談斯事，輒爲太息。余因發願，重加結集。時則有吳中會一師，在嘉興楞嚴寺修治經板，遂意商榷，凡集大藏經論等一千六百五十五種，裝成一千四百三十八册，又附貯藏外，論疏語録各書一百五十種，裝爲四百五十六册，綜爲二匱，藏諸寺之蓮燈閣上。伏願典守有自，紹隆無替。瑯函萬卷，常宣木鐸之音；寶歷千秋，永絶風輪之劫。爰撰斯記，以示後人。是役也，其用白金三百四十兩，此邦紳笏贊我勝緣者，別勒芳名，同昭善果。

胥山祠銘

唐　盧元輔

有吴行人伍公子胥，陪吴之職，得死直言，千五百年，廟貌不改。漢史遷曰胥山，今云青山者，謬也。夫差既王，宰嚭受賄，太伯廟血將乾，闔閭劍光先失。公朝焉晏焉，入則諫焉，屬鏤之賜，竟及其身。鴟夷盛屍，投於水濱，憤悱鼓怒，配濤作神。迄今一日再至，海鵾羣飛，陽侯夾從。仲秋闕望，杭人以旗鼓迓之，百城聚觀，大耀威靈。蕩漭千里，洪波砥平，有滑有膄，有鹹有腥。遥實乎下庭，山海梯航，雞林扶桑；交臂乎卯階，金狄在户，雷鼓在堂。魏尊漢豆，六代笙簧，可謂奉天爵之馨香，獲神人之盛禮。佐皇震怒，驅叱大邪，萬里永清，人覩斗氣。銘曰：

矯矯伍員，執弓挾矢。仗其寶劍，以謁吴子。赫赫王閭，實聽奇謨。錫之金鼓，以號以誅。後王嗣立，執書不泣。顛越言潤，宰嚭讒輯。步光欲飛，姑蘇待執。吾則切諫，抉眼不入。投於江上，自統波濤。晝夜兩至，懷沙類騷。洗滌南北，簸蕩東西。夷蠻卉服，罔敢不來。雖非命祀，不讓瀆濟。帝帝王王，代代明明，表我忠哉。見《西湖志》。

飛來峯贊

顧元熙 耕石

虚其中廓乎，數百人之可容。峭其外森乎，如戟鋩與劍鋒。不雨而潤，靈泉琤琮。不土而植，老幹虯龍。縮青蓮界，六一芙蓉。示西來意，爲震旦宗。或謂此方有飛來之一石，則彼方失飛去之一峰。既飛來而自在，豈飛去而無從？噫！去來如一，法性真空。吾方謂飛來者非真實相，而又何處問彼方飛去之奇蹤？

冷泉贊

靈山之泉，混沌之原。人力穿鑿，引諸石間。水石相激，其聲潺潺。湲湲之聲，是亦天然。謂爲天然，已落言詮。謂非天然，豈非迷根？浮生一瞬，浩劫無邊。及今不學，更待何年？及今而學，何學可言？遊將歸矣，夕陽在山。山空雲浄，旃檀如煙。風琴水築，與耳爲緣。偕吾此贊，聞于諸天。

墨跡

宋天聖八年賜杭州靈隱山景德靈隱禪寺牒墨跡

中書門下牒杭州靈隱山景德靈隱。下缺一『寺』字。

缺『杭』州靈隱山景德靈隱寺住持禪定大師延珊奏：先下缺一『奉』字。缺『皇』太后聖旨宣賜莊田，祝延今上皇帝聖壽，今已五年，累設過齋僧粥食肆拾餘下缺『萬』、『祝』二字兩宫聖壽，其田土見今供納秋夏二税紬絹叁拾肆下缺一字壹疋肆，赤綿貳拾壹兩貳錢，米共計柒拾叁石柒下缺一『斗』字，係屬杭州、秀州兩處鄉縣，乞與放免上件税物。取聖旨。牒奉敕：宜令逐州子細勘會，如委實是宣賜到莊田，據合納夏秋二税並與放免，即不得將不係宣賜到田土内税物，一例放免。牒至准敕。故牒。天聖八年十二月六日牒。

工部侍郎、參知政事王　押

給事中、參知政事薛　押

給事中、參知政事陳　押

吏部侍郎、平章事吕　押

此敕傳今幾六百年，乃鎮山一寶也。穆生爲修《檀越志》，始得請一觀其最美者。仁宗聖帝，四公名臣，瞻其遺恩，睹其親押，今日者山人恍遊天聖之年，尚友四公之側矣，何幸何幸！按，是時吕秉政，文移閔末，陳、薛以外任，故稱給事中。印凡三：面一，背二，乃『中書門下之印』六字，其書叠『中書』二字爲一，『平章事』三字爲一，亦中書體。内『先』字下失一字，疑是『奉』、『蒙』字，及『壹疋肆赤綿』，不可曉。四公：吕名夷簡，陳名堯佐，薛公奎，王公曾，易考見者也。南州主卍厤庚寅六月曬經日，時梅雨頗涼，武林山中人兼靈隱寺行者住宰相峰下古庵邵穆生肅題。

右宋天聖八年放免杭州靈隱山景德靈隱寺莊田夏秋二税牒文，寺中護法之寶也。不知何年藏嵏光庵内，主僧守護惟謹，不敢失墮，亦可嘉已。蓋庵係寺中屬房，兒孫相承，專一可守，出入可稽，乃主席者立法之善也。按，仁宗乃章懿皇后李氏所生，時章獻明肅皇后劉氏以爲己子，終章獻之世，舉朝未敢泄也。章獻臨朝，李后進位宸妃，以薨未得遽稱太后，則牒中所云『奉皇太后聖旨宣賜莊田，祝延今上皇帝聖壽』者，當是章獻，而《武林梵志》作章懿皇太后所賜者，蓋誤也。牒頒於天聖八年十二月，而延珊奏中之語云『宣賜莊田』、『今已五年』計之，正當天聖四年，《梵志》以爲三年者，亦誤也。延珊字慧明，洪覺範《僧寶傳》言『雪竇顯禪師在其座下甚久，堂中常滿千僧』。其法席之盛、道行之卓，亦可槩見。吴之鯨亦録其問答機鋒、上堂語句於《梵志》中，而孫宇台先生修《靈隱寺志》所列師名，寥寥數語，未與標舉大略，何也？古庵邵先生，乃吾杭高士，兩山志乘，最盡研削，而是跋精當，尤足備寺中故事，惟云『壹疋肆赤綿不可曉』，米公《書史》云：『朱長文所收織成諸佛，闊四赤，長五六赤。』赤、尺二字，古通，先生偶忘之耳。是牒當時背面皆鈐中書門下之印，欲裝難於措置，故閲七百餘年，未經糨潢，今漸就麋爛。予以背紙二印，綴諸牒尾，出所藏古錦犀軸整頓之，將來庶免損剥之患矣。乾隆九年甲子佛生日，錢塘丁敬沘頮謹跋。

董文敏墨跡卷

右白傳記，文不重録，董其昌書，丁未秋七夕。

大清國男子彭元瑞喜捨雲林寺常住，時乾隆四十有四年，歲在己亥天中節，薰沐敬記。

近杭人厲太鴻修《靈隱新志》，不收此，誠爲有見。

董文敏墨跡卷 詩不録，附原跋紙心

唐時《步虚詞》有云：『我居清空表，君處紅埃中。』李太白語也。東坡『江山清空我塵土』，蓋用此。東坡又有《海市》詩，與此詩並稱雄麗。歐陽永叔《廬山高》，學《蜀道難》，皆宋時傑作。近來名公集中披剥宋詩，曾無能續蘇、歐語作如此歌者。董其昌識。

董文敏題米家山墨跡卷詩不録。綾心。

題米家山。董其昌書。

密雲和尚跋宋密庵祖師頌墨跡卷

不肖於崇禎辛未年，欲天童事，有布徒侍者于中峰菴基榛莽中，得一殘碑，洗出打之，乃自不肖至上二十代祖佛果圓悟勤禪師，示十九代祖虎邱隆禪師法語墨筆，及十八代祖應菴華禪師，送十七代祖密菴傑禪師頌真跡。衆皆謂自宋歷元至今，已六百年，以爲奇特至寶，乞密雲跋。密雲曰：『斯皆《傳燈録》具載之，烏足異哉？第其異者，異於今時主教外，别行單傳直指者，及毁機關要立理，致滯名相，以古人門庭建立爲實法，乃至種種穿鑿，恐情識搏量爲高見者，想必當時也有恁麼人，故有如是叮囑耳。』是知此語此頌，誠萬世之模範，所以虎邱祖復以遺應菴祖，應菴祖復以遺密菴祖，而密庵復以勒碑者，當可見以爲至寶。衆等身體力行，爲法式可也。遠孫密雲圓悟謹跋。

三峰法藏和尚墨跡卷

癸亥四月望後，余從閶江放舟，夜渡巨區，抵華藏山房入寺。雲霧乍收，山日初上，樹深蓮徑，禮大雄於蓮華之房。峰巒環翠，花香逼人，與數輩道侣，集方丈地。一坐七日，俯之仰之，見華藏如青蓮之花，浮白波清渚之上。今日親在花中坐卧，始證三十年披圖傳説，種種勝妙，不我欺矣。於是遊興似盡，便欲解維往金閶，搜靈巖、洞庭之奇絶，乃揖寺主而别。寺主曰：『子得華藏之勝槩乎？』曰：『然。』曰：『華藏者，香海一花，花作巨區一勺之水，以無量世界爲七十二峰，須彌盧具種種山王，種種法界，子今祇作花房中一小太末蟲，周遊徧覽七日，登歷所見華藏，非别有華藏也。身出華藏而見，登上蓮華最高之巔，凴虛縱目，見蒼茫浩渺之中，自天目湧一脈蓮根疾驅乎？』余曰：『唯唯！』因與同心相攜，着屐拄杖。華藏莊嚴世界，東金閶，北毘陵，前者不過一針孔中，浥青蓮之少分色耳，何千百億葉葉，千百億海海，千百億須彌盧，左右環裏，不下千百瓣，瓣中各各自成香水海？折妙蓮花，擲向空劫那邊更那邊，不暫留數日，登蓮花之頂，收大香水海無遺剩矣。是知前日寺中所見之華藏，非不華藏也，全身在華藏也。今日所見之華藏也，在華藏而華藏爲華藏礙，出長馳，起銅官，落夫椒，隱隱一枝，盈盈出水。華藏而見華藏，華藏爲見礙，是知碍碍之外，百億香水，亦不過華藏中之華藏而已。若夫竭武林，後瀛海，皆在花鬚上，脈脈分理了，回身入華藏山中方丈裡，看山看湖，方不爲寺主所誚。兹因豫林嚴三居士，有老圃賣花説，以一花之外，更無别花，乃勸居士勿以一華自坐，不復求花。須向千葉萬鬚重重諦審，看盡花中脈理，然後一花别花，一時揉搊。他方佛前，若遇信心買花者，不妨信手拈取一鬚一脈與之，作真正賣花翁，始是優曇缽華，時一出現。復説偈曰：一花拈出不知花，花裏何人是作家？透盡一花花裏秘，拈來隨手撒金沙。三峰法藏書。

永明智覺禪師遷塔疏墨蹟卷

募爲佛日永明宗照智覺大師遷塔緣起疏：伏惟大師韶國師嫡子，法眼宗之正傳，入定則尺鷃巢衣，誦經則羣羊跪聽，種種道蹟，不可殫述。故吴越國王特加尊號，首請中興靈隱，次繼永明潛師法席，宏造浄慈，先後功德如山，日無刻暇。又于百八課外，慨彼多聞寡約，暗證無稽，已見各封，師門互牴，爰集三家義虎，五派禪雄，據同銷異，會教鎔禪，親爲折衷其間。成書百卷，惟立一心爲宗，照萬法如鏡，故名其録曰《宗鏡》。於是異學殊宗，莫不炳如三光之長晝，融若五味之同羹，其宏法之功，直追龍樹而溯鷲峰可已。久見淺識狂流，多執性廢修，服垢爲浄，身土不即，心佛相違，師復起大方便，巧立四種料揀，務從三品指歸，禪浄兼資，喻虎帶角，廣誘火宅之癡兒，現證清涼之樂國。故定光古佛，直以彌陀勸信；大師生相，冥受閻老皈誠。況哲人云往，像教方崇，苟非靈塔是標，將使福田奚植？故當示寂之晨，輒葬于大慈山下。然歷年雖遠，去寺非遥，何緣寺未沉淪，塔竟湮没？幸元津壑公，得法雪浪之門，乃飲不忘源，思同誓墓。因遍窮荆棘，忘憶雪霜，喜獲靈骨一片，舍利數枚，有類貧子之得家珍。用酬檀越之索塔樣。乃擇萬厤庚戌，重建窣堵于宗鏡堂後，實便四方瞻禮，足成萬善同皈。不謂世運行衰，山門亦落，歷代焚修之産，阡陌桑沈；木山參學之賢，百一種絶。或謂祖塔頂殺，陰宅占陽，殿宇前大，塔亭後小，皆非所利也。房衆惑之，屢有謀遷之議，嵒以一山凶吉，千載興衰，切戒司工，愼毋輕舉。至甲辰之春，羅漢堂燬。丙午夏五三日，嵒復罹障江寧，寺衆益危，遂於七月十七日，移祖于寺右普同新塔之中。嵒聞而駭絶，次冬還山告謁，見開山顯祖一旦去正就偏，且陸沈四衆之中，聿來瞻禮，殊失尊特之威。雖古佛慈悲，是法平等，奈事義未安，人情難協，因即擬别營而難得其地。近陟南屏之麓，有址負山面湖，據奇攬秀，既局勝而有端拱之尊，且祭近而無迷失之患，苟于寺無傷，即于祖亦允，嵒故不辭已退，願任厥勞。雖時詘舉贏，非老而謝事忘緣者所宜，竊謂《宗鏡》一録，祖之嘉惠非淺，則法乳諸師，人之思報者無涯。適聞獅有真窟，可爲萬古不易之計，固知三宗宿德，二一桂耆英，當必争先樂助，豈如在家二衆，因閻羅之敬而後勸哉！敢書以爲請。雷峰返照朽木貞嵒和南書于三家邨院。

諦暉和尚墨跡卷

三生石上，箇漢欲避出此一義，終不能得。又害吕源居士，陷於父母未生已前，不能跳出自己之圈繢，葢爲自性之毒也。譬如口之喫甜也，安得不甜？喫苦也，安得不苦？而口如故，非甜苦舌頭能换之也。心之迷悟也亦然。迷也，非心乎？悟也，非心乎？則知心之爲心也，在迷悟外也，非迷悟可得而二三也明矣。迷時之口與悟之口，二乎，一乎？非一非二三之義，不特口有之，心亦有之矣。不特心有之，手之與足，醒之與睡，痛之與癢，莫不有之矣。以此推之，喜非喜矣，怒非怒矣，默非默矣，言非言矣，總是乾矢撅矣。雪峰以之而毱毬，世尊以之而拈花，無一不與巨主規，同吟同笑也。體體悉悉雲林輅，九十六筆。

巨濤和尚先妣陰太孺人墓誌銘墨跡卷

章母陰氏墓誌

有僧章鯨，素服拜階下，容戚然，問其喪，曰：『母喪也。』僧未有戚其母者。鯨故名家子，其外大父陰元伯，爲邑諸生，生女而嫡妻死，鞠於妾，妾虐使之，女不敢言。年三十矣，始嫁於章，有婦道，嫁十二年而夫死。夫性懦弱，不善治生，身死益貧，其弟迎其孤嫠，厚賑邺之。然陰氏雅不欲累叔，猶自辟纑繼食，積寒暑不倦，浸以成疾，後十一年竟死。死之時，鯨已薙髮爲僧，然好讀書，爲歌詩，臨摹古金石字畫，賢士大夫樂與之遊。鯨之言曰：『自吾爲僧，定省闕而菽水不充，抱慚抱恨，無過於鯨。鯨之母，少不得於親，及嫁而所天又没。有子煢然，莫能盡一日之養，使吾母苦節清操，泯然無聞，鯨之罪通於天矣。敢丐大人先生矜閔而賜之銘，是吾母死且不朽。』噫！釋氏爲親事佛，以得法爲開乳，視其母之死如途人也。鯨，僧也，泚然重哀其母，而乞銘於予，此彼所謂顛倒迷惑，而不能自割於恩愛者耶？此吾所謂秉彝之良，不學而知，雖浮圖人有不能盡泯者耶？非孝者無親，於鯨之願銘其母也猶信。陰氏生於某年月日，卒於某年月日，即葬某縣某山，經營葬事，鯨爲多。鯨有弟三人，獨鯨爲僧，猶是稱章鯨云。銘曰：

有陰嫡女，晚媲于章。厥養孔孝，不永其良。良殞子髡，嫠緯是卹。亦及中身，而顛厥歲。髡之慕思，墨名儒行。於粲斯銘，仁親以正。

歲在癸巳仲夏吉旦，賜進士第、中憲中夫、前知江南蘇州府事務、特旨署理江南江蘇等處承宣布政使司布政使事務、内廷供奉方輿館纂修官、江南江寧府事加四級長沙陳鵬年譔并書。

昔地藏大士因中爲報母恩，發願度盡衆生，方乃成佛，所以至今猶滯菩薩之地。凡稱佛菩薩弟子者，皆宜效之，苟不能發此大心，非其弟子也。僧章鯨學出世法，而益篤至性，因其母苦節一生，乃乞大人先生傳其事，以表彰於世。吾知其用心，不止此也，必至以母之遺體，至成等正覺，即以正覺之道度生便生無不度，以度其親，庶不負爲菩薩弟子，公其勉之！公俗字章鯨，僧名果，號曰巨濤云。

雍正乙卯仲春，草亭鴻老人書。時年七十有二。

天童密祖像贊

孫宏禮具德

棒煞東土西天，拳踢五宗崖岸。斬新條令，當時畢竟以何爲驗？咄！其用也，闢輓近之禪虎；其機也，開太古之法戰。即千佛列祖，到來撞着，固不別是非。没面目底天童，硬糾糾，乹剥剥，卻與一時生按。

三峰漢月藏祖像贊

嗣法徒宏禮具德

檄號五宗，鞭笞列祖，獨跨大方，成虓萬古。四百年印文重爍，我亦相承半刹那。毒皷横撾，誰當啗虎？直得海水羣飛，須彌起舞。野老門前，倒刹竿捩轉三光，濟上家風重振舉。

具德老人自題像贊

者漢不會禪，不會教，馬面驢頭，隨人所好。謂是元要，主賓初無與麼做傚。謂是杜撰，差排卻又千差一照。及至被人推上法座，真個可説，只得呵呵大笑。且道笑個什麽？笑道無形本寂寥。

天童和尚像贊

釋圓信雪嶠

這個天童和尚，捏條生鐵拄杖，不論是龍是蛇，劈頭便打。可憐生三十年，道價賣不贏，今何躲在一尺紙上？咄！題天童悟師兄。

真寂大師像贊

釋明定補山

奇哉丈夫，瓶窰出谷。紙墨威儀，超榮與辱。也不持杖，也不拈拂。平常一串菩提珠，叫出幾聲『佛、佛、佛』！

雲棲大師像贊

釋甬修

這古老錐，做人忒煞，破傘下安居，沸湯裡刺潑。婆婆而和和，晝夜一百八，甚麽喚作浄土，貲糧乾屎橛。

紫柏尊者像贊　顔俊彦

這阿師嘮嘮叨叨，逢人便提句。假借四大，火焰中下把種子，塗毒鼓直恁利害。師嘗自識云：『走遍天下，圜中自在，這便是寂光三昧。』

雪嶠大師自題像贊

爾欲像我，我不像你。彼此不像，脱空忘想。當中一點原無樣，不許時人容易描。呵！

卓吾老子像贊　王思任季重

西方菩提，東方滑稽。箭起鶻落，刃賭牛飛。快如嚼藕，爽則哀梨。是非顛倒，駡笑以嬉。公之生死，藏書楚書。

以上像贊裝一匣。蔣南沙設色金扇面牡丹花，臣蔣廷錫恭畫。

陳滄洲墨跡卷詩不録

癸巳初春，移寓城南張氏園亭，《紀興》四首，爲巨濤開士屬書，長沙陳鵬年。

胡文恪書五百羅漢名號册上下兩卷

臣謹案佛書，諸俱那與其徒入震旦，以五百衆居天台，故蘇軾有《薦誠禪院五百羅漢記》，禪宗法藏亦以五百羅漢名號附列後，葢顯示圓通，宜與迦葉、阿難諸大弟子，並著婆羅門也。今攷其名，云利婆多者凡三見，第二百十九尊與二百七十一尊、二百七十五尊同，云無垢藏者凡再見，第三百十七尊與三百七十二尊同。竊以梵音切譯，或字近而義殊，或義同而音異，往往有之，如十八應真中，賓頭盧之重其名，羅怙羅等之紊其序。自經睿鑒正，以同文韻統令音，而向之傳聞異詞者，始得所證信矣。夫此五百衆承最正覺，現福德相，洵足以丕應蕃釐，潢龍華而恢象教，敬願宣號真如，普揚慧業，以誌無疆之慶焉。臣胡高望敬書恭跋。

翁覃溪閣學書金剛經墨跡册經文不録

大清嘉慶四年秋八月望日，鴻臚寺卿翁方綱，敬依南唐壽春永慶寺石本，盥手書。謹因安邑舉人宋葆淳，寄奉杭湖靈隱禪寺，永資諷誦。

又

大清嘉慶十三年歲在戊辰秋九月之吉，賜加三品卿銜大興翁方綱，依南唐壽春永慶寺本，盥手敬書《大般若波羅蜜多經》卷第三百二十三。只此一卷，計四十一頁。經文不録。

大宋熙寧十年歲次丁巳十一月二十六日。起首句，當寫大藏賜紫。思恭誌。

唐貞觀十九年，命僧三藏翻譯聖經，凡六百五十七部。此卷寫於宋熙寧十年，幾歷劫而卷帙完好如故，爲家穆菴都轉珍藏，重付裝潢，將畀之雲林寺中。余視臬之江，出以見示，捧誦一通，因思雲岩、紺宇、普薩、鷲峰、法雨、慈雲，瀰淪竺國，是帙香花供養，得所皈依，當與家穆菴信善奉行之志，並垂不朽。時余將之任黔中，謹誌其顛末于後。嘉慶辛酉九月，守意張百齡。

續修雲林寺誌卷六

詩詠

竹垞先生松靄山房六詠

祇園房藏墨跡卷原倡，前志已收，不重録。右竹垞先生六詩，清老簡遠，句外有味，山房之勝趣備矣。此菴本名祇園，又名紫竹林，竹垞《讀梅昌言靈隱詩》有『松篁發春靄』句，遂易今名。昔柳柳州嘗云：『美不自美，因人而彰。』蘭亭之佳，非遇右軍，則清湍修竹，焉知不蕪没於空山？信乎！松靄之待朱老而標也。乾隆二年重九前二日，倪君敬堂招同人再宿于此，漢昭禪兄出此卷求續題。余以爲詩不貴多，若力構而强綴之，是何異污銀屏而施點，規竹枝而加斤耶？至詩之不逮竹垞，姑且無論。乃相與閣筆，而識數語於軸尾，并屬漢昭異時勿遽索和。杭州後學汪惟憲書。

四松徑 和作

梁同書

微徑緣秋豪，入門四松在。蒼濤鬱飛翻，側身下煙靄。

山茶院

雜蕋紅相對，山花己自開。童童狀車蓋，卻倚蓮花臺？

清籟居

石亂上雲氣，山光見鳥情。秋窗猶曙色，虛閣自松聲。

西磵

急雨捎溪足，茅堂石笋西。山家葉正鋤，日暮還灌畦。

栗園

樹密當山徑，風吹細細香。山家蒸栗暖，野果充餱糧。

竹筧

野水日泠泠，風雨颯長夏。竹竿接嵌竇，山頭到山下。

先外舅水蓮先生記而不題，以爲詩不在多，且囑主僧無遽索和。余小子乃於五十年後，忽犯汙屏、規竹之戒耶！姑以山僧再三之請，集少陵句如數應之，他日以爲口實，當自余始。慙愧慙愧，罪過罪過。乾隆戊申中秋後三日，頻羅菴主不翁同書并識。

四松徑 見頻羅菴集改本四首

入門四松在，清風爲我起。高入浮雲端，響下浮雲裏。

山茶院

紅稠屋角花，春色浮山外。卻倚蓮花臺，童童狀車蓋。

西　礀

澗水空山道，未盡喬木西。畦丁負籠至，洗藥浣紗溪。

竹　筧

竹竿接嵌竇，嵌竇潛洩瀨。山頭到山下，通流與厨會。

餘二首同前。自戊申至今越七年，偶於小年孝廉齋頭復見此卷，因别録二紙，附致山房主人，不敢重污卷尾也。時甲寅三月十五日，同書又記。

四松徑 和作

丁敬

偶坐松下石，愛此石上松。輕鼬忽窺人，露滴聲重重。

山茶院

誰以赤玉盌，滿注黄金芽？闍黎供佛久，兩樹山茶花。

清籟居

淡然溪上居，月好樹先得。老僧斷聲聞，一任風起滅。

西磵

西澗雲林西，曲折遞隱見。流出冷泉亭，閒浸雲一片。

栗園

霜飽栗房開，風勁栗葉墮。錦里先生園，清味甯是過？

竹筧

泉脚青裊裊，筠筒與之俱。客來熱惱捐，冰液滿香厨。

松靄山房　厲鶚樊榭

垂蘿絶壁明晝燈，我來亭午無炎蒸。上方佛面如滿月，平地松影疑層冰。八分門榜百金直，『松靄』二字匾，朱竹垞太史八分書。六時茶板諸天稱。白公有語即吾語，他生願作此山僧。

夜宿松靄山房

閒房駛雨過，林杪挂星漢。涼深欲添衣，不但殘暑逭。蔬盂供細食，花巾奉清盥。相偕静者流，共待疏鐘斷。夜闌空山黑，月吐翠微半。澄輝漾庭户，秋影互淩亂。露蟲鳴始急，坐覺歲時换。人生非學佛，詎免遲暮嘆？感此不能眠，裴回以申旦。

姚比部遠翿招遊靈隱華嚴閣晚眺

杭世駿 堇甫

傑閣奇天半，招攜同躋攀。静釋城中戀，飽看門外山。衆緑堆蓊蔚，楓柏插其間。微霜爲渲染，著色黄朱斑。妙趣非獨領，偉觀不衆慳。頗疑錢屏列，巧與高閣環。萬象斂暝色，一鳥投空閒。清梵驚夜課，華鯨催客還。踴蹃喜前猛，窘步嗟來艱。俄延林月黑，岫幌乃不關。見《道古堂集》。

靈隱寺月夜

厲鶚

夜寒香界白，澗曲寺門通。月在衆峰頂，泉流亂葉中。一燈群動息，孤磬四天空。歸路畏逢虎，況聞巖下風。

借秋閣藏貝葉經并序

丁敬 龍泓

庚辰重陽，奉香天竺，入雲林寺，與佛基上人登寺右借秋閣，林容豔爽，茶話頗久。閣主出貝葉經見示，奇古尊重，開筴肅然。綈几徐翻，恍遊忍土，但媿懵昧梵字，未辨攝自何藏耳。因賦長歌，以俟彦琮元奘其人，且幸吾生斯緣之非偶。

蔡侯造紙精思獨，海内方知擣麻縠。敝縑敗網盡入用，未成十寸逾千幅。印埽典籍散天下，倭溠蠻陬皆易畜。篋穿誰謂鼠無牙？廚扃多付蟫充腹。遺一難逢從事賢，在片翻資奸相毒。藤縻竹爛石臼穿，應使嗷嗷鬼騰哭。何如天竺古先生，惟用本來真面目。多羅力叉質蠲異，産自建耶補羅國。形模簡尺剪刀裁，書寫靈文備恭肅。不涴人間造孽塵，能使蒼生罪還福。雲林禪房頗幽曠，上九風光媚梧竹。借秋閣上一來看，慚愧闍黎爲開櫝。稽首皈依四悉檀，齋心冀代三熏沐。展舒鄭重妙香中，潑眼山光浮几緑。横才半肘縱三指，顔色渾同截蒲籜。次第流觀卌四番，梵字旁行往而復。緜联髣鬚隊行蟻，匀整依希布元粟。起左迄右書反覆，載字雖多用材縮。細探筆法轉奇妙，氣勢盤拏森縱伏。橫牽逆拂合頓挫，側點斜飛存蹙衄。緬想西天尊者閑，林下徐調墨瓶墨。毛錐未合揀鵞翎，松液縣知煉雞足。洗手聊爲謝客翻，彈舌慚工阮咸讀。恍共涪翁觀寶軒，失卻人間垢坌黷。中央環束貫弱綹，上下平齊夾輕木。紐以紺文昔代錢，馬奔陰縵銅姿活。橫書進歲記咸平，趙宋官家舊曾矚。瑤島香飄供養嚴，鼎湖雲合升遐速。世易還同佛爪飛，物存亦似龍髯脱。霧黃灰黑任塵寰，鬼護神呵自幽谷。疑是分來榆欓中，供出摩騰法蘭袱。求經昔者聞顯永，元奘遐蹤實私淑。白羽雖能軫客心，黑獅未畏饕人肉。鱷齒驕河波浪勁，羊腸澁徑峰巒矗。犍賂濟餒口頻噤，概栗支疲手常瘃。林紆野迴萬由延，國異城荒幾重複。開士從來悲願洪，誓將大地迷雲霩。筴啟齊裁詎偶然，書親半滿休匆促。寶光舊秘載南都，溥山往賜傳西蜀。三葉僧誇開福專，閩人姚旅猶登録。伊子所覯況圓成，湛湛摩尼動盈掬。一卷還聞貯國清，慈光我浙瞻雙燭。佛語真文遭遇難，何啻靈山親付囑！老夫貪佛能自信，飽卻平生清浄欲。再觀粘紙字分明，彈鋏後人知不俗。芸榀荃囊獲弆藏，信渠古佛因緣宿。捨到香龕定幾時，得無避起龍蛇陸。懷古摩挲意轉長，不覺頹陽閃林麓。日月無端祗促人，難駐景光當眼新。一穿薄葉千年在，誰識禪枝劫外春？

貝葉計四十四番，兩面皆有梵字，弟八十七面無梵字，小楷橫書『咸平三年九月十七日』進十字。粘紙注護經木面之腹，粘箋紙一條，上左書『貝葉經』三字，下右書『古佛弟子馮武敬藏』，下扣馮武私印字『立陵』兩雌字印，氣韵妍雅，是明季人也。

貝多出摩伽陁國，長六七丈，經冬不凋。此樹有三種：一者多羅娑婆，一曰力叉貝多；二者多梨婆娑，一曰力叉貝多；三者部婆娑，一曰力叉多羅梨。一曰多梨貝多，並書。其葉部闍一色，取其皮書之。貝多是梵語，漢翻爲葉。貝多婆娑，一曰力叉者，漢言樹葉也。西域經書，用此三種皮葉，若能保護，亦得五六百年。唐段成式《酉陽雜俎》。《嵩山記》稱：『嵩高寺中有思惟樹，即貝多也。』仝前書。釋氏有《貝多樹下思惟經》。顧徽《廣州記》稱：『貝多葉似枇杷。』並謬。仝前書。交趾近出貝多枝，彈材中第一。仝前書。右《嵩高記》以下三條，並著於段氏《酉陽雜俎》。思惟樹，即菩提樹也，云即貝多，乃《嵩高記》之謬誤，蓋釋氏有《貝多樹下思維經》。顧徽《廣州記》稱『貝多葉似枇杷』，並謬，乃段公注《嵩高記》一則下，以闢其謬者。後之抄書者不審，誤抄爲二則。至明代詹景鳳《小辨》遂言：『貝多葉，中華多有，西域特以佛教異之，皆不審之誤耳。』至段公自言交趾近出貝多枝，彈材中第一，亦是未經目擊貝多樹全體，惟憑口傳之誤。貝多樹當以《大唐西域記》爲可據依。蓋當日元奘法師親至西域，出貝多之林，目擊所記，最爲真確也，亦並不言有一種皮可書者，此乃段公據他書所輯《西域記》，段公當應未之見矣。惟段公所引漢譯兩語，惜宋僧大雲作《翻譯名義》未得收入，豈大雲未得見段公書耶？當再考之。敬身叟記往客維揚，見亡友汪雪礓所藏吾鄉湯少宰西涯先生詩稿一册。塗乙過半，寶之幾與魯公争坐位等。今觀丁隱君《貝葉經歌》，幾七易其稿，誠薝蔔林中之名蹟也，寺僧其寶藏之。何琪。

右貝葉經四十四葉，第一頁只有一面字，餘俱兩面梵書，至末頁，背書『咸平三年七月十九日進』字，横列左旋，字徑二分，梵書字徑一分。丁龍泓歌共有七易藁本，張芑堂審定，計九十八句六百八十六字，後又有清藁另書册頁一本，并後附《貝葉經考》。

貝葉經詩

梁同書

龍泓先生《貝葉歌》，稿凡七易稿不磨。點竄塗改無罅縫，結字如蟻如蝸嬴。誰其藏者門弟子，幅幅清河印泥紫。春松魏矦偶乞去得，横卷裝池丈餘咫。榆欓爲函賟錦新，隸古鐫題丁隱君。置之借秋閣下多羅側，正本副本齊齋薰。又添鷲峰一段好清話，定有騷人墨客傳咏新詩文。嗚呼！古人吟安一箇字，拈斷數莖頷下髭。况此長歌六百八十字有奇，推敲豈免無遺疵。紙尾敬叟定本記至再，想見先生落筆慘澹經營時。

八月朔日，山舟同書，時年八十有四。

錢塘丁隱君，名敬，字敬身，自號鈍丁，自稱龍泓山人。其品概，詳杭太史世駿所撰《丁隱君傳》矣。著《硯林詩集》，集中《貝葉經歌》有手書册，藏借秋閣。此歌凡七易稿，歲久參錯，不能辨次第。余弟春岑茂才景萬，諦審竟日，排定前後，作者句斟字酌之苦心，於是乎見。後學魏嘉穀謹記。

貝葉經歌

吴錫麒

我聞貝多葉經四十夾，道圓獻自乾德年。此經乃題咸平之中進，惜哉姓氏已不傳。當時我佛吉祥坐，思惟願結菩提緣。上垂瓔珞互圍繞，下誦銀塔紛排連。金剛作身瑠璃幹，埽除八十萬眾天魔纏。手披不彫葉，寫以阿耨泉。五指突現五師子，筆鋒所到神力全。歷萬由旬達中國，牟尼照耀空王筵。或云馱來自白馬，或疑佛力渡以大願船。豈知遠隨鷲嶺夜飛至，千年尚帶靈山煙。借秋閣裏秋正好，簷花灑露涼娟娟。開奩客請開淨眼，諦視但覺光瑩然。青蒼一色無向背，竹膜失滑苔輸鮮。長尺有半濶二寸，肌理密似兜羅緜。其書非草非篆隸，旁行欲與天左旋。一圈一點各殊勢，不逢鳩摩羅什誰能詮？平生瓶鉢有夙契，敢謂文字非真禪。舊聞泓龍老居士，題詩語語工琱鐫。吹螺貝，鳴獅絃，惟有此經足稱琳瑯篇。惜哉！僧如啞羊不能讀，竊恐一旦藥叉失守成棄捐。安得百罌牛乳相灌注，俾之葉葉展放有如千葉蓮。揮毫盡書六百一十七部大乘旨，庶幾三千大千世界永遠垂無邊。

此余壬辰舊作也，詩久不存。今年偶檢舊稿，復得之敝簏中。適春松觀察以此卷索題，即爲書之于上，以見前輩一詩之成，至七易稿而不倦，如是余輩信手塗抹，自以爲詩，無恠於其不足存也，因并以志愧云。丙寅七月，穀人吴錫麒。

借秋閣觀貝多葉經

黄模書厓

四十四葉金仙經，非縑非楮非汗青。芭蕉紋瑩簿膚膩，一串重無鵝百翎。墨痕香沁蠅頭聚，八分二篆争奇古。左行繚繞往復還，末題進自咸平間。當時四海獻祥瑞，此經亦自西天至。萬本靈芝轉眼空，千年薄葉留龍宮。借秋閣下新來看，翠涌蓮花晴對案。君不見，蓮花峰畔古層臺，謝公曾此繙經來。

貝葉經詩

魏成憲

借秋閣貯貝葉經，誰其歌者丁鈍丁。長歌與經意無極，禪枝時吐天葩馨。洗心已悟諸妙諦，覓句曾掩雙林扃。苦辛幾度蛾時術，塗乙七稿鴉翻形。乃知經營先慘澹，吟成擊缽鏘流鈴。世人言詩太鹵莽，操觚率爾鐘撞莛。張生手持蠹殘本，謂如初寫傳黃庭。一回拈出一新義，幅幅點竄思通靈。感生贈我重遺翰，先友寥落嗟晨星。不藏于家藏僧舍，以貽來者見典型。他時洛誦資副墨，山門同鎮頻伽餅。護持四十四番梵文古，永與閣外鷲峰相對青。

丁隱君龍泓先生《貝葉經歌》，舊與經同弆靈隱之借秋閣，此歌凡七易稿，張芑堂同年全得之，舉以見贈。因裝池成卷，囑寺僧並藏之，以爲山中故事云。嘉慶丙寅臘月朔，春松魏成憲并識。

遊靈隱同受銘賦四首

秀水　汪筠　珊立

南山路未踏，且與尋北山。陰陰九里松，磵水流琤潺。過橋寺門見，弗藉藤蘿攀。

湖邊花減色，山中樹已陰。煙雲況繚之，臺殿相高深。風鈴静無語，自下雪堂禽。

何來竺國峰，飛來不飛去。下洞雲吐納，陰林泉沮洳。誰歟宋平章，苔蝕題名處。

嶙峋理公塔，兀立斜陽肅。憑憑何處雷？法鼓動天竺。欲觀滄海月，更上韜光宿。

坐冷泉亭汲泉煮茶

泉韵竹之清，泉色雪之潔。峰陰萬古冷，非竹亦非雪。虚亭人影悄，落日雲光徹。汲煎了真意，不在冰芽啜。青天此間静，林鳥六時悦。日來泉上坐，安得塵心熱？

登飛來峰尋蓮花泉

程之章柯坪

連山隱湖西，詭狀走嶧蜀。靈鷲峰最奇，嵌空滴乳緑。住探愜恲性，矧可逃暑溽。涼蟬導我前，煙術幾縈曲。初穿猨洞寥，旋跨石梁矗。側笠遲松吹，撥策散雲族。登頓躋其顛，演漾一潭渌。老衲爲指點，蓮泉名自夙。團團規洩珠，晶晶奮啟玉。漪漪篁穀鋪，蔌蔌風葉撲。酌宜龥藥瓢，煮可供茗斛。源深徑轉僻，伊誰叩幽躅？參寥昔未嘗，桑苧偶失録。既絶水符調，亦鮮竹筧續。如彼遺世仙，抱影寄空谷。三嘆感微言，出山泉水濁。

甲午春季同得真姪巨曉上人重遊雲林遇雨

錢唐徐鑰心潛開亭

亭亭杪欏林，歷歷生肖石。來游而來歌，夢寐縈日夕。天官展新霽，似勸理舊跡。竹間開行厨，捨舟復理策。傴僂入洞府，異境太古闢。仄徑僅容趾，懸巖屢觸額。迴環應真像，何止艁五百。忽聞闍黎鐘，疑布道安席。徑思染縑素，寫此好窟宅。兩師不我貸，亂灑飛點白。村庬吠迎人，歸途見笠屐。

靈隱書藏歌嘉慶己巳冬十二月二十二日

翁方綱

靈隱書藏事孰始？始自杭刻朱翁詩。朱公未及藏記讀，阮公索我書之碑。我詩已愧阮公刻，緣此議藏能毋嗤！同人去夏集湖上，石子鐫我禪壁詞。僉曰一集未盈篋，盍仿曹氏書倉爲？遂啟佛閣厨七十，以備續度籤裝治。主以二僧編以例，匡廬白集寧聞兹？石子書來趣函寄，正我盥寫金經時。古稱大都與通邑，名山藏副于京師。名山名刹更增重，豈比家刻傳其私？苟非懸之免指摘，或且倍甚來瑕疵。往者新城王叟集，青藜劉君隸寫之。頭藏嵩少果踐否，林吉人楷名空馳。嗚呼寸心千古事，甚於鏡影公妍媸。念此彷徨汗浹背，頭緘油素又屢遲。上有靈峰下湖水，鑒我樸拙心無欧。繼有裹函來寺者，何以助我加箴規？寫經微願那足補，日日齋祓勤三思。

寄題雲林寺壁戊辰秋九月

未忘迦葉散花天，敢擬繙經宿墨緣！盥手初煩僑舍客，齋心聊當汎湖船。青藜分隸曾何有？白傅匡廬不偶然。幾句研屏新偈子，多慚紫竹石幢邊。

和作

石韞玉

手寫曇章付梵天，靈山結集舊因緣。復持法藏真如印，接引迷津大願船。古德莊嚴千劫在，新詩微妙一燈然。他時同證菩提果，仍約皈依絳帳邊。

和作己巳立夏日

陳廷慶

遡昔蘇齋立雪天，於今白社遂奇緣。身能不壞塵中劫，情自頻移海上船。初地千秋繙般若，清齋一食致倏然。同欣香瓣栴檀護，夢遠西泠鷗鷺邊。

戊午五月二十六日靈鷲峰銷夏聯句

出郭緬澄波奉賢陳廷慶古華，沿堤快新霽。綵菴千樹穠安邑宋葆淳芝山，紅擎萬荷麗。筍輿先後來婁縣楊之灝篔山，松磴兩三憩。叠足山龍嵸錢唐何元錫夢華，撲眼石淩厲。泉喧橋影圓儀徵阮元芸臺，亭敞茶煙細。呼猨已無聲古華，飛鷲頗有勢。張翼障日高芝山，垂味啄雲鋭。迦陵遠流音篔山，圓澤近同諦。結夏慧理巖夢華，論古咸和歲開山自晋咸和歲始。蠟屐穿玲瓏芸臺，藤杖閲迢遰。一派瀉龍泓古華，千盤擁螺髻。具相嵌莊嚴芝山，題名雜分隸。洞窺一綫天篔山，臺譯千佛偈。登頓竟忘疲夢華，脱略了無繫。高軒尋補梅芸臺。靈隱東軒有老梅，已枯，余屬僧補栽之，爲題補梅軒額，層椒遲訪桂。往迹追白蘇古華，忘形到支惠。佳荈浸清寒芝山，伊蒲出新脆。解衣任劇譚篔山，臨池更游藝。畫法尚夏圭夢華，硯懷抱劉蜕。余藏晋咸和甎研，及唐劉蜕研。竹陰午夢清芸臺，槐院晚蟬嘒。歸思趁吟鞭古華，涼風襲行袂。出山尚聞鐘芝山，瀕湖重鼓枻。回指翠微間篔山，卻話煙波際。此游殊灑然夢華，後會良可繼。溽暑翻避人芸臺，我東日西逝古華。夢華裝此卷留藏靈隱，後此游蹤續到，皆可識於卷尾。

戊午六月既望，予與泰州宫芸欄詔、元和張勿詡詡同爲月夜之游，自金沙港策騎，過九里松濤。月色皓潔，林徑無人，夜鳥呼應。至冷泉亭，將二更，泉聲泠然，塔影自直。三更入補梅軒，聽揚州偶然上人彈琴，接榻小夢，東方曙矣。阮元識。

芸臺中丞視學浙江，時偕賓客鷲峰消夏，聯句作圖，載之《定香亭筆談》中，洵盛事已。嘉慶丁卯六月望日，侍家大人遊靈隱，上韜光，還，憩補梅軒，聽品蓮上人彈古琴數弄，林陰自移，川瀨相答，倏然有松風水石之思，不知炎曦之退舍也。上人出眡此圖，圖中之人各已星散，而妙墨依然，巾瓶無恙，益歎嶺上白雲，不如老僧爲更閑也。吴郡潘世恩識。

雲林看雨圖題句小引己巳九秋

元和　顧宗泰

時同古華太守、琢堂殿撰、蔣邨學博、簡塘茂才，應品公長老招，適山中下雨，相與茗話竟夕。蔣村倩西澗徐君爲繪斯圖，題得七古一首。

西竺飛來一靈鷲，林泉勝槩無出右。五山雲影案前奔，九里松聲簾外吼。年來攜杖游龍龕，陰晴殊態分虛嵐。幽淙合澗穿亭入，寒翠環門取逕探。蘸筆池頭一夕雨，雨中留客揮松麈。三五同人無雜賔，湖山得地皆爲主。況結名僧翰墨緣，偕擁書城半壁天。惠遠香溪招浄社，己公茅屋賦新篇。昨朝霽訪巢枸曲，人行叢篠鬚眉緑。清江入掌紫煙消，滄海回眸紅日浴。今逢晝晦花冥冥，窗中窈窕迷山屏。一掃塵機多逸趣，差堪酌茗兼談經。佳游猥入龍眠手，話雨圖成良不偶。他日重來證此因，催詩又恐風生牖。

題雲林看雨圖 庚午上巳

石韞玉

步出鳳山門，衆峰揖我前。二三素心侶，相約同逃禪。初參慧理塔，乃登妙喜筵。洗心八德水，合掌九品蓮。白雲鐘方撞，緑雪茶已煎。是時尚盛夏，晝日長如年。讀畫逢快雨，鼓琴和鳴泉。或觀貝葉經，或讀山居篇。樂哉山中趣，主客皆流連。偶留一夕話，亦係三生緣。有圖復有詠，共託名山傳。而我轉一語，天地風輪旋。四大偶和合，成此法界圓。空華倏生滅，萬物無完堅。擊電機易失，觀河境屢遷。世間有爲法，執著皆煩擱。嗟彼春蠶絲，何苦多牽纏！吾生幾須臾，飄若火上煙。摸象鮮定見，得魚終忘筌。掃除一切浄，覺海真無邊。

題雲林看雨圖 庚午大暑七日

陳廷慶

餘杭山水甲天下，靈鷲飛來更奇絶。五峰蜿蜒三竺蟠，中有猿洞龍泓穴。流泉琅琅奏玉琴，過客飲消熱中熱。晴朝月夜遊固佳，冒雨看山心眼澈。雨珠噴薄泉紳垂，坐對定僧忘言説。香山作記香光書，拈花妙手瀾飜舌。蘇齋夫子渡迷津，衣鉢西湖悟釵折。醉僧不作休種蕉，智師若在當裹鐵。己公茆屋賞新詩，尊酒肯爲陶令設。書藏觀書一再來，群公巨筆許燕掣。同游顧石兩詩仙，客來先留鴻爪雪。能事迫促癡虎頭，坐使驊騮笑疲鱉。境過情遷詩思枯，迴觴似困鮃魚轍。百年富貴艸頭露，一老風燈悵飄瞥。欲行不行香積慳，未共春游良會缺。蘸筆池邊汩汩源，爲感逝川轉嗚咽。如來無來亦無去，衆生不生亦不滅。爲締名山慧業緣，且襍琳瑯屭木屑。冥思欲踐生前諾，方苦鈍根遲下劣。忽驚幽壑舞潛蛟，巨瓢傾倒黃梅節。濡豪溉瀋蘭亭池，渴猊一飲横流決。間于齊楚吾誰從？蕞爾小邦陋滕薛。蓮公且勿笑磨甎，墨妙應教蚤鐫碣。徐凝匹練涴青山，銀河挽上金尊凸。

題雲林看雨圖庚午七月

顧翰

遥看靈鷲繞雲根，萬緑溟濛到寺門。涼雨灑巾輕墊角，曉煙拍袂欲留痕。風高檜影有巢鶴，香細旃林正飯猿。聽到琴言遺世慮，心清不礙冷泉喧是日聽品公彈琴。六時清課閉松關，鐘磬琅琅木石閒。夢入水晶依浄界，髮晞蒼翠近煙鬟。世間文字最能壽時靈隱書藏落成，物外禪心只是閑。惆悵塵緣一彈指，徐熙愁墨畫春山。家星橋先生已物故矣。

由靈隱至韜光

陳均受笙

乍盤飛磴上青天，回首諸峰化碧煙。泉響細穿千筧落，竹光高捧一樓圓。禪床暖抱初生日，丹竈香留不死仙。坐久鐘聲催客起，白雲無數拂吟肩。

飛來峰

我聞雪山葱嶺西萬里，鷲嶺青横祇洹水。五印度出群靈朝，叱吒能教頑石起。風雷擲落湖西頭，衆山無色真宰死。至今矯首摩蒼穹，欲落不落天門空。全身亂垂紫瓔珞，萬柄倒插青芙蓉。羊腸百折洩雲氣，笙簧眾竅鳴天風。分明一石一天地，太古面目無一同。客游不辨諸洞户，駭觸蛟螺踏鐘鼓。日光一線穿空青，照見天形若懸杵。暗雲盡日吹奇香，石液相和化鐘乳。乳間的的蓮花開，承趺上有千如來。手招玉狗灑秋雨，笑弄飛瀑成春雷。呼猿老衲去不反，但看日月照曜青林臺。君不見，祖龍鞭石海難渡，五丁驅山險如故。理公此語亦太奇，石儻能言定生悟。華嚴妙理本虚空，卻與詩家證幻趣。還尚招手告山靈，祇許飛來不飛去。

龍山次韻

釋慧明 性原

龍山吾兄瘦無肉，度量汪汪幾千斛。看他小小現神通，彈指遍遊諸佛國。枯禪久甘藜藿腸，節身不在滄楓香。頂顙一著超言義，二三四七空摶量。從古風顛稱普化，格外元機未爲蹉。等閑打出觔斗來，傳得師真能幾箇？而今痛自發其光，卧雲深處開巖房。是非榮辱我何有，二時粥飯還如常。

又

乳虎已有食牛氣，况是親從道場至。入門未辨主與賓，輒問西來祖師意。水之冰也藍之青，當陽哮吼人皆驚。豁開自己神通藏，剖破微塵出大經。永嘉作顯唯證道，凡聖兩途俱浄掃。曹溪一宿歸去來，珊瑚枝上日杲杲。

浄慈次韻

十里平湖一鏡開，六橋險峻滑如苔。直饒不滯程途者，到此依然喫跌迴。

以上三首，見《名僧輯略》。

還俗僧復祝髮入靈隱

釋袾宏蓮池

數年佛殿蔓延，一瞬魔宫震肅。即非新起規模，原是本來面目。見雲棲大師《山房雜録》。

飛來峰

釋元尹宇亭

飛來峰既是飛來，何事飛來更不回？今日果能飛得去，飛來方不使人猜。

壽諦暉和尚九十

十百春纔九十春，童顔皓首正精神。壽同寶掌山同佛，海内今推第一人。

題雲林仲齡禪宿照

净法界身，本離名貌。七十餘壽，如海一泡。紙上描來，何肖不肖。恐後無憑，寫此爲照。要識仲師真面目麽？生也不道，死也不道。

以上三偈，見《泊齋集》。

鷲峰度夏

釋義果巨濤

人間三伏苦炎蒸，一入雲林爽氣增。翠篠陰森開石壁，冷泉聲瀉濯溪藤。蒲團竹版形先樂，茗椀爐煙興更勝。何用他山重策杖，應教於此學南能。

辛未三月初四日聖駕臨幸雲林恭進迎鑾三首録一

天垂紫氣下穹霄，萬類歡騰樂奏韶。花萼齊開春正麗，雲霞五色慶非遥。南山瑞靄嵩呼迥，北闕恩波盛代饒。山野欣然争獻祝，太平綿遠賀熙朝。

冷泉亭晚步

日落支藜一散人，竹深泉冷最怡神。忘歸踏徧空亭翠，海月飛來不是塵。

清明後一日聖駕再幸雲林欽命採茶敬進一首

霧鎖雲籠春豁開，翠華重幸鷲峰來。恩高親選龍芽嫩，片片香吹遍九垓。

咏飛來峰

飛來八面石玲瓏，片片如雲嵌碧空。六月清涼森翠篠，三秋燦爛醉丹楓。藤蘿猿嘯藏仙跡，蓮萼峰高護梵宫。千古令人頻仰止，根同天地壽無窮。

冷泉雪夜次韻寄桐孫先生三首

雪滿山中一短亭，鐘魚聲杳罷談經。不眠自愛焚香坐，但覺心空境已靈。

鷲峰周匝護寒雲，玉屑霏霏照夜分。遥憶故人當此候，新歌白雪許誰聞？

名高江左負雄才，别後相思夢幾回。老興應須重訪舊，孤山梅待破春苔。

冬杪歸雲林和韻奉寄王桐孫先生二首

木落滄江暮，扁舟意獨閒。僧歸千里外，雲接兩峰間。卓錫開詩卷，回頭憶蓼灣。徘徊泠泉月，夜照鶴孤還。

佳侶愁離别，音書望雁行。夢深疑化蝶，鬢短欲生霜。已入層峰隱，其如一葦航。應期重問字，更索檢奚囊。

韜光即事用陳長沙公韻

密竹深藏磴，岧嶢上翠微。山空容樹老，僧定見雲歸。香界消塵思，疏鐘送落暉。窗開湖海近，指點片帆歸。

詠飛來峰

瓌瓏一拳石，何代自飛來？古洞吹清籟，蒼藤結緑苔。山根泉冷潔，峰頂塔崔巍。誰更攀猿嘯？詩成白雪才。

丁酉秋杪雲林紀興二首

兩峰高矗碧天低，白石蒼苔路不迷。斷壁雲飛泉獨冷，深松人静鶴雙啼。六朝山色常迎座，五夜鐘聲忽度溪。真令往來多駐足，煙蘿捫徧好丹梯。

憑高一嘯衆山低，霜葉飄空望眼迷。扣石靈峰應解悟，呼猿深洞似聞啼。憑誰聯步臨丹壑，送客回頭見碧溪。多謝天親微指示，蒲團坐處有雲梯。

雲林賞雪

鶴唳空中不見飛，六花堆滿薜蘿衣。練拖雙澗凝寒碧，玉削千峰失翠微。大壑風迴清籟迴，虚亭人静野雲依。短筇更發孤山興，欲折疏梅踏凍歸。

冷泉亭

亭開煙水愛憑臨，千古空塵一鏡明。雲定竟忘棲竺國，客來應説到蓬瀛。澄涵月色心俱冷，響雜松濤夢轉清。自笑句留延歲久，軍持赢得世緣輕。

余得交汪玉依先生幾三十年矣己未春先生由淮揚之天台道經武林重過冷泉枉顧以佳什茗果見貽適值他出未獲相迎因和原韻二首卻寄

遁跡頻驚歲序新，芒鞋筇竹老閒身。三年未晤天都客，二月猶寒鷲嶺春。曾許攀依風度好，最懷酬酢性情真。雙鳧暫駐留佳句，繞徧梅花亦惱人。

廣陵一水趁晴春，路入天台景倍新。嫩柳那知遥别夢，仙桃應待舊時人。蘭言想像渾如玉，雪曲推敲早脱塵。直欲從君重選勝，不同劉阮乍迷津。

松靄山房新閣看飛來峰紅葉兼贈主人

鷲嶺千層綴晚風，枝枝霜葉總瓏瓏。霞明五色呈奇瑞，錦襯三秋妙化工。仙客嘯歌雲樹裏，高人吟醉畫圖中。不辭晚暮看無倦，宛在蓬萊第一宫。

奉和博菴同門飛來峰看紅葉原韻

霜醉秋林片片紅，飛來峰更不相同。雲章灼爍南山北，霞彩光華西竺東。曠代奇觀留勝跡，仙人椽筆繪虚空。冷泉映帶猶堪賞，錦繡全收一鏡中。

冷泉亭滿江紅

宋　辛棄疾稼軒

直節堂堂，看夾道、冠纓拱立。漸翠谷、羣仙東下，佩環聲急。誰信天峰飛墮地，傍湖千丈開青壁。是當年、玉斧削方壺，無人識。山木潤，琅玕濕。秋露下，瓊珠滴。向危亭、横跨玉淵澄碧。醉舞且摇鸞鳳影，浩歌莫遣魚龍泣。恨此中、風物本吾家，今爲客。

明李太后寫九蓮觀音在借秋閣西湖月

厲鶚

匆匆夢了華胥，早鷲嶺窗前，現將圖畫。翠瓔長帶，穠纖筆勢，冷綃光砑。巖居瞻瑞相，傍一榻，松風塵外挂。任世上，苦入秋心，依舊九蓮開也。署年髣髴神宗，說侍養深宫，白頭閒話。月輪圓裏，山河小影，似驚飄瓦。興亡多少事，便指與、枯禪應淚灑。已零落、監當時，奉香黃帊。

九蓮觀音，又稱瑞蓮聖像。明萬厤己丑年製，上打一印，其文曰『慈聖宣文明肅皇太后之寶』。徐楙識。

冷泉亭 高陽臺

桐鄉朱方靄春橋

密樹凝煙，幽泉咽石，人從寒緑中來。小様山亭，扶蘭怡面陰崖。須臾月映前溪路，似平磨、菱鏡初開。看浮光，漸到空林，又到空階。

皋禽警處人聲静，只露滋竹粉，風墮松釵。好夢今宵，定應不落塵埃。歸途況與花宮近，聽鐘魚、更愜孤懷。又何妨，如水涼天，小住爲佳。

冷泉亭 清波引

上海張熙純策時少華

古潭如鏡，浸山骨、一泓緑浄。乍窮苔磴，有亭面蒼嶺。竹梧蔭寒翠，卻與香林遥映。石泉當檻泠泠，似琴筑、澮相應。

危蘭悄凭，坐清晝、幽趣自領。壁華妍靚，谷禽哢煙景。白雲忽飛去，遮卻前溪樵徑。試聽上界疏鐘，月來松頂。

飛來峰 壺中天

摩天玉筍，怪岩嵲聳峙，玲瓏誰鑿？見説靈根分雪嶺，還似舟移夜壑。碧磴斜通，紅泉側瀉，霞表孤莖搖。人行木杪，烈風時撼青蒻。

況值葉落蒼崖，苔空翠壁，一片霜棱削。樵跡塵蹤渾不到，寂寞招提鈴鐸。古洞煙封，危亭徑絶，地迥渺難託。夕陽欲下，切雲還唳寒鶴。

冷泉亭 步月

吴趨張詡

碧巘雕雲，玉壺卷暑，老蟾夢醒瑶闕。露華潑翠，濺廣寒冰屑。俯流泉、一掬秋心，移晚境、滿林晴雪。松陰静、蟹眼乍翻，素瓷凝滑。

朱紘清弄發。疑唤起姮娥，環佩葉葉。瓊田萬頃，更新涼萬叠。問裝就、七寶樓臺，記留我、桂叢香窟。憑欄久，休做睡鄉倦蝶。

續修雲林寺誌卷七

題名

唐源少良等題名

監察御史源少良、陝縣尉陽陵、此郡太守張守信，天寶六載正月廿三日同游。

右題名在下天竺，摩崖，文五行，正書，徑寸。按，源少良，新、舊《唐書》皆無傳，惟《唐書・宰相表》有之。《元和姓纂》：『少良爲國子祭酒匡贊之子，又爲司勳員外郎，御史臺精舍碑陰二見其名。』《北魏書・源賀傳》太武帝謂秃髮僧傉檀之子賀曰：『與卿同源，可爲源氏。』源之得姓始此。陽陵，官縣尉，行事無考，《唐書》有陽惠元、陽城，當是其族也。張守信，官餘杭郡守，史傳皆失載，《咸淳臨安志》亦遺之。惟《太平廣記・謬誤門》引《紀聞》云：『唐張守信，爲餘杭太守。』據此，可與題名補入志乘也。唐天寶元年，改諸州爲郡，改刺史爲太守，改杭州爲餘杭郡，而《地理志》于江南東道十九郡更名者，僅録常、睦、處、福四郡，其餘皆從略未書。宋周文璞《遊天竺》詩：『静看唐人刻，相連坐石陰』又：『尋得數行天寶字，破他一夜草堂眠。』皆指是跡云。

唐盧元輔詩刻

《游天竺寺》，大唐杭州刺史盧元輔：『水田十里學袈裟，秋殿千金儼釋迦。遠客偏求月桂子，老人不記石蓮花。武林山價懸隋日，天竺經文隸漢家。苔壁媧皇煉來處，泐中修竹掃雲霞。』

右在飛來峰神尼塔傍，磨崖，文九行，左行，正書，徑二寸，此詩《全唐詩》未載。按，盧元輔於德宗時，自河南縣令除杭州刺史，嘗於武林山作見山亭，見《咸淳臨安志》。又《胥山碑銘》：『元和十年盧元輔文，王遹書。』見《輿地碑目》。此疑亦元和時刻。又《陝西通志》云：『盧元輔，滑州人，曾爲華州刺史郎官。』《石柱題名》有『金部郎中盧元輔』。白樂天有《盧元輔除杭州刺史制》，中云：『嘗守商都，再領京縣。』皆其歷官也。石本『泐中修竹掃雲霞』，『泐』字係原刻，『修竹』二字係改鑿，『大唐』二字亦添補，《西湖志》作『洞中』，蓋據文理，未見石刻也。

錢塘吴氏尺鳧焯跋尾曰：『此詩其文左行，自題杭州刺史。《咸淳志·古今郡守表》列元輔名于德宗之朝，攷元輔《胥山祠銘序》云：「元和十年冬十月，朝散大夫、使持節杭州諸軍事、杭州刺史、上柱國某，視事三歲。」據此，則元輔於元和八年守杭，是爲憲宗朝事，非德宗也。命守時，白文公當制，制云：「河南縣令盧元輔，蚤以學藝，列在周行。嘗守商都，頗聞有政。再領京縣，益見其才。江南列郡，餘杭爲大。征賦猶重，疲人未康。藉爾登車，往分憂矚。勞徠安緝，稱朕意焉。懸賞旌能，以伫報政。可杭州刺史。」此制見《白氏長慶集》。元輔由畿邑得領大郡，在杭作見山亭於靈隱山，其銘胥山之祠，文辭浩博，斐然可誦。獨此詩諸志失之，惟宋僧遵式著《天竺靈苑集》有《桂子詩序》，僅載此詩「月桂」、「蓮花」二句，又稱其名爲盧公輔，于是此詩閟于蒼煙翠靄中者，幾一千年。余仿求得之，亟命洗刷敲搨，喜其字劃完好，且可以補唐人詩之闕。惟昔曹通政奉旨刊《全唐詩》于揚州巡鹽使院，上命詞臣十人事校對，吾浙三人，時議唐人之未備者，當訪石刻以補之，事急，不復增益，識其語于凡例。竹垞老人偕余適在比南下，約余及其宗子寒中、門生戴坤釜，擬搜一編，號曰「補天石」，後竟不行。因見此幀，惜不與曩日諸公共見之。雍正庚戌七夕，蟫花居士吴焯書于玲瓏簾。』

唐蕭悦等題名

前太常寺奉禮郎蕭悦、前太常寺奉禮郎王亙。

右題名在鷲峰，摩崖，文四行，左行，正書，徑寸餘。乾隆庚子歲，爲某大守磨去，另刻他文，此從趙氏拓本補録。按，《白氏長慶集》載，協律郎蕭悦善畫竹，世無雙。《歷代名畫記》亦稱其工竹。白居易《游恩德寺詩》序中有『蘭陵蕭悦』，則此題名，當是長慶間。

唐烏重儒題名

泉州刺史烏重儒，寶曆二年六月十八日，赴任過游此寺。

右題名在通天洞口，摩崖，文三行，左行，正書，徑寸餘。烏重儒，《唐書》無傳，其官泉州刺史，見何喬遠《閩書》，但稱『寶曆中任』，其事跡亦不載。

釋達受曰：『此題名下，爲嘉慶戊午年玉制軍題詩，其下剗去第一行「重儒」二字」，第二行「月十八」二字，第三行「此詩」二字。』

後晋冷求等開路記

天福四年己亥歲五月二十五日，開此路，上山作基址，豎造觀音殿宇。都句當興國中直都隊將冷求、都軍頭李安記。

右刻在下天竺，摩崖，文六行，正書，徑一寸。《釋氏紀録》云：『天福己亥，僧道翊於山間見光華，往視之，得奇香木，命良工刻成觀世音菩薩像。錢王常夢白衣人求葺其居，遂建天竺觀音看經院。』又，《十國春秋·文穆王世家》載：『天福四年，僧道翊得奇木前澗，斵爲觀世音法身，王命建天竺道場。』據二書所載，天竺之奉觀音，始于五代，此記即興建時開路作也。

後周滕紹宗造象題名

當山清信弟子滕紹宗□□。右紹宗敬捨浄財，於石室内鐫造彌勒□尊、觀音勢至，伏爲自身恐有多刦寃僁，今生故悮。伏願□不□之勝，因滌累劫之債濫。時廣順元年歲次辛亥四月三日鐫記。

右造像題名，在靈隱飛來峰摩崖。文八行，左行，正書，徑六分。按，靈隱山洞内外，鐫列佛像，大小無慮千數，大抵皆五代時所爲，每像之旁皆有題，此其一也。至元周伯琦《理公巖記》所言，元帥伯顔載鑿巖石爲十佛及補陀大士之像，則皆製作精巧，不若此之古樸矣。

吴越造彌陀佛像記

上直都管軍都頭弟子周欽。右欽謹發虔心，捨浄財□西山靈鷲禪院，製造彌陀石佛一軀。所申意者，爲先亡考九郎，亡妣魏氏、龔氏，亡三兄追薦浄識□□□□承泰，亡姪女□□娘、□□娘、□□娘，亡姪承訓，亡新婦泰二娘，亡孫子□□□，願早生浄土，各得超昇，離苦解脱，生前罪業，籍此雲銷，没後寃□□□解釋。其功德今已相□□圓恒□□□永充供養。時己未建隆元年三月十九日記。

右在飛來峰，摩崖，正書十一行，行字不等，高五寸，廣七寸。又覆刻篆書『皇帝』二字于上，字徑三寸五分，毀去數字。按，上直都管軍都頭，是吴越時官，又書『己未』，爲周顯德六年；而建隆元年，則庚申也，是時尚未奉宋正朔，何由書建隆？且字跡改鑿顯然，必納土後補改，以己未、庚申相近，遂爾書之，今附吴越之末。

宋雲林寺經塔二

大佛頂陀羅尼。經文不録。左幢。

隨求即得大自在陀羅尼呪。右幢。

新建佛國寶幢願文：二幢同。

蓋聞慧炬西然，法雲東被，眷言興建，實煥簡編。我國家裂壤受封，帶河礪岳，既勤右幢作『覲』王而繼世，諒荷寵以乘時。言念真宗，聿懷多福。於是旁搜勝景，廣闢宏規，築湖畔之山堙，構城西之佛國。莫不遐森杞梓，妙選楩柟，營崒漢之基坰，列倚天之像設。釋迦化主，中尊而高儼睟容；慈氏彌陀，分坐而浄標妙相。仍於寶地，對樹法幢，雕琢琅玕，磨礱琬右幢落此二字琰。勒隨求之梵語，刊佛頂之秘文。直指丹霄，雙分八面。伏願興隆霸祚，延遠洪源，受靈右幢設雲貺於右幢落此二字祖先，助福禧於攸同悠久。軍民輯睦，疆場肅寧，宗族以之咸康，官寮以之共治。四十八願，永符法處之良因；八十種好右幢落此四字，更倍曇摩之圓智。得大堅固，不可稱量，凡在含生，同躋覺路。天下大元帥吴越國王建。《西湖志》衍『錢俶』二字。時大宋開寶二年己巳歲閏五月日。二幢並同，正書。靈隱寺住持傳法慧明禪師延珊，于景祐二年十一月内移奉先廢寺基上石幢東兩二所歸寺前，添換重建，立四年四月十日畢工，謹題誌耳。在右幢上，正書。

右雲林寺門東西各一。雲林寺，始晋咸和元年慧理，葛洪榜曰『絶勝覺場』，唐會昌時廢。《西湖志》謂吴越錢氏命僧延壽開拓，建經幢于寺門左右。按，幢便題字，乃景祐二年延珊于廢奉先寺移歸。奉先寺不知在何處，據文有云『築湖畔之山堙，構城西之佛國』，必在臨湖之嶺，而非今地明矣。《西湖志》謂延壽建于寺門左右，未讀此記也。

宋郝濬等靈隱題名

太平興國三年戊寅十二月二日，内供奉郝濬與知府正郎范、轉運使副劉杜、巡檢大保翟□、户部判官杜、通理孟同至此。

右在靈隱青林洞，摩崖，正書八行，字徑一寸餘。知府正郎范者，按，《咸淳臨安志》，太平興國三年五月丙戌，以考功郎中范旻，權知兩浙諸州事。初，旻自淮南歸朝，上將用爲翰林學士，盧多遜言：『杭州初復，非旻不可涖。』上乃謂旻曰：『卿且爲朕行，即當召卿矣。』旻，字貴參，大名宗城人，見《宋史》本傳。

宋王昭等靈隱題名

太平興國三年十二月四日，與節推王昭遠、錢塘尉閻吉、殿前承旨程□□記。

右靈隱飛來峰青林洞中，摩崖，正書四行，字徑一寸餘。縣尉閻吉，舊志未載。

宋胡□題名

太平興國三年十二月四日到此，殿前承旨胡□。

右在青林洞中，摩崖，與前三題並列，左旋三行，行字不等，正書，字徑八分。

宋劉觀察判官題名

太平興國四年正月三日，觀察判官劉與諸官員遊此。

右正書三行，字徑一寸，摩崖，在青林洞中。

宋維恩天竺靈隱二寺遊記

時神宋咸平貳禩，月屆夾鐘，蓂生五葉，有内殿崇班瑯邪守後自彤庭奉命于浙，協體量民物、察俗之暇，□□□時禁閤門祇候、杭郡都監西湖維恩，觀覽天竺、靈隱二寺，凡奥勝鷲□□□遊，仍修流觴曲水之□□日躋攀與事而□，因刊石□識。歲華□講僧自因書。

右在飛來峰，摩崖，正書十二行。

宋查仲道等題名

江右查仲道、錢塘周世科。

右青林洞，摩崖，正書二行，字徑四寸。此題無年月。按，崇寧元年，查應辰等續題名，有『後百有四年』之語，此刻當是咸平二年，故列于此。舊志列四人，有西蜀曹山、閩人孔庭訓，細詳石刻，非一時書，而曹、孔明人，俱載施《郡志》中，今特正之。《杭州府志》又載：『查仲道，字文夫，寧州人，嘉靖二年，任杭州知府。』抑姓氏偶同歟？

宋咸平造像題名

清信弟子文大□先考八郎，造羅漢第十一尊者。咸平三□□□□。

右文四行，行字不等，字徑三分。

清信弟子□生□□，捨浄財造□八身羅漢一尊者。咸平三年二月日。

右文四行，行字不等，字徑三分。

弟子陳行□，捨浄財造彌勒佛壹身，伏爲四三支永充供養。咸平三年□□□。

右文四行，行字不等，字徑三分。

清信弟子高□宋，捨浄財□第□羅漢□□□。咸平三年二月。

右文五行，行字不等，字徑三分。

□子周延慶造大阿羅□第五身。□□三年五月日。

右文四行，行字不等，字徑三分。

□信弟子吴□□□，捨浄□□大阿□□□者第一身□。□平三年五月日。

右文五行，行字不等，字徑三分。

清信弟子董延贇，爲亡妻殷四娘，捨浄財造大阿羅真者第一身。咸平三年五月日。

右文六行，行字不等，『羅』字下，書時失一『漢』字，字徑三分。

□□弟周延紹，捨浄財造大□羅漢尊者□身。咸平三年五月日。

右文五行，『弟』字下失一『子』字，行字不等，字徑三分。

清信弟子董□金，捨浄財□大阿羅漢尊者三身。□平三年五月日。

右文五行，行字不等，字徑三分。

清信弟子□□恭捨浄財，造□□八身羅漢尊者。咸平三年十月。

右文四行，行字不等，字徑三分。

□信弟子□像□□浄財，造十□羅漢尊者。咸平三年十月。

右文四行，行字不等，字徑三分。

清信女弟子蘇氏七娘，捨浄財造第十六尊者。咸平三年十月。

右文四行，行字不等，字徑三分。

弟子俞贇造羅漢一身。咸平三年□□月日。

右文三行，行字不等，字徑三分。

□□弟子□照，捨浄□造弟十八身羅漢尊者。咸平四年三月日。

右文五行，行字不等。『弟』與『第』古文通用。字徑三分。

弟子儲□贇爲四恩三有并妻應□乙娘，造羅漢一身。咸平四年三月日。

右文六行，行字不等，字徑三分。

□□□□□□爲□□□，造□□□漢弟十三□□。□平四年三月日。

右文五行，行字不等，字徑三分。

弟子湯用，捨浄財造第十二身羅漢，資薦亡考亡妣生界。咸平四年三月日。

右文五行，行字不等，字徑三分。末句想往生仙界，失書『往』、『仙』二字。

弟子備匡贇，爲亡考七郎、亡妣范一娘子，造羅漢一身。咸平四年四月曰。

右文六行．行字不等，字徑三分。

弟子□□道，爲□□此届妣□□羅漢一身。咸平四□□□日。

右文五行，行字不等，字徑三分。

弟子朱承贊造羅漢一身，保人身位。咸平四年五月。

右文五行，行字不等，字徑三分。

清信弟子□正□造第十五身羅漢尊者。咸平四年十月日。

右文四行，行字不等，字徑三分。

弟子張旺，爲自身造羅漢一身。咸平四年十月日。

右文五行，行字不等，字徑三分。『羅』字下，失去一『漢』字。

弟子樊仁厚，造羅漢一身。咸平四年十月日。

右文四行，行字不等，字徑三分。

□□□子趙□□，造羅漢一身。咸平四年十月日。

右文四行，行字不等，字徑三分。

女弟子沈十娘，造羅漢一身。咸平四年十月日。

右文四行，行字不等，字徑三分。

女弟子洪二娘，造羅漢一身。咸平四年十月日。

右文四行，行字不等，字徑三分。

女弟子吕七娘，造羅□□身，永充供養。咸平四年十月日。

右文五行，行字不等，字徑三分。

越州客司戴讚保身位，□羅漢一身。咸平五年四月日。

右文五行，行字不等，字徑三分。

女弟子莊五娘，爲亡考莊五郎、亡妣沈四娘，刻羅漢一身。咸平五年五月日。

右文六行，行字不等，字徑三分。

弟子李□興，爲亡妣□氏一娘，刻羅漢一身。咸平五年六月日。

右文五行，行字不等，字徑三分。

弟子相福，造羅漢一身，保身位。咸平六年。

右文五行，行字不等，字徑三分，無月日。

女弟子朱壬娘，造羅漢一身。咸平六年。

右文四行，行字不等，字徑三分，無月日，『壬』宜作『五』。

弟子田德□，造羅漢一身，保身位。咸平六年。

右文四行，行字不等，字徑三分，無月日。

弟子錢□福，造羅漢一身。咸平六年。

右文四行，行字不等，字徑三分，無月日。

清信弟子慶還□□，造十五身羅漢尊者。咸平□年十月日。

右文四行，行字不等，字徑三分。

□子陸承□，爲陸三□□財造□漢尊□□身。□□□□五月日。

右文六行，行字不等，字徑三分。以下二十三段，附於咸平末。

□州弟子□□宮判官元聲，造□□一身。□□□□□月一日。

右文五行，行字不等，字徑三分。

慈光院僧□邱子□□，造羅漢一身。
右文四行，行字不等，字徑三分，無年月。
弟子周德保男佛壹，造羅漢一身。
右文四行，行字不等，字徑三分。
□□□□□，造彌陀佛一身，永充供養。
右文五行，行字不等，字徑三分，無年月。
弟子唐仁□，爲母親□□十六娘，造彌陀佛一身，永充供養。
右文四行，行字不等，字徑三分，無年月。
弟子陳行善，奉爲母親魏氏一娘，造釋迦佛一身，□充供養。
右文七行，行字不等，字徑三分，無年月。
弟子錢簡□，造羅漢一身。
右文四行，行字不等，字徑三分，無年月。
弟子周延□，造羅漢一身，保身位。
女弟子胡一娘，造羅漢一身，爲四恩三有。
右文四行，行字不等，字徑三分，無年月。
弟子陶延□，造羅漢一身，奉爲四恩三有。
右文四行，行字不等，字徑三分，無年月。
弟子喻門，爲母親朱四娘子，造羅漢一身。
右文四行，行字不等，字徑三分，無年月。

龍興寺比邱智興，造羅漢一身。

右文三行，行字不等，字徑三分，無年月。

弟子黄□，爲亡考亡妣，造羅漢一身。

右文五行，行字不等，字徑三分，無年月。

弟子汪仁禮，羅漢一身。

右文三行，行字不等，字徑三分，無年月。

龍興寺□□弟子姜承□□衆，造□□羅漢一身，保狀。

右文五行，行字不等，字徑三分，無年月。

□□□□，謹造羅漢一身。

右文三行，行字不等，字徑三分，無年月。

王近保一身。

右文兩行五字，字徑三分，無年月。

花勝□亡妻謝一娘子，□羅漢。

右文四行，行字不等，字徑三分，無年月。

弟子□□，爲□□□□，造□□□□。

右文三行，行字不等，字徑三分，無年月。

吕承惠一身陳一娘。

右文四行，行兩字，文法顛倒，字徑五分，無年月。

沈德昇一身。

右文三行，行字不等，字徑五分，無年月。

沈暉爲亡妻。

右文三行，行字不等，字徑五分，無年月。

宋張文昌等題名

皇宋景德三年正月二十二日，前錢塘知縣、光禄寺丞張文昌，前越州蕭山尉郝知白，吴山□□□羽人馮德之，餘杭山人盛升，同游謝太守翻經遺跡，刊石立。

右在翻經臺側，摩崖，正書六行，字徑一寸。張文昌、知白，舊志皆不載。此題重刻『梅違黄安仁同游』七大字于上。

景德三年仲春月□日，光禄□丞、前知錢塘縣張文昌，仁和縣尉□從諫，越州蕭山尉郝知白，吴山寓居羽人馮德之，餘杭山人盛升，同游於此。胡題記耳。

右，摩崖，正書三行，行字不等，字徑一寸餘。

宋胡承德造象題名

弟子胡承德，伏爲四恩三有，命石工鐫盧舍那佛會一十七身，所期來往觀瞻，同生浄土。時大宋乾興□□四月日記。

右在青林洞，正書三行，字徑一寸餘，摩崖。佛會一十七身，一十七軀也。

又胡承德造象題名

胡承德并合家眷屬，同發心刊下生彌勒尊佛。親□三身記。

右在飛來峰，隸書四行，字徑一寸餘，摩崖。此刻無年月。按，上二刻亦同時所作。

宋陸慶造象題名

清信弟子陸慶并妻李一娘，造觀世菩薩一尊。乾興元年四月日記。

右在射旭洞口，摩崖，行書三行，字徑一寸，文書『觀世菩薩』，《西湖志》直作『觀音』字。

宋楊從簡造象題名

清信弟子楊從簡，捨財造太祖第一身。天聖四年二月日立。

右在玉乳洞東口，三行，行字不等，字徑五分。後人覆刻『瞿爵』二字于上，字徑八分。

宋馬一娘造像題名

清信女弟子馬氏一娘，捨浄財造六祖像二身。天聖四年二月日立。

右在玉乳洞東口，三行，行字不等，字徑五分。後人覆刻『吴綸』二字于上，字徑八分。末行後又刻『崔興道』三字，字徑一寸。

年也。

宋李諮等題名

李諮、劉楚、鄭向、史温、錢仙芝、黄補，天聖戊辰中秋前二日游此。

右在青林洞中，倒刻懸崖，左旋，五行，行字不等，字徑二寸餘。戊辰，爲宋仁宗第一改元之五

宋葉[二]清臣題名

寶元己卯孟夏乙酉，葉清臣來。

右在青林洞中，正書，三行，行四字，字徑九分。

又

寶元己卯孟夏乙酉，轉運副葉清臣來。

蒙穸過筆，義穸捧硯，仙穸侍書。

右在繙經臺下，摩崖，前兩行左旋，字徑寸餘。後二行，字徑六分。

宋張奎等題名

太常寺太祝張奎拱微、太常寺太祝張覲經臣、進士何文安肅之，康定辛巳□夏十日同游，謹記。

右摩崖，正書四行，字徑三寸。按《職官分紀》，大常寺官屬有太祝，實本之《周禮》也。

宋李公謹等題名

李公謹唐卿、楊洎損之，慶歷六年七月十二日來。

右在飛來峰頂，正書四行，字徑二寸。

宋錢德範、莆陽僧貽孫同遊。皇祐二年六月二日。

右在理公巖石臺上，正書，左行，文七行，行三字。末一行二字，字徑二寸許，覆刻于『羅漢記』之上。

徐問籧曰：『理公巖石臺上，横列懸厓，刻《靈山聖德□建造羅漢記》，正書，文左行，七十九字，行字不等，字約徑三分許，時代年月無存，磨滅者大半，筆畫皆在隱隱中，其可識者九十五字，餘偏旁尚存者數字。其字上，覆刻皇祐錢德範、熙寧時石景衡、嘉祐癸卯沈遼、嘉靖二十年盛紀等題名。』

宋沈遼等題名

癸卯重午日，王伯虎來，二弟遴、逌偕行。沈遼題。

右在青林洞，摩崖，正書四行，字徑一寸。按，沈遼，字叡達，錢塘人。癸卯，爲仁宗嘉祐八年，此在《宋史》本傳所載監杭州軍資庫轉運使之前。題名同日凡二處，以後山題名證之，知伯虎字炳之，遴字善述，逌字素道，當時有『三沈』之目。《宋史》僅列遘、遼，而遺遴、逌，惟王安石《樂安郡翟氏墓志》載沈扶君之男遘、迥、遼、遴、逌，爲尤詳也。史言遼以文章歌詩唱酬蘇、黄間，不知其尤工八法，蘇東坡謂其學家傳師，樓鑰謂其妙于楷隸諸書，備古今體，落筆輒爲人争取。今遺刻僅存，無有過而詢之者矣。

叡達、善述、素道與炳之來。癸卯重午。

右在靈隱後山，摩崖，正書二行，字徑一寸餘，説見前跋。以同日所題，變文書字，以備參考。

宋李谷題名

治平甲辰五月七日，趙郡李谷容之遊，男侑奉命謹題。

右在飛來峰頂，正書三行，字徑一寸。

宋孫覺等題名

孫覺、張徽，戊申十一月晦同來。

右在龍泓洞，摩崖，正書二行，行徑二寸。欵字正書三行，字徑一寸。《宋史·孫覺傳》：『覺以疏邵亢希旨奪官，通判越州，復右正言，徙知通州。』是刻戊申，爲熙甯元年，題名應即此時所刻。明年，詔知諫院，同修起居注云。

宋沈立等題名

立之、中行、伯駿、子雍、子明，熙甯辛亥九月廿三日同游。

右在青林洞，摩崖，正書三行，字徑二寸。《宋史·沈立傳》：『立，字立之，歷陽人，歷官兩浙轉運使，後知越州。』任杭時，曾上神宗自著《名山水記》三百卷，西泠巖壑，在所品題，惜皆散佚無傳。是年蘇文忠通判杭州，立之爲守，集中有唱和詩，立之即于是年罷去。

宋蘇頌等題名

蘇頌子容、蔣之奇潁叔、岑象求巖起、李杞堅甫，熙甯壬子二月二日題。

右在龍泓洞口，摩崖，正書二行，字徑一寸。按《宋史》本傳：蘇頌，字子容，南安人，父紳，葬潤州丹陽，因徙居之。第進士，皇祐五年授秘書監，知通進銀臺司。吴越饑，選知杭州。《咸淳臨安志》以熙甯九年正月之任，此題在五年，已先居杭矣。蔣之奇，字潁叔，宜興人，進士第，擢監察御史。神宗立，進副端，歷諸道轉運，遂爲江淮發運。由寶文閣待制、河北都漕守瀛，入爲户部侍郎，知熙州。紹聖間，召爲中書舍人，知開封，除翰林學士，出守汝、慶。徽宗擢爲知樞密院，除觀文殿學士、知杭州，以與議棄河湟事，奪官職。卒後以嘗陳紹述之事，盡復之。岑象求，字巖起，梓州人。元祐四年，爲考功郎，以蘇文定薦，拜殿中侍御史。文定執政，徙金部郎，事徽宗于王邸，終寶文閣待制。《續通鑑長編》載：元祐間言事甚多，六年六月爲兩浙轉運副使，後入元祐黨籍。《東坡集》有《送岑著作》詩，提舉梓州路常平時也。有《岑象求知果州敕》，未知何時也。《文獻通考》：『《吉凶影響録》十卷，岑象求于熙寧末，閑居江陵所著。』李杞，字堅甫，事蹟屢見《續通鑑長編》中。熙甯七年，以三司判官提舉成都茶事，初立茶法，禁民私賣。東坡詩：『茶爲西南害，岷俗記二李。』謂杞與稷也，集有贈答詩。

宋石景衡等題名

石景衡叔平、杜僎升陽同遊。

右刻理公巖石臺上，正書左行，兩行。按《紹興府進士題名碑》熙甯八年余中榜：石景衡，衍之子。

宋晁端彦題名

晁美叔，熙甯八年七月八日題。

右青林洞，摩崖，正書四行，字徑三寸，左行。

又

晁美叔遊。

右玉乳洞，摩崖，正書左行，横列，字徑五寸。

宋蘇頌等題名

子容、濟翁、彦聖、潛夫、潛叔、元卿、平叔、守道，熙甯丙辰八月癸巳，自浄慈南屏、下天竺過靈鷲，遂遊靈隱而歸。

右在飛來峰，摩崖，正書二行，字徑一寸。

又

蘇子容、李端臣、蘇浩然、彭志權、蘇及之、曹潛夫，熙甯丁巳六月初九日遊。

右在飛來峰，摩崖，正書五行，字徑一寸。　按《咸淳臨安志》，子容以召修仁宗、英宗實録，趙格自越州代之，五月去任。　此題名，將赴京時也。

宋高荷題名

子勉游。熙甯丁巳下元日題。

右在龍泓洞，摩崖，正書，字徑四寸，行書二行，字徑一寸。此題名與蘇頌二刻，俱刊于宋人小記之上，猶有上皇及釋子題名數十字可見，舊志俱作『高荷』。荷，字子勉，見吕居仁《江西詩派圖》，《山谷集》云：『荆州人，極有豪力，使之凌厲中州，恐不減晁、張。』荷葢以詩名，而兼善八法者。

宋曹潛夫等題名

潛夫同德卿、仲文、懿老、聖咨游。

右在香林洞，摩崖，正書一行，字徑四寸。曹潛夫，見熙甯丙辰丁巳蘇頌二題名，故附熙甯後。

宋李琮等題名

李琮、朱明之、楊景畧、黄頌、胡援、林希，元豐二年五月四日，游靈鷲洞。

右在龍泓洞，摩崖，正書六行，左行横列，字徑二寸餘。《西湖志》林希誤作『熙』。欵字正書三行，字徑一寸餘。《宋史·李琮傳》：『琮，字獻甫，江甯人，徽宗朝以户部判官使江浙，後又以寶文閣待制知杭州。』此題名在神宗時，與史不合。楊景略，字康功，洛陽人，見東坡詩。元豐間，以起居郎使高麗稱旨，賜金紫，擢中書舍人，待制龍圖閣，知揚州。徐兢《高麗圖經》：『元豐七年，左諫議大夫楊景略爲祭奠使，王舜封副之。』《續通鑑長編》：『元豐六年，承議郎左司郎中楊景略，爲高麗祭奠司。七年，試給事中、朝奉郎、守起居郎楊景略爲試中書舍人。』

宋楊景略等題名

楊景略、胡宗師、范峋、黄頌、彭汝礪、王祖道、林希，元豐己未七月十三日游靈隱洞。

右在龍泓洞，摩崖，正書七行，字徑三寸。欵字正書二行，徑二寸。

宋胡宗師題名

胡宗師、蔡舉用同游。元豐二年七月十七日。

右在青林洞，摩崖，正書一行，字徑一寸。

宋彦舟等題名

彦舟、定老、倬道、文亨、悳甫同游靈鷲洞。元豐癸亥仲夏十日。

右在龍泓洞，摩崖，正書三行，字徑三寸。欵字正書四行，字徑一寸。

宋陶揆題字

元祐己巳十一月廿一日，陶揆來刻題名到此。

右在翻經臺側，摩崖，小楷一行。

宋吴棫等題名

吴棫、張□彦、□□□、龍廷實、周執□、吴□信、周之翰、淩哲、吴□、潘良能、陳得録、袁相、石延慶、錢同□、張闡、陳之淵、范雲、程敦□、囧□、許□微、□□，紹興壬戌，同校藝春闈。

右在飛來峰之陽麓，摩崖，正書八行，字徑二寸。按，吴棫，宣和元年海寧縣令，見《杭州府志》。

潘良能，金華人，紹興五年汪應辰榜進士，秘書正字。

宋查應辰等續題名

後百有四年，兵部查公曾孫朝散大夫、提舉兩浙常平等事應辰，察推周公曾孫承議郎、通判越州軍州事穜，復同遊此洞，敬觀遺刻，實崇甯改元歲次壬午八月二十有八日也。

右在青林洞，摩崖，正書六行。周氏，錢塘人，王安石有《周氏世德碑》，在滿覺隴，即此周氏也。又，《東坡年譜》元祐元年有舉江甯府司理問穜充學官事，此通判越州，《紹郡志》亦未載。

宋查應辰等題名

查應辰靈□、尹□微之、趙固夢祥、吴修敏甫，庚申上元□游。吴雍子中來。

右摩崖題名，正書三行，行字不等，徑二寸餘。『吴雍』一行五字，似别一題也。按，應辰有青林續題名，書崇甯改元壬午，此書庚申，前爲元豐三年，後則紹興十年也。

宋政和間殘題名

闕弟楊庭闕棠守富闕大北自闕來遊。政和闕月廿九日闕。

右在飛來峰，摩崖，殘字五行，行書，徑寸餘，上半已泐。釋達受曰：『此題名，在飛來峰通天洞口，上闕數字，非泐也，蓋元時造像其上，爲匠人剗去。

宋王競等題名

王競、皇甫彦、李聞、王慎修、俞俟同遊。宜和四年三月十一日。

在靈隱後山，摩崖，正書三行，左行，字徑三寸。欵一行，字徑一寸餘。

宋路公弼等題名

路公弼、翁端朝、傅國華、容吉老、麥公明、孟子與、徐明叔，宣和五年夏四月己亥同來。

右在飛來峰陽麓，摩崖，篆書四行，字徑八寸。按，《西湖志》引《書史會要》稱：『徐競，字明叔，篆法極佳。』路公弼，名允廸，宋城人，《宋史・宰輔表》：『建炎三年正月，自資政殿學士提舉洞霄宫，除簽書樞密院事。』

宋胡庭等題名

建炎戊申三月十四日□□胡庭、孫文□□□□□彦周，自上天竺同過香林洞，探勝至此。

右在青林洞，摩崖，正書四行，字徑一寸餘。

宋連道善等伏犀泉題名

連道善鵬舉、張文尉同遊。建炎三年閏八月廿一日。

右在伏犀泉，摩崖，正書五行，左行，字徑三寸餘。按樓攻媿《北行日記》，趙州石橋洞題刻甚衆，多是昔時奉使者，有云『連鵬舉使金，至絶域，實居首選。宣和六年八月』云云。道善或其名邪？又廣州九曜石，有紹興九年二月連南夫鵬舉題名，曾官廣東轉運使，後知廣州。又，《直齋書録》有《連寶學奏議》二卷，寶文閣學士安陸連南夫鵬舉撰，紹興初知饒州，扞禦有功。及和議成，南夫知泉州，上表曰『不信亦信，其然豈然』，又曰『雖虞舜之十二州，昔皆吾有，然商於之六百里，當念爾欺』，由是得罪。殆鯁直之士，而題名書法復爾，開張史雖未傳，合此數刻，足徵梗概。

宋韓世忠靈隱建翠微亭題名

紹興十二年，清涼居士韓世忠因過靈隱，登覽形勝，得舊基建新亭，榜名『翠微』，以爲游息之所，待好事者。三月五日男彦直書。

右題名在飛來峰半，文八行，行六字，字徑二寸許。《西湖志》曰：『翠微亭，韓世忠忤秦檜，解樞柄，逍遥湖上，最愛此山，故建此亭。』邵古菴曰：『紹興十一年冬，岳飛死。十二年三月，韓公即建此亭，謝兵柄，時獨游焉。』按，岳飛有《登池州翠微亭》詩，曰：『經年塵土滿征衣，特地尋芳上翠微。好水好山看未足，馬蹄催送月明歸。』韓當時憶岳此詩，故以名亭，而亦隱痛之也。亭在飛來峰半，董其昌《登翠微亭》詩云：『煙迷楊柳洲，水拍芙蓉岸。我憶南湖秋，西山暮雲亂。』按，《宋史》本傳：韓彦直，世忠子，六歲入見，高宗命作大字，即拜跪書『皇帝萬歲』，帝拊其背曰：『他日令器也。』親解孝宗丱角之繻傳其首。

宋黄清真造像題名

□三主正一盟□弟子□妻正一延□保命□□□黄清真鐫太乙救苦天尊，上答鴻休。皇宋開禧元年二月二日。

右在飛來峰，摩崖，正書六行，行字不等，高四寸五分，廣四寸三分。

宋沈甯造像題字

御前祇應沈寧同妻徐氏家眷等，捨羅漢一尊。開禧元年三月初九日鐫。

右在飛來峰，摩崖，正書五行，行六字。高五寸，廣二寸五分。

宋造像題字

食飯保傳同□□□。開禧元年四月一日。

右在飛來峰，摩崖，正書三行，字不等，高三寸，廣二寸五分。

宋造像題字

嘉定元年五月六日，明州比邱僧□□□年五十二歲，捨羅漢一尊，□身宫康泰，眼目光明。

右在飛來峰，摩崖，正書四行，字不等，高四寸五分，廣二寸八分。

宋李艮等題名

淳祐丁未立秋二日，天台李艮、夏紹基、武夷翁孟寅，金華何子舉，嘉禾葉隆禮，宛陵吴琪來游，喜雨。

右在翻經臺側，摩崖，正書十行，字徑二寸。按，葉隆禮，嘉禾人，淳祐七年進士，題名時正登第之歲，《宋史》不見其名氏，著有《契丹國志》傳世。《咸淳臨安志》：『開禧元年十一月一日，以朝散郎直秘閣、兩浙運判，除軍器少監兼知臨安府。閏十一月二日，摩勘轉朝奉大夫。景定元年正月一日，除軍器監，兼職仍舊。二月六日，除直寶文閣、知紹興府。』惟《咸淳志》作台州人，此書嘉禾，知《咸淳志》誤。《通志》亦作嘉興人，終秘書丞。錢宮詹謂是科有『闕雨，請免瓊林賜宴』，此題有『喜雨』之語，疑李艮諸人皆新進士。檢《通志》止隆禮一人，而書郡望有武夷、金華二人。

宋陸德輿等題名

陸德輿載之、趙與膺致道、與峕中甫，淳祐戊申中伏後一日，避暑同來。

右在龍泓洞，摩崖，正書六行，字徑一寸。按，陸德輿，崇德人，嘉定十年吳潛榜進士，曾知寶祐元年貢舉，有理宗賜詔，歷官至吏部尚書、嘉興縣開國男，見《至元嘉禾志》。與膺，曾任富陽縣令。與峕，安吉人，景定二年，以兩浙運使兼知臨安府，五年，除户部侍郎。並見《咸淳臨安志》。與峕，孟頫之父，元贈集賢大學士、榮禄大夫，追封魏國公，見楊載《趙孟頫行狀》。

宋吴璞等題名

金陵吴璞、吴琳，眉山袁炎焱，宛陵李雲龍，淳祐庚戌。

右在翻經臺側，摩崖，正書五行，字徑四寸。

宋吴璞等題名

淳祐壬子春仲之九日，吴璞、吴琳重偕行薛可久。

右在翻經臺側，摩崖，正書五行，字徑四寸。

宋淳祐題名

□□□□□□□□□□□陳□□□□□□□□□□□□。淳祐丁未年春望前一日同游。

右在寶珠房後香林西洞口，摩崖，正書，題款剥蝕不可識，八行，字徑一寸三分。

宋陳詩等題名

陳詩　閩山王晋　和晋齋□□　冷泉拉畊　寶祐乙卯中□□□齋

右在飛來峰，摩崖，正書六行，下半殘闕，字徑二寸。

宋賈秋壑題名

咸淳丁卯七月十八日，賈似道以歲事禱上竺，回憩于此。客東元喜、俞昕、張濡、黄公紹、王庭、從子德生侍，期而不至者廖瑩中。沈堅刻。

右在王通天洞口，摩崖，正書六行，行九字，字徑五寸。

宋道宗等題名

道宗、用晦、行甫，己未三月三日游。

右在青林洞，摩崖，正書一行，字徑一寸，《西湖志》云：『宋刻石。』

宋薌林洞題字

薌林。

右在薌林洞口，摩崖，篆書，無年月，字徑一尺，傍有路公弼篆書，宣和五年題名。此二字，疑同時所刻也。

款貢臺。

右在薌林洞西，摩崖，正書，年月泐，字徑八寸左右。宋人題名甚夥，想當時名人雅集於此。

宋王庭龍泓洞題字

龍泓洞。金華王庭書。

右在飛來峰，摩崖，正書，徑八寸，已剗去。欵字正書，徑一寸。王庭，賈似道客也，見題名中。庭又書林逋墓碣，今不傳。

元徐僧録等造像題名

大元國功德主徐僧録等，命捨浄財鐫造毗盧遮那佛、文殊師利菩薩、普賢菩□三尊，端爲祝延皇帝萬安，四恩三有，齊登覺岸者。至元十九年八月日，□授杭州路僧録徐□□、潭州僧録李□□。

右在飛來峰，摩崖，正書十行，字徑二寸。

元楊思諒造像題名

昭□大將軍、前淮安萬户府管軍萬户楊思諒，同妻朱氏，發心施財，命工鐫造阿彌陀佛、觀音、勢至聖像三尊，祝延皇帝聖壽萬萬歲者。至元二十□年□月丙午日吉辰建。

右在飛來峰，摩崖，正書五行，行字不等。

元釋教都總統題名

功德主江淮諸路釋教都總統所經歷郭正書，下闕，字徑一寸餘。至元二十四年歲次丁亥三月。小楷書，下闕，在右。

右在飛來峰，摩崖，在宋王庭書『龍泓洞』三字之左，疑亦造像題名。《西湖志》誤作書『龍泓洞』者，署名仍《靈隱寺志》誤，今分列於此。

元董□祥造象題名

總統所董□祥，特發誠心施財，命工刊造觀音聖像，上答洪恩，以祈福禄增崇壽年綿遠者。大元戊子三月吉日題。

右在飛來峰，摩崖，正書五行，行字不等。按，總統所，應即前釋教都總統所也。

元國書讚刻字

至元二十五年八月□日，建功德主石，僧録液沙里兼讚。

右在飛來峰，摩崖，七層，字徑寸餘，未詳。款字正書，徑一寸，末云『兼讚』，是亦造像題語也。

元釋淨伏佛國山石像贊

《大元國杭州佛國山石像贊》：

永福楊總統，江淮馳重望。旌靈鷲山中，向飛來峰上，鑿破蒼崖石，現出黄金像。佛名無量亦無邊，一切入瞻仰。樹此功德幢，無能爲此況。入此大施門，喜有大丞相。省府衆名官，相繼來稱賞。其一佛二佛，□起模畫樣。花木四時春，可以作供養。猿鳥四時啼，可以作回向。日月無盡燈，煙雲無盡藏。華雨而紛紛，國風而蕩蕩。願祝聖明君，與佛壽無量。爲法界衆生，盡除煩惱障。我作如是説，此語即非妄。

至元二十六年重陽日，住靈隱虎巖淨伏謹述，大都海雲易菴子安書丹，武林錢永昌刊。

右刻在西湖飛來峰，摩崖，正書十四行，字徑一寸。按，楊連真伽刻諸佛像于靈隱石壁，而以己像雜厠其中，即此淨伏作贊事也。明嘉靖間，知府陳任賢覓得之，擊其像，梟其首于山下，同時田汝成有《誅禿記》。詎知大書深刻，猶有爲之頌德者，蓋當時未及見之也。

元造釋迦像殘題名

□□江□□□□□特發誠心，施財命工刊造釋迦如來一尊，上□報□皇恩，以祈福禄增崇壽年遠者。大元庚寅歲四月吉日題。

右在飛來峰，摩崖，正書五行，行字不等。

元脱脱夫人造像題名

大元國功德主、榮禄大夫、行宣政院使脱脱夫人□氏，謹發誠心，願捨浄財，命工鐫造金剛手菩薩聖像一尊，端爲祝延聖壽萬安，保佑院使大人福禄增榮，壽命延遠，家眷安和，子孫昌齡。至元二十九年閏六月日建。

右在飛來峰，摩崖，正書六行，行字不等。

元楊謹造多聞天王像題名

大元國大功德主、資政大夫、行宣政院使楊，謹發誠心捐捨浄財，命工鐫造多聞天王聖像一尊，端爲祝延皇帝萬歲，國泰民安，法輪常轉，四恩總報，三有遍格，法界衆生齊成佛道者。至元壬辰二十九年七月仲秋吉日建。

右在飛來峰，摩崖，正書七行，字徑寸餘。

元王達等題名

泰定五年春二月，吴郡王達、莫維賢、葉森、陸友同游。

右在香林洞，摩崖，隸書四行，字徑二寸餘。按，王達，吴人，號耐軒居士，有《題王紱山水》詩，見《六研齋二筆》。莫維賢，字景行，好學能詩，築别業于靈隱，時人比之輞川，著有《廣莫子集》。葉森，字景修，早從貞白先生吾子行游，古今歌詩，咸有法則。陸友，字友仁，平江人，著有《研北雜志》。四子惟陸友書名最著，同時虞集、柯九思皆善書，見《吴中人物志》、《墨史》、《書史》等書。此題名居後，或即其所書也。

元楊瑀等題名

至正六年秋九月朔，太史楊瑀、翰林張翥謁福初上人，因登蓮花峰，留名崖石。從游者，施維才郯韶。

右在翻經臺，摩崖，正書七行，字徑二寸。按，楊瑀，字元誠，杭人。天曆間，擢中瑞司典簿，超授奉議大夫、太史院判官，改建德路總管，有惠政，進階中奉大夫。張翥，字仲舉，晋寧人，父爲吏，從徵江南，調安仁尉，又爲杭州鈔庫使，因家焉。累官翰林學士承旨，著有《蜕菴集》、《忠義集》。

元趙質翁等題名

至正六年丙戌九月庚寅，聞喜趙質翁、夏縣樊益吉、安邑介好仁，因尋三生石同登。

右在靈隱緇經臺，摩崖，正書七行，字徑二寸餘，左行。趙質翁，見至正三年《蕭山覺苑寺興造記》。

元兀氏也先帖木題名

皇元至正庚寅春吉日，副崇教兀氏也先帖木。

右在龍泓洞，摩崖，正書三行，字徑二寸，《西湖志》誤『兀』爲『亢』。按《元史・百官志》，至正二年，江浙行宣政院設崇教所，擬行中書當理問官，以理僧民之事，不書幾人。此副崇教，當有二人也。

元周伯琦題名

至正戊戌二月廿三日，浙省參知政事鄱陽周伯琦伯溫，將鎮中吳，專別允若教師，重游香林，題名崖石，以紀歲月。是日，就謁觀堂菩薩慧炬，篆《理公新嵒記》，靈鷲主者友□來會。從遊，男宗仁、宗智。

右在翻經臺石壁，隸書，字徑二寸。按《續宏簡録》，伯琦子宗仁，字克復，官山東行省郎中，篆書宗家學，然不逮其父。慧炬，諸暨人，住理公巖，洪武初，海潮衝岸，壞民居廬，爲潮神説三皈戒，楊枝洒處，即止不崩，時稱『炬菩薩』。

元周伯琦《理公巖記》摩崖

理公巖，晋高僧慧理師嘗燕宋焉，在錢塘虎林山天竹招提之東南，玲瓏幽邃，竹樹岑蔚。至正九年，上人慧苣來居觀堂，起廢緝敝，爰開是巖。窈窕繚復，霏如堂皇，雲湧雪積，發渫霝藴。後七年，左丞綏寧楊公之弟元帥伯顔，清暇遊愒，抉奇樂静，捐金庀工，載鑿巖石，刻十佛及補陀大士象，金碧炳赫，恍躋西土，冀徼福惠，壽我重親，利我軍旅，冰釋氛沴，永奠方岳。巖之異勝，誕增於昔，爲虎林奇觀，實苣公軌行精慤，有以致之，居氓號曰『菩薩』，蓋非夸益。天竹和尚允若師，臘已八十，與苣同志，徵文示久，乃篆諸石。浙省參知政事番陽周伯琦伯溫記并書。

右在射旭洞口，篆書十三行，字徑三寸。按，《兩浙金石志》載云：『是記書于至正十八年二月廿三日，見三生石題名。』伯琦精篆學，篇中以『竹』爲『竺』，『㳿』爲『弊』，『渫』爲『洩』，『藴』爲『藴』，『夸益』爲『夸溢』，皆根柢《説文》，不涉俗書者。

冷泉上對聯云

山浄源澄流出冷，峰靈石妙自飛來。

右在冷泉亭對面，摩崖，行書，年月泐，款云：『濟南古於陽王錫栻題。』字徑八寸，欵字四分，疑是明人字蹟。

元楊遵理公巖題字

理公巖楊遵書。

右在射旭洞内，摩崖，篆書，横列，字徑八寸許。欵字正書，字徑一寸許。按《書史會要》，楊遵，字宗道，浦城人，徙居錢塘，篆、隸皆師杜待制。《續宏簡録》云：『字宗正，元至正間人也。』

校勘記

[二] 葉，底本原作『柴』，形訛。據李之亮《宋代路分長官通考》，北宋兩浙轉運使、副無名『柴清臣』者。葉清臣，仁宗寶元元年至二年爲兩浙路轉運副使，《宋史》卷二百九十五有傳：『請外，爲兩浙轉運副使。』下同。

續修雲林寺誌卷八

遺事

貫休，字德隱，婺州蘭溪人，俗姓姜氏，風騷之外，尤精筆札。昭宗以武肅錢鏐平董昌功，拜鎮東軍節度使，自稱吴越王，休時居靈隱，往投詩賀，中聯云：『滿堂花醉三千客，一劍霜寒十四州。』武肅大喜，令改爲『四十州』乃相見，休曰：『州亦難添，詩亦難改。』即日拂袖去。至蜀，以詩投孟知祥云：『一缾一鉢垂垂老，萬水千山特特來。』知祥久慕非常，尊禮之。辛文房《唐才子傳》。

秦檜既殺武穆，向靈隱祈禱，有一行者亂言譏檜，檜問其居址，僧賦詩，有『相公問我歸何處？家在東南第一山』之句。檜令隸何立物色。立至宫殿，見僧坐決事，立問，答曰：『地藏王決檜殺岳飛事。』數卒引檜至，身荷鐵枷，囚首垢面，呼告曰：『傳語夫人，東窗事發矣。』《江湖雜記》。

靈隱寺僧元肇，號淮海。寺有古松，大數十圍，與月波亭相對。史彌遠遣人伐松，淮海作詩云：『大夫去作棟梁材，無復清陰覆緑苔。惆悵月波亭上望，夜深惟有鶴歸來。』《靈隱遺事》。

穆陵在御，閻貴妃父良臣起香火功德院，欲于靈、竺下伐松供屋材，淮海又作詩曰：『不爲栽松種茯苓，祇緣山色四時青。老僧不爲移松去，留與西湖作畫屏。』詩徹干上，遂命弗伐。《山房隨筆》。

菌蕈類，皆幽隱蒸溼之氣或蛇虺所生，食之皆能害人，而好奇者每輕千金之軀以嘗試之，殊不可曉。靈隱寺僧得異蕈，甚大而可愛，獻之楊郡王，王以其異，遂進之上方，既而復賜靈隱。適貯蕈之器有餘瀝，一犬過而舐之，跳躍而死，方知其異而棄之。此事關涉尤大。《癸辛雜誌》。嘉慶廿三年九月間，雲林有僧五六人，結伴歸山。將至寺，見兔一羣，竄於林下，共逐之，盡失所在，惟見古塚上鮮蕈一叢，喜甚，競相採擷，烹食之，凡食者無不越夕殞命。至今相戒，雲林前後之寒露蕈，不可食也。此毒以地漿解之，掘地作坎，瀉水攪渾，謂之『地漿』，飲之立愈。

靈隱寺前澗水中，有螺無尾，有魚半焦。相傳濟顛僧過此，見人釜中煎魚，乞放生，人知其靈異，與之，説偈投水中，悠然而逝，螺之已去尾者，放之無不活。至今尚留其跡，當春水暴漲時尤多，如《杜陽襍編》所載蛤蜊中菩薩，《東城襍記》圓魚大士像，皆是釋氏聖跡。

叭喇洞，在瀑雷亭後、飛來峰趾，石上小竅以口就之，適如當二錢許大。乾隆三十年，高宗幸雲林，命侍臣吹之有聲，天顏乍啟。凡鄉鎮遊人來此者，皆知由冷泉壩上度過石脊，其處僅容二趾，以手攀石凹處試之，歷久光可以鑑。

雲林前後多桫欏樹，葉與花皆七出，花開於夏秋之交，形似玉簪，幽香發越，歲歲有之，大者成抱，不止惡鳥，相傳來自天竺國。《廣韻》云：『似桄榔，出麵。』而《格物要論》則以爲出湖廣及安南，謂之『倭羅』。

瘋和尚，吴江人氏，嘉慶二十三年，往來於靈、竺間，左手持帚，右手持鉢，沿路乞食，人問之，未嘗一語。露頂赤腳，寒暑一衲，人捨之食物，餘者即分與乞丐，故乞丐紛紛常隨其後。居中竺老人洞，皈依者甚眾，或告以病，隨手拾花草土石，煮湯食之，立愈。不數日，洞中成市，禮拜供養，衣食堆積如山。錢塘邑侯宣聞之，驅之出境者三，卒復來，移居呼猿洞，仍往還於靈、竺間，人屢詢之，惟摇手而笑。至道光三年五月初，向人乞薪，積之飯猿臺上。於初九日，將薪架空洞中，手持香三炷，登薪上趺坐，少頃復出，向積薪三禮，進而復坐，從香上三昧火而化矣，土人葬之龍門山。或曰『慧照』其名。

糾誤

唐盧刺史《天竺寺》詩，詩載『題名』門。『泐中修竹掃雲霞』，《西湖志》誤『洞中待我埽雲霞』，今據精拓本録入。

謝運靈《三生石》詩，丁龍泓云：『乃唐人圓澤事，安得孫《志》所載一詩，康樂預詠於數百年前？必有誤者。白、孫、徐三先生，皆一代通人，何不檢點耶？殊不可解。』又云：『豈以謝公此詩，有似詠三生事者，遂移附以此題乎？亦可笑已。』

《丁隱君歌》『手中半掩青羅衣』，孫《志》『中』字誤『巾』。又『前度相逢正賣文』，『正』字誤『止』。又『今來利作採山客』，『山』字誤『樵』。

孫《志》司空曙《靈隱寺》詩題，丁龍泓云：『按，《唐詩鼓吹》作「題靈雲寺」，又注云「或作淩雲寺」，當再考。』

賈浪仙《靈隱寺》詩云：『峰前峰後寺新秋。』孫《志》誤『初秋』。白香山《靈隱寺》詩云：『一山門作兩山門』。孫《志》誤作『一山分作兩山門』。

葛洪題『絶勝覺場』四字，至明龔勉，『絶』字易『最』字，丁龍泓云：『「絶」是眾累無，能攀援，無有再出其上之義，何必迂拘作此繆解？』

陸龜蒙嘗至靈隱晤丁翰之，孫《志》前作『翰』字，後作『飛』字。

天王殿外左右兩經幢跋云：『天下大元帥吴越國王建，時大宋開寶二年己巳歲閏五月日。』誤『開寶八年』。又：『靈隱寺住持傳法慧明延珊，於景祐二年十一月内，移奉先廢寺基上石幢東西二所歸寺前，添換重建，至四年四月十日畢工。謹題誌耳。」白、孫、厲三《志》俱誤「吴越國王命延壽建於寺門左右」。

蘇東坡《立秋宿寺》詩云：「寂寞山棲老更便。」「更」字誤「漸」。又「起看雲漢更茫然」，「起看」二字誤「口舌」。

清凉居士翠微亭題名「榜名翠微」，孫《志》「名」字誤「云」。「以爲游息之所」，「所」字誤「地」。「三月五日」，「五日」二字簡空未刊。「男彦直書」，「男」字上加一「立」字。

又東坡《游靈隱寺》詩「最愛靈隱飛來峰」，孫《志》「愛」字誤「後」。又「高松」，「高」字誤「喬」。又「擾擾下笑柳與蒲」，「擾擾」字誤「優優」。又「清風徐來驚睡餘」，「徐」字誤「時」。又「歸時棲鴉正畢逋」，「畢」字誤「早」。又「孤煙落日不可摹」，「摹」字誤「逋」。又「我在錢塘六百日」，誤「百六日」。

張天雨，二十棄家游名山，晚入開元宫，從真人王壽衍爲道士。孫《志》「壽」字誤「素」。

《古澗窪泉記》，明貝瓊撰。孫《志》「貝」字誤「具」。

兀氏也先帖木題名「至正」，孫《志》誤「至王」。

厲《志》邵重生《武林山辨》，宋《淳熙志》下失「言漢書」三字。又「小山明矣」下，失去「夏公斷以靈隱後山北高峰爲武林山矣」十六字。又「乃以靈隱山飛來峰二山」，「靈隱」二字誤「武林」。又「飛來峰爲武林山是似矣」，「武林」下失去一「山」字。又「《萬歷志》皆不列武林山，而以靈隱山下注：一名武林山」，失去「下注」二字。凡都邑「都」字，誤「郡」。又「蟻蛭」，「蛭」字誤「垤」。又「發於東晋其先秦」，失去「其」字。又「慧理既來以後，有飛來之名焉，有靈鷲之名焉，有靈隱之名」，失去「焉有靈鷲之名」六字。又「焉有天竺而後三竺之名」，失去「焉有五印度而後有中竺之名」十二字。五雲「雙檜」，「檜」字誤「桂」。又「又後之濫觴也」，失去一「之」字。又「盧襄《西征記》杭地北環天隱」，「天」字誤「靈」。

又『且求武林山者』，失去一『求』字。又『若爲靈隱山爲武林山』，『靈隱』下多一『寺』字。又『若以飛來峰爲武林山』，『若』字下多一『惟』字。當據《西湖志》校補。

孫《志》引契嵩《武林山志》：『過秦望、蜻蜓二山。』丁敬身云：『雍正間，人於秦亭掘得唐代於府君墓塼，其銘詞有「大墓高岡新亭之陽」，乃知此山古名新亭，「秦亭」、「蜻蜓」，聲之轉譌耳。此塼今藏皮市符氏，厲樊榭有詩，見集中。』

禪　祖 附補遺

慧理禪師塔銘

虞淳熙

理公，本靈山羅漢垂跡，晉咸和間，鷲飛猿騰，先來震旦。公錫後，落飯而問之：『誰摘陶輪，若猶磨磑，會物不遷？』乃歸院焉，宋之靈隱寺也。俄窺神足，圍相聖周，開寶三載，崇爲方墳，直清繞橋，在式公新開澗上，青鳥氏曲鈐回龍，則凡骨僭入塔矣。萬歷丁亥夏，雨，夜圮。庚寅春，釋如通祓穢新之。檀者程理，于時崩石洞扃公所，周身可撫也，當期睹史下生，乘鷲呼猿而回龍華，乃稱回龍哉！梵網戒眾，虞淳熙庸作銘辭，銘曰：

石燕拂雲，嶺鷲入吴。公錫于飛，猿心可呼。安安而遷，月運雲駛。生滅毁成，亦復如是。謂公蓋殰，雞足與夷。謂畚蓋傾，鼉傾與支。幡摇鳥驚，拱積星礙。骨妖斯濯，黑囊虚佩。如梵天宫，乘往當來。南紅泗影，不騫不摧。

明萬厤十八年歲在庚寅仲春望日，白下弟子程理書。

晋三藏法師行狀不重録

贊曰：一峰飛來，自西而東。師亦戾止，爰指其踪。呼猿洞冷，宴坐巖空。花開花落，幾度春風。

隋下竺觀法師

師名真觀，字聖達，錢塘范氏，世本顯仕。師生有奇相，舌紫羅紋，手左右掌爲『仙』、『人』字。出家，通經律論，時彦曰：『錢塘有真觀，佛法當天下一半。』尋謁天台智者，請受禪觀，智者以師齊年，止爲法兄弟。開皇十五年，於靈隱山頭陀石室宴坐，衆於南去建南天竺寺，請師居焉，是爲開山始祖。常講《法華》，以爲心要，感臯亭神請講，捨祠宇爲佛殿，每盥洗餘滴地不爲濡，人尤異之。師有雅操，文帝三徵，秦王兩延，皆以疾辭。大業中，因山行，自標葬地，未幾示寂，夢與智者同輩翼佛還山，覺而歎曰：『吾六十二應終，以講《法華》力延一紀，今七十四，生期畢矣。』中夜入寂。塔在東岡，久廢不治，天禧中，慈雲重修。贊曰：

一乘妙法，闡自台祖。年齊道同，宜襲其武。徵命頻繁，弗移砥柱。清風凛然，可激千古。

中竺千歲和尚

師名寶掌，中印土人，魏晋間東游，自云六百七十三歲，周威烈王十二年丁卯生，左手握拳，有珠在掌中，因以爲名。始抵峨嵋、五臺，南返衡、廬，入建鄴，與達磨遇於梁朝，遂扣法焉。洎來二浙，愛天竺之勝，結茅而居者四十五年，復往四明天台及諸名山，游歷將遍。唐貞觀十五年，還竺峰，久之，移居浦江寶巖。顯慶二年正旦，手捏一像，九日而成，與其貌無異，即告徒曰：『吾誓住世千歲，自來支那，忽四百歲，今已過七十有二年矣。』説偈而化，世稱『千歲和尚』。遺記：『滅後，有僧來取吾骨，勿拒。』越五十四年，剌浮長老至彼作禮，塔户倏開，得其骨，皆連鎖金色，因持來，别建塔藏之，爲中竺開山始祖。贊曰：

人壽幾何，朝露逝川。生周涉唐，本誓則然。東遲達磨，心印始傳。孰云佛法，獨在西天？

唐下竺標法師

師名道標，富陽秦氏，七歲，神氣清茂，有沙門過而識之，勸令出家。至德二年，詔通佛經七百紙者，命爲比邱，師首中其選，得度，居南天竺寺，護戒甚嚴。永泰中住持，奏賜寺額，居十二年，其徒多歸之。嘗於鷲嶺峰之南面嶺下，葺茅爲堂，號『西嶺草堂』，怡然養浩，不干人事。尤工詩章，搜鍊精巧，與吴興皎然、會稽靈徹，鼎立齊聲，時人有『洞冰雪，摩雲霄』之譽，稱『西領和尚』，一時名公如李益、白居易、陸羽之流皆敬之。長慶三年示寂，葬于山中。贊曰：

出塵異相，挺見垂髫。業真空法，怡然養高。適意吟咏，配雅與騷。名標當世，可摩雲霄。

唐圓澤和尚

師名圓澤，居慧林，與洛京守李源爲友，約往蜀峨嵋，禮普賢大士。師欲行斜谷道，源欲泝峽，師不可，源强之，乃行。舟次南浦，見婦人錦襠，負罌汲水，師見而泣曰：『吾始不欲行此道者，爲是也。彼孕我已三年，今見之，不可逃矣。三日浴兒時，願公臨門，我以一笑爲信。十二年後，錢塘天竺寺外，當與公相見。』言訖而化。婦既乳兒，源往視之，果笑。尋即回舟，如期至天竺，當中秋月下，聞葛洪井畔有牧兒扣角而歌曰：『三生石上舊精魂，賞月吟風不用論。慚愧情人遠相訪，此身雖異性常存。』源知是師，乃趨前曰：『澤公健否？』兒曰：『李公真信士也，我與君殊途，切勿相近。』唯以勤修勉之。又歌曰：『身前身後事茫茫，欲話因緣恐斷腸。吴越江山尋已遍，卻回煙棹上瞿塘。』遂去，莫知所之。贊曰：

京洛有約，峨嵋是行。機先一語，洞達三生。汲甖事異，扣角詩清。永懷陳跡，山空月明。

唐㳠光禪師

師號韜光，莫詳族里，穆宗時，結茅於靈隱西峰巢枸塢，與鳥窠林公爲友。刺史白居易重其道，嘗具饌飯之，以詩邀云：『白屋炊香飯，葷膻不入家。濾泉澄葛粉，洗手摘藤花。青芥除黄葉，紅薑帶紫芽。命師來伴喫，齋罷一甌茶。』師答云：『山僧野性好林泉，每向巖阿枕石眠。不解栽松陪玉勒，惟能引水種金蓮。白雲乍可來青嶂，明月難教下碧天。城市不堪飛錫到，恐驚鶯囀畫樓前。』其高致如此。菴以師號得名，宋丞相陳公堯佐留題菴中，賡唱者甚眾。紹興中，宗正少卿馬櫕作《修菴記》。贊曰：

道藏於身，所存異轍。或入市鄽，或居深樾。翳翳巢枸，牧守折節。豈曰㳠光？若揭日月。

宋明教嵩禪師行狀不重録

贊曰：閉户著書，引古連今。披誠帝闕，真氣森森。名馳海宅，道振禪林。百煉不耗，斯表精金。

唐無著喜禪師行狀不重録

贊曰：未見仰山，五臺遭賣。既見仰山，何勞緣鼐！物罕爲奇，客頻招恠。咄咄文殊，草賊自敗。

以上俱見《高僧事略》。

宋道濟和尚塔復向碣

梁同書山舟

和尚名道濟，宋紹熙三年，降生於台州李氏。出家，初參瞎堂遠公，不爲禪律所縛，遂以顛傳，往來於靈鷲、慧日兩峰間者，且六十年。圓寂於嘉定二年五月十六日，南山定慧禪寺，和尚荼毗所也，即藏骨於其西，爲窣堵波。歲月既久，草交石泐，大清乾隆元年，善男子邱文晋、善女人王氏，欽師之行，重加修治，誤改塔扉舊向，識者惜焉。越二十餘年，南屏住持明中，插草倡緣，得京師潭柘院主琮璋爲之募資，復定庚山甲向，遵古兆也，屬佛弟子梁同書書年月於碣。同書惟常住不壞，是謂法身。五通十力，是謂報身。石塔無縫，藏此色身。後事因緣，莫非化身。常寂光中，無相無身。遊戲三昧，現自在身。顛師顛師，圓滿十身。自今以後，盡未來際，又添卻一重公案矣。時乾隆二十有六年歲在辛巳，冬十月十又八日。

石揆

石揆、諦暉二僧，皆南能教也。石揆參禪，諦暉持戒，兩人各不相下。諦暉住杭州靈隱寺，香火極盛，石揆謀奪之。會天竺祈雨，石揆持咒，召黑龍行雨，人共見之，以爲神。諦暉聞知，即避去，隱雲棲最僻處。

石揆爲靈隱長老，垂三十年。身本萬麻孝廉，口若懸河，靈隱蘭若之會，震動一時。有沈氏兒，喪父母，爲人傭工，隨施主入寺，石揆見之大驚，願乞此兒爲弟子，施主許之。兒方七歲，即爲延師教讀，兒欲肉食即與之肉；兒欲衣繡即衣之繡，不削髮也。兒亦聰頴，通舉子業，年將冠矣，督學某考杭州，令兒應考，取名『近思』，遂取中府學第三名。月餘，石揆傳集合寺諸僧，曰：『近思，余小沙彌也，何得瞞我入學爲生員也？』命跪佛前，剃其髮，披以袈裟，改名『逃佛』。同學諸生聞之大怒，連名數百人，上控巡撫、督學，僉道：『姦僧敢剃生員髮，援儒入墨，不法已甚。』有項霜泉者，仁和學霸也，率家僮數十，篡取近思，爲假辮以飾之，即以己妹配之，置酒作樂，聚三學弟子員，賦催妝詩作賀。諸大府雖與石揆交，而衆怒難犯，不得已，准諸生所控，許近思蓄髮爲儒。諸生猶不服，各洶洶然，欲焚靈隱寺，毆石揆。大府不得已，取石揆兩侍者，各笞十五，羣怒始息。

後一月，石揆命侍者撞鐘鼓，召集合寺僧，各持香一炷，禮佛畢，泣曰：『此予負諦暉之報也。靈隱本諦暉所住地，而余一念爭勝之心奪之，此念延緜不已，念己身滅度後，非有大福分人，不能掌持此地。沈氏兒風骨嚴整，在人間爲一品官，在佛家爲羅漢身，故余見而傾心，欲以此坐與之。又一念爭勝，欲使佛法勝于孔子，故使入學，以繼我孝廉出身之衣鉢，此皆貪嗔未滅之客氣也。今侍者被仗，爲辱已甚，尚何面目坐方丈乎？夫儒家之改過，即佛家之懺悔也。自今已往，吾將赴釋梵天王處懺悔百年，纔能得道。諸弟子速持我禪杖一枝，白玉盂鉢一箇，紫衣袈裟一襲，往迎諦暉，爲我補過。』羣僧合掌跪泣曰：『諦暉已逃出三十年，音耗寂然，從何地迎接？』曰：『現在雲棲第幾山第幾寺，户外有松一株，井一口，汝第記此，去訪可也。』言畢，趺坐而逝，鼻垂玉柱二尺許。羣僧如其言，果得諦暉。沈後中進士，官左都御史，立朝有聲，謚『清恪』。雖貴，每言石揆養育之恩，未嘗不泣下也。

諦暉

諦暉有老友惲某，常州武進人，逃難外出。披甲有兒年七歲，賣杭州駐防都統家，諦暉欲救出之。

會杭州二月十九日觀音生日，滿漢士女，咸往天竺進香，進靈隱，必拜方丈大和尚。諦暉道行高，貴官男女膜手來拜者以萬數，從無答禮。都統夫人某，從蒼頭婢僕數十人來拜諦暉，諦暉探知瘦而纖者，惲氏兒也，矍然起跪兒前，膜拜不止，曰：『罪過，罪過！』夫人大驚，問故，曰：『此地藏王菩薩也，託生人間，訪人善惡。夫人奴畜之，無禮已甚，聞又鞭扑之，從此罪孽深重，禍不旋踵矣。』夫人惶急求救，曰：『無可救。』夫人愈恐，告都統，都統親來，長跪不起，必求開一線佛門之路。諦暉曰：『非特公有罪，僧亦有罪也。藏主來寺，而僧不知迎，罪亦大矣。請以香火清水供養地藏王入寺，緩緩爲公夫婦懺悔，并爲自己懺悔。』都統大喜，布施百萬，以兒與諦暉。諦暉教之讀書學畫，取名壽平，後即縱之還家，曰：『吾不學石揆癡也。』後壽平畫名日噪，詩文清妙，人或問惲、沈二人憂劣，諦暉曰：『沈近思學儒，不能脱周、程、張、朱窠臼。惲壽平學畫，能出文、沈、唐、仇範圍。以吾觀之，惲爲優也。』言未已，以戒尺自擊其頸，曰：『又與石揆争勝矣，不可不可。』諦暉壽一百零四歲。按《墓志》云：『壽九十九歲。』

以上見《新齊諧》。

巨濤和尚塔銘

聞人儒

天下非常之人，始建非常之業，必有非常之德，斯享非常之名，往往信而有徵，殆非虚語。雲林巖洞之幽秀，澗泉之清冷，洵屬奇觀，甲諸宇内，自應挺生間氣，鍾毓奇英，或不爲國家棟梁，即爲禪門上乘。稽之古牒，歷代正法眼藏總持宗教，如明教佛海諸大老，樹幟於前；具德、諦暉諸禪宿，超絶於後，此靈山之鐙燄，用是不熄。然道場之興復，時會之遷流，皆乘除因緣，遭際於其間，各有所殊，未可同年而語也。惟我巨濤大和尚，本偉丈夫，秉奮迅之力，矢真實之心，覺行圓滿，醍醐蜜諦，故能上承佛祖，下建巨功；荷聖主之恩施，繼講堂於鼎盛。今者聖鐙既掩，靈塔巍然，嗣法弟子玉山琳公、在瞻元公等，抱心喪於無窮，思表彰之有自，乞序行狀，揚扢萬一。蓋銘者，記死之文也，記死之文貴其信，斯愈於生。蓬居侍師久，稔悉其生平梗概，何可不質言之！

按，師諱義果，字巨濤，潤州丹徒人，姓章，係望族後裔。母陰氏，感靈異而妊，誕之日，光香滿室。幼即穎悟，長復岐嶷，性孝友和粹，惟見浮圖輒喜，若有宿根然。年十一，依含暉尊宿學出世法，薙髮焦山，朝夕禮觀音像，操行甚虔。定慧日生，凡六時内觀，不特了徹塵義，抑且躭嗜風雅，博涉羣書。太守滄州陳公，見而心賞，甚器重之，後從遊，遂稱入室弟子。學益富，名噪祇園，與交者皆當代賢士大夫。逮父母繼亡，經營窀穸，遂畢志參方，走齊、梁、宋、趙間，卒詣京師，受具潭柘山德彰和尚，念力彌精勤矣。未幾南還，聞雲林宗風丕振，諦公爐治精嚴，願持苦行，執持直指堂下。初命掌記典，參三不是句，研窮匪解，蓄極斯通徹底，掀番一超直入，即呈偈云：『一擊敲開海底天，塵塵剎利盡歸源。當陽拈出無私句，鐵馬嘶風躍九淵。』諦公頷之。自此機鋒峻利，心心相印，服膺九載不釋，語稱『力行不怠』者，非歟？際歲歉，香積缺如，願救時災，涉江淮廣募，以濟不給，或遺大投艱，必奮往争先，刻期解紛。其不顧利害，不怵顛危，類如此。

雍正三年，親受諦公記莂。當諦公圓寂，惟師誼篤伯仲，願總院務以匡扶。中閒鳩庀之功，興復宏整，咸推師力不少。師則勞而不伐，自視欿然，有足多者。既而盤錯既經，松柏乃見，遂開法於雍正十年，復補住於乾隆三載。於是重闢規模，另開生面，俾鷲嶺飛來之瑞，理公閎建之堂，繼跡而聿興。真所謂寶鐸含風，響徹天外，聲聞不脛而走，宜四方碩德，川委雲從，恒滿座下，食指動以萬計，仁之入人深者，固不在形勢求耶。其時光禄汪公應庚，以舊緣好施，復將百廢頓舉，聳金碧於琳宮，蔚雲霞於鹿苑。論者謂自具公重興，而後克繩祖武，惟師一人，豈不偉哉！十六年春，恭遇翠華南幸，師跽迎鑾駕，奏對稱旨，蒙寵錫宸翰并御製《雲林方丈憩》詩，師應制恭和原韻進呈，天顏嘉悦，欽賜『涌翠披雲』匾額，竝帑金五百兩、衣緞、荷包、香茗，有加無已，誠千古得君之遇，恩施優渥，未有盛於此者。

十八年夏五月，大眾乏糧，師率眾冒暑出山，舟次平望，偶示微恙，急命返棹。於十八日還山，即集眾訣別，固自知彌留之期者。香焚盥畢，從容取筆，書偈數語，端坐而逝。是日，陰晦雲翳，芳香繞户，庭花風散，林鳥絶聲，其感於物者又其神。於戲！珠藏澤媚，玉韞山輝，理有必然。鐙傳續焰，師之立念，極人力之難能者，卒如願以償。又值坎壈，而不迫於維持，將數百年之鐘板依然，猗歟休哉，何其德之隆耶！此其因緣遭際之殊，殆天假之，非人力也。然則非常之人，非常之業，舍師其誰與歸乎？師壽六十四，僧臘五十三，法臘三十一。前後主席雲林，共十有九年，度人無量，眾得法乳者二十三人，所著語録若干卷，《蕣草行人詩集》若干卷行世，兹奉全身於慧日塔院。其生也高行大度，其殁也白日青天，良可銘也。銘曰：

明明者德，嶽嶽者形。持身出世，覺性長惺。勤勞克殫，提唱祖庭。和粹外標，淵懿内朗。叩之則鳴，底蘊悉暢。脗合真如，道行彌廣。爰爰靈山，南還受具。領要醍醐，飽參法乳。立願恢宏，仔肩艱巨。鳩庀雲興，重新刹宇。心印顯跡，超古越今。奏對稱旨，照耀叢林。仰頌聖德，嵩祝重臨。五鐙續燄，萬祀悉欽。所闡者道，所建者功。功深道振，雲委景從。清操刻苦，無我無人。實心度眾，撒手歸真。圓通永曜，不滅貞珉。慧日靈塔，神爽凴焉。莫高匪山，莫浚匪泉。明月在澗，白雲在天。無上妙義，直指勿刊。

時維大清乾隆二十三年歲次戊寅夏六月上浣吉旦，嗣法門人瑞林、德琳、德溥、如滿、徹源、宣德、德球、德璧、德語、德嗣、覺聰、德元、自定、心堅、德明、道源、德照、德如、隆明、恒水、常昱、宣信、德樹仝闔院大眾等立石。

傳臨濟正宗第三十五世雲林在瞻元和尚塔銘 有序

師諱德元，字在瞻，號耐亭，吴興潯溪丁氏子。生而端静，風采不凡，總角即禮龐山妙智寺西嵐禪宿，爲驅烏。入塾肄業，屬句倣書，恒度越餘子，一時名流，争相刮目焉。年二十，受具戒於餘不之覺海寺，歸而嚴浄毘尼，晝夜六時，精勤念力，暇則神游典籍，杜門宴寂，即有叩户者，傴不爲轉也。既而忽憬悟，曰：『文字非究竟法，出家兒當别大事，可不求諸？』遂杖笠辭師，參先師薅草老人於鷲峰之下，老人一見器之，俾充執侍，妙密鉗椎。惟師克辦肯心，不違終食，日征月邁，參究累載，真積力久，將有所得。一日，聞老人舉萬法歸一公案，恍然契悟，獲印可也。然師每持毖慎，不露圭角，願居學地，透盡淵微，乃證不染不遷之域，乃泯差别次第之門，匪上智宿根，能至此哉？得法之後，服勤有年，歷充庶職，輔弼叢林，識大體，謹細務，任勞任怨，不亢不隨，故一衆秩秩，恒以老成目之。歲庚午，出世於華亭船子道場，進院次，僧堂闃寂，師住未幾，學侣輻湊，檀護歸崇，乃於垂機化物之餘，復營土木，鼎新山門並天王殿，而西林舊面於奂然改觀矣。

唱導三載，漸欲化成，會老人有助之呼，師即横肩榔栗，退返鷲峰，過雁流雲，曾不少留顧戀，應緣解脱有如此。至癸酉夏，老人示寂，衆議住持，同門曲爲一遜，師獨毅然而起，乃獲先繼席焉。提策方來，不務緣飾，赤心白行，爲法爲人，從此道風遐布，緇素雲歸，一時賢士大夫交相許可。故方伯葉公呵護孔嚴，又以法喜召師兼攝，此其因緣作合爲何如？視彼包苴暮夜，詭遇終朝者，顧不可少風範一世耶！二十二年春，恭遇翠華再幸，師率衆跽迎鑾輅，仰荷蒙顧問，奏對從容，上協天心，重沐紫衣之寵錫，並佐以帑金、衣緞、荷包，恩賜叠叠，人争榮之，師則不以自衒，意漠如也。卒因維摩善病，欲息勞肩，謀之於衆，乃投艱大於禹兄，而自此石門掃軌，屏絶諸緣，惟以泉聲林影自娱，永作終焉之計，又可不謂之知微善退歟？ 爰記其時，則在己卯春之二月也。 越明年庚辰秋，疾復作，師知化緣將畢，誡門弟子尅日營建窣堵。 百事具備，預定歸期，力拒醫藥，終日危坐，不交一言，至十五早，果索浴更衣，委順而化。 師誕生於康熙庚子七月廿八，入滅於□乾隆庚辰九月十五，閱世四十有一，坐夏二十有四，三坐道場，得法者若干人，得界者若干人，歸依者幾千衆，塔全身於天聖院之左正面蓮峰之下。

按，師生平内性耿介，外則坦夷，與人易親，逢强不弱，不矯情以立異，不逐物以邀名，又能嘉與後進，善誘多方。 喜臨池，嗜諷詠，然只以自娱，不輕炫耀。 所有上堂、小參、示衆、拈頌等語，先是門弟子將欲梓傳，師以爲一大藏教，言言見諦，句句朝宗，後學初機，尚不一覽，刊此區區奚爲？ 盡付丙丁，不留隻字，惜也！ 今日無以問世。 惟師三坐名藍，播十載之清風，賜一朝之紫服，光明又伊誰得而抹卻之也哉？

師歸藏後，諸門弟子等乞予銘其塔。 顧予不文，言之莫能行遠，然辱在同條，知之最稔，若不直爲表彰，竊恐一生美盛，久而無徵。 抑有後賢聞風而起者，將何考鏡而致景行之懷歟？ 用是敢忘固陋，序而銘之。 銘曰：

熊熊香象，毓於潯溪。 截流而渡，爲法羽儀。 嚴操冰雪，早證菩提。 了得一統，萬法咸歸。 萬有朗融，即心是佛。 出世西林，垂機化物。 繼住鷲峰，宏揚祖道。 響震威音，驚聾啟聵。 門開甘露，碩大無朋。 紫衣寵錫，聖遇何隆！ 匪師之獨，有光於宗。 吴山楚水，花雨香風。 夫何秋晚，彫此覺樹。 本無生滅，示有來去。 不來不去，法身常住。 奕奕光明，燈傳萬炷。 巍巍窣堵，靈所憑兮。 玲瓏八面，維山之西。 蓮花作供，白雲爲侶。 千古萬古，瞻之仰之。

時維乾隆二十七年歲次壬午仲秋月上浣之吉，黄海同門弟宣信槃談謹撰并書，嗣法衆門人洎法孫等仝立石。

研庵和尚住持雲林本末

釋達受六舟

研庵和尚，法名儀謙，字見能，浙江桐鄉沈氏子。父諱文相，母李氏，生於乾隆乙未年七月二十日。自襁褓即厭葷茹，髫齡不爲兒戲，既就外傅，讀書聰慧，尊父云：『此子夙具善根，可捨爲佛子。』丱歲，遂依仁邑法海禪院嵩年老和尚剃度，旋受具於聖因寺中立老和尚座下，細究毘尼，精參内典。嗣後遍歷諸方，尋入雲林爲記室，禪課餘暇，工寫山水，可登巨然之堂。因禮德山老和尚真傳衣鉢，凡寺中首領之職，無不紀綱。嘉慶二十一年丙子秋，衆推繼主祖席。是年，適遭祝融之災，由觀音閣延及行宫以及大殿，於是誓卸院事，叩募十方。是時，德慧嗣之，甫八月，儀清嗣之，而師方適楚購木，不辭勞瘁。幸蒙撫憲楊公具奏後，於二十三年戊寅，鹾憲廣公入覲，召見垂詢，天語丁寧，頒給帑銀萬兩，於是年冬，命住持儀清鳩工重建。未幾，儀清卒，時邑侯宣公以師功行懇誠，辛勤備至，俟師自楚遄歸，仍命銷假，重興土木。至道光八年，工程告蒇，殿堂廊廡，輪奐一新，而師心力亦憊，即告諸檀越洎兩序大衆云：『我今復住，又及十載，精神困乏，可選衆中，舉充此任。』大衆怏怏而退，繼復具稟邑侯石公，批云：『該僧勞積居多，久爲上憲嘉尚，若因工竣退院，何能即邀憲允？仍照舊住持方丈爲矚。』是年冬，沈太史聽篁矚受協修《雲林寺志》，釐訂之暇，爲師粗陳梗概如此。

小緑天庵主曰：『研庵苦志清修，事經百折，而卒能成其願，人爲之邪？抑天爲之邪？至於功成身退，轉勿能遂其願，其福正未有艾矣。』

定光閣記

陳樹著

定光古佛者，崇慧大師長耳相之真身也。按，師俗姓陳，名行修，號性真，泉南人。唐景福元年正月六日，母夢吞日而生，異香滿室。少而穎異，長而過目成誦，旁及内典，幡然欲游方外，至金陵瓦棺寺，遂祝髮受具焉。去參雪峰禪師，得心印，再游天台國清寺，用苦行力。後梁開平間，至四明山中，獨棲松下，又趺坐龍尾巖，結茅爲蓋，坐磐石，當膝處成坳。後唐同光二年，至杭之西湖南山，喜其後塢，依石爲室，禪定其中。嗟夫！大師一生，所遊非一處，皆有奇祥異跡，非所謂觸而不亂，至而能應，不住於相，如如不動者乎？吴越王以誕辰飯僧，有永明禪師者，亦異人也，王問：『今日有真僧降否？』永明曰：『長耳和尚，乃定光應身也。』王趣駕參禮，稱師爲定光出世，師默然，但云『永明饒舌』，跏趺而化。宋崇寧三年，僧司以事聞，賜號『崇慧大師』，建寺於南高峰之麓，名曰『法相寺』。凡療疾疫與求嗣者，禱趨之，無不驗。後爲金兵火燬，因寄像於雲林，迄今數百餘年矣。歙人候補知縣程鍾字葭應者，忠信醇懿，好善樂施，捐建普濟堂于淮安，四方無告之民，賴其養育者甚衆。其他益民生之事，捐施樂助者，不可勝紀。乾隆丙寅，偶過雲林，見佛像而深敬，謂不可以側處也，遂捐資，囑主僧儀果建閣而專奉之，上與像稱，四方瞻仰之士，莫不悚然起敬。今己巳春，程君復過武林，厥功告竣，因請記於余。余於内典素不究心，但觀孔門諸賢，莫不各有耑祠，及至聖殿，而兩廡之下七十二賢，無不畢集焉。今雲林爲諸寺之冠，則諸佛之畢集於雲林，非猶諸賢之畢集於孔廟乎？余膺簡命來浙，每遊兩峰、三竺閒，且見定光古佛蹤跡於本傳，玆因程君之請，舉其略而記之，非謂深知梵教，闡揚其説，爲禪門添一重公案也。

巨濤和尚薅草行人詩集序

沈廷瑞 樗翁

達磨東渡，不立文字禪，直參宗旨。朕自白馬馱經，如來與須菩提問荅，莫非藉是以傳道而覺世。禪教有頓悟積漸，即吾儒之尊德性而道問學，二者何可偏廢？然非徒尚花藻、工文翰爲精修上乘也。

巨濤和尚，潤州名家子，生秉夙因，髫齡祝髮于焦山。時郡守滄州陳公被吏議，寓焦巖，巨公獲與游。陳乃心賞其妙年好學，不吝指授，遂爲入室弟子，禪誦之餘，討論古今，究習風雅。既得其要領，學殖漸益閎肆，偶涉吟咏，燦然成章，攻苦勤習，彌覺精進，豈泛泛胸無底藴，徒拾他人唾餘獵取名譽者，可同日語耶？巨公積年苦行，雲水參學，遂得綱宗，提正印，持白椎，主雲林法席，皈依數萬指，宏開覺路，大闡宗風，得正法眼藏。願力深長，人天廣助，千年大刹，巍焕增觀，是具德和尚與晦公、諦公之後，繼起一人也。予忝交有年，兹來雲林遊眺匝旬，間一索觀詩帙，氣味清古，風調雋逸，無棒喝習，時時天真流露，不假雕餕。蓋以性稟孝友，篤師傳，尚友朋，氣誼纏綿悱惻，惓惓懇懇，詞句之工，不期然而肰者，而益知其拈韵琢句，迺其餘事耳。其生平樂與文人墨客遊，而癖嗜山水，名區勝槩，流連不忍去，以是集中多登臨酬唱之作。慧遠開白社于東林，不外陶、謝；少陵之于贊公、齊己，昌黎之于無本、大顛，東坡之于了元、佛印，蓋諸君子樂與方外交，而諸禪侣亦未嘗不見重于文人士夫也。吾于巨公，益信肰矣，豈僅僅以詩名傳哉？乾隆七年歲次壬戌桂秋月，宣城八十七叟拜手序。

品蓮上人遺藁序

張雲璈 簡松

東坡《贈惠通》詩云：『語帶煙霞從古少，氣含蔬筍到公無。』語人曰：『頗解蔬筍語否？謂無酸餡氣也。』夫以蔬筍爲酸餡，坡之言亦不達於理矣。僧詩而無蔬筍氣，則思必出位，語必離宗，不惟五衍八正之旨無所幽求，即四始六義之藴亦同外道。下此，或結緣於豪門貴室，藉鐘魚梵唄，以希布地之金者，比比然矣。此其人未必膠擾擾，無異凡流。嘗見世之披紫衣、持金鉢，卓錫名山而游心塵世，膠擾擾，無異凡流。嘗見世之披紫衣、持金鉢，卓錫名山而游心塵世，知吟咏，即有吟咏，亦不過供官設客之緒餘，塵羹塗飯，豈復有蔬筍之味在其胸次也？品蓮上人高行澄澈，詩雖不多，皆清絶滔滔，意在雲表。煙霞之氣，縈繞筆端，何處更容埃堨？此正蔬筍味也，蔬筍味之清而腴者也。予嘗襆被入山，止於野人之家，煮葵燒筍以爲供，引羹御飯，如享太牢。坡公《種菜》詩序云：『味含土膏，氣飽霜露。』二語蓋深得蔬筍之真者，即以論上人之詩，誰曰不宜？豈酸餡之謂哉？上人既寂，弟子將謀諸梓，介余戚好，屬爲點定。既卒業，爲識於簡端，惜乎未嘗一坐己公茅屋，同論詩於茶瓜枕簟之間也。道光癸未三月譔。